DELE "A COSA NOSTRA" SE DOVESSI TRADIRE LE MIE
ARE - COME BRUCIA QUESTA IMMAGINE.

DIVIETI E DOVERI.

SENTARE DA SOLI AD UN'ALTRO AMICO NOSTRO - SE NON
LO.

GLI DI AMICI NOSTRI.

RATI CON GLI SBIRRI.

NE'TAVERNE E NE'CIRCOLI.

QUALSIASI MOMENTO DI ESSERE DISPONIBILE A COSA
LA MOGLIE CHE STA PER PARTORIRE.

ANIERA CATEGORICA GLI APPUNTAMENTI.
RISPETTO ALLA MOGLIE.
ATI A SAPERE QUALCOSA SI DOVRA' DIRE LA VERITA'.
ROPRIARE DI SOLDI CHE SONO DI ALTRI E DI ALTRE

D' ENTRARE A FAR PARTE DI COSA NOSTRA.

STRETTO NELLE VARIE FORZE DELL'ORDINE.

SENTIMENTALI IN FAMIGLIA.

MENTO PESSIMO - E CHE NON TIENE AI VALORI MORALI.

DIE STUNDE
DER PATINNEN

Mathilde Schwabeneder

DIE STUNDE
DER PATINNEN

Frauen an der Spitze
der Mafia-Clans

styria premium

Verhaftung von Assunta „Pupetta" Maresca

INHALT

COSA NOSTRA

Cinisi

PALERMO

Partinico

Cerda

Marsala

Corleone

S I

Caltanissett

Agrigento

SALVATORE LO PICCOLO

Die Polizei schlägt am Morgen zu. Seit langem haben die Ermittler das einsame Anwesen auf dem Land in Giardinello nahe Palermo im Auge gehabt. Mehrere Versuche zuzugreifen sind in der Vergangenheit abgebrochen worden. Zu wenig aussagekräftig war das Bild, das die in Büschen und auf Bäumen versteckten Überwachungskameras in die Polizeizentrale der sizilianischen Hauptstadt übermittelten. Zu groß die Gefahr, dass die streng geheime Fahndungsaktion vorzeitig entdeckt werden könnte.

Am Morgen des 5. November 2007 scheint sich die Mühe jedoch gelohnt zu haben. Die Aufnahmen, die diesmal in Palermo zu sehen sind, zeigen die Ankunft zweier verdächtiger Autos. Der Einsatzbefehl erfolgt augenblicklich. Ein Hubschrauber startet und setzt kurz darauf die schwer bewaffneten Spezialeinheiten in der Nähe der Villa ab. Gleichzeitig wird das Landhaus mit Polizeiautos umstellt. Dann stürmen die schwarz vermummten Männer das Gelände. Schüsse fallen. Warnschüsse, heißt es später. Es dauert nicht mehr lange und Salvatore Lo Piccolo wird mit seinem Sohn Sandro und zwei weiteren Mafiosi verhaftet.

Jubel brandet bei den Ermittlern in Palermo auf. Ein Jahrhundertcoup ist gelungen. Von einem außergewöhnlichen Tag für die italienische Demokratie und den Kampf gegen die Mafia spricht später der Leiter der parlamentarischen Anti-Mafia-Kommission, Francesco Forgione. Niemand hatte den Cosa-Nostra-Boss in den vergangenen 24 Jahren zu Gesicht bekommen. Lange Zeit tappte die Polizei im Dunkeln. Nicht einmal das Aussehen Lo Piccolos war gesichert. Bei ihren Ermittlungen konnten sich die Polizisten nur auf ein Phantombild stützen. Doch der 65-jährige Mann mit dem dichten weißen Haar, der jetzt mit erhobenen Händen ins Freie tritt und sich ohne Widerstand ergibt, ist tatsächlich der fieberhaft gesuchte Boss der Bosse. Sportlich gekleidet – weißes T-Shirt, hellblaues, halboffenes Hemd, ein schwarzes Blouson und Jeans – wirkt der ehemalige Bauunternehmer wie ein harmloser, distinguierter Bürger. Der Schein jedoch trügt.

Seit 1983 war Salvatore Lo Piccolo auf der Flucht. Schon 1998 wurde er in Abwesenheit zu lebenslanger Haft verurteilt. Mord, Drogenhandel, Bauspekulationen und Geschäfte mit der US-amerikanischen Mafia: Die Liste der Anschuldigungen war lang und wurde mit den Jahren noch umfangreicher. Nach der Verhaftung des gefürchteten Paten Bernardo Provenzano, der von seinen Feinden „la belva", „die Bestie", genannt wird, übernahm Lo Piccolo 2006 das Cosa-Nostra-Kommando. Im selben Jahr beschlagnahmte die Polizei Besitzungen und Konten im Wert von 150 Millionen Euro. Den neuen Superboss Siziliens fanden sie aber nicht. Der blieb verschwunden. Bis ihn einer seiner engsten Mitarbeiter verriet.

In der Villa, die den Mafiosi für „Arbeitsmeetings" diente, stellen die Polizisten Waffen und das Geheimarchiv des Paten sicher. Sie finden *pizzini* – kleine Zettelchen, mit denen die Mafiosi untereinander kommunizieren. Sie entdecken eine Art Mafia-Rechtsbuch, das die Struktur und die damit verbundenen Funktionen beschreibt, und sie stoßen auf das *libro mastro del pizzo*, das Hauptbuch der Schutzgelderpressungen: Darin wurde fein säuberlich und ohne Verschlüsselung notiert, wer was wann zu bezahlen hatte.

Aus den Papierstapeln ziehen die Beamten ein besonders spektakuläres Dokument hervor: den Dekalog der Mafia. Auf Schreibmaschine in Großbuchstaben – und in teils fehlerhaftem Italienisch – getippt, enthält der zusammengefaltete Zettel die zehn Gebote, an die sich ein Mitglied der „Ehrenwerten Gesellschaft" zu halten hat. „Rechte und Pflichten" steht darüber. Auch die Cosa Nostra, kommt Anti-Mafia-Jäger Pietro Grasso zum Schluss, hat ihre Bibel.

Gebot Nummer eins lautet: „Man stellt sich unseren Freunden nicht allein vor. Das geht nur über Dritte." Damit soll der Grundcharakter der Organisation garantiert werden. Denn die Mafia ist und bleibt ein Geheimbund und niemand kann ohne eine Garantie durch bereits initiierte Mitglieder aufgenommen werden.

Einmal aufgenommen, muss sich der perfekte Mafioso als absolut gehorsam erweisen. Unterordnung wird ebenso großgeschrieben. „Man muss der Cosa Nostra jederzeit zur Verfügung stehen, auch dann, wenn die Ehefrau kurz vor der Entbindung steht", heißt es in Regel Nummer fünf. Viel ist auch von Moral die Rede, vor allem von Sexualmoral. Ein guter Mafioso darf sich nicht betrinken – er könnte unter Alkoholeinfluss ein Geheimnis verraten –, und er darf sich auf keinen Fall, will er nicht sein Leben riskieren, den Ehefrauen anderer Clanmitglieder unsittlich nähern. Der eigenen Ehefrau gegenüber ist er hingegen verpflichtet, „Respekt zu erweisen". Weiters muss er pünktlich und „ehrlich sein", was übersetzt bedeutet: Er darf seinen Boss weder belügen noch ihm etwas verschweigen. „Wer sich schlecht benimmt und moralische Werte nicht einhält", kann nicht in die Mafia aufgenommen werden, schließt Regel Nummer zehn.

Frauen kommen in diesem idealisierten Bild einer kriminellen Männergesellschaft nur in untergeordneter Stellung vor: als passive Wesen, die Avancen von fremden Männern nachgeben könnten, als respektable Mütter sowie als Hüterinnen des heimischen Herdes. Frauen sind dem Mann demnach untergeordnet und müssen schweigen. Sie leben abgeschottet in der Welt der „Ehrenwerten Gesellschaft" und sind in erster Linie eine Stütze für ihren Ehemann, so beschreibt Tommaso Buscetta, einer der berühmtesten Kronzeugen, die Situation der Frauen in der Mafia während einer Vernehmung in den 1980ern. Nicht hören. Nicht sehen. Nicht sprechen. Doch die Realität sieht anders aus. Ohne Frauen würde das organisierte Verbrechen nicht funktionieren. Heißt es nun Cosa Nostra, Camorra, 'Ndrangheta oder Sacra Corona Unita.

DIE ZEHN GEBOTE DER MAFIA

1. Man kann sich unseren Freunden nicht allein vorstellen, das geht nur über einen Dritten.
2. Schaue keine Ehefrau unserer Freunde an.
3. Man freundet sich nicht mit Bullen an.
4. Man besucht keine Tavernen und keine Clubs.
5. Man muss der Cosa Nostra jederzeit zur Verfügung stehen, auch dann, wenn die Ehefrau kurz vor der Entbindung steht.
6. Verabredungen müssen kategorisch eingehalten werden.
7. Der eigenen Ehefrau muss Respekt erwiesen werden.
8. Wenn man nach etwas gefragt wird, das man weiß, muss man die Wahrheit sagen.
9. Das Geld anderer oder anderer Familien darf man sich nicht aneignen.
10. Wer nicht aufgenommen werden kann:
    Wer ein enges Familienmitglied bei den Sicherheitskräften hat.
    Wer Fälle von Untreue in der Familie hat.
    Wer sich schlecht benimmt und moralische Werte nicht einhält.

BOSS IN GONNELLA -
BOSS IM ROCK

GIUSY VITALE

Am 25. Juni 1998 klicken für Giusy Vitale die Handschellen. Unerwartet, wie sie später sagen wird. Die junge Frau hatte sich sicher gefühlt, doch Abhöraktionen der Polizei wurden ihr zum Verhängnis.

Mit ihrer Verhaftung wird ein neues Kapitel in der Geschichte der sizilianischen Mafia geschrieben. Giusy Vitale ist die erste Frau, die in Palermo wegen ihrer führenden Rolle nach dem Mafia-Paragrafen angeklagt und rechtskräftig verurteilt wird. Später beschließt sie, als Kronzeugin auszusagen, und wird ins Zeugenschutzprogramm aufgenommen.

Von einem „atypischen Phänomen" ist im Untersuchungshaftbefehl zu lesen, von „etwas, das scheinbar alle Regeln durchbricht": Eine Frau nimmt eine außergewöhnliche Position ein, fernab der klassischen Rolle einer *donna di mafia*, einer Mafia-Frau.

„Ja, ich war an der Spitze der Cosa Nostra", antwortet Giusy Vitale während des Prozesses auf die Frage von Staatsanwalt Francesco Del Bene nach ihrer Rolle in der Mafia. Die italienischen Medien bezeichnen die damals 26-Jährige spontan als „boss in gonnella" („Boss im Rock"), als Lady Boss, als eine „Frau, die es Männern gleichtut". Hart, unerschrocken und unerbittlich.

Das Wort Mafia hört Giusy Vitale in ihrer Kindheit nie. Es ist auch gar nicht nötig, denn sie atmet das organisierte Verbrechen mit der Luft ein, die sie umgibt. Sie nimmt Regeln und Verhaltensmuster ihrer männerdominierten Umwelt nicht nur passiv auf, sie versucht sie selbst umzusetzen. Dazu bedarf es jedoch keines mafiatheoretischen Einführungsunterrichtes, es genügt die tagtäglich gelebte Realität.

Giusy Vitale wird am 25. Februar 1972 in Partinico geboren, als Letzte in einer Reihe von fünf Geschwistern. Ihre Brüder Leonardo, Michele und Vito sind ihre wichtigsten Bezugspersonen, wichtiger sogar als die für sie bereits relativ alten Eltern. Leonardo ist 17, als Giusy geboren wird, Michele 15 und Vito 13. Anders als ihre ruhige und angepasste Schwester Nina sieht sie in ihren älteren Brüdern Helden. Idole, die vor den bösen Bullen beschützt werden müssen. Halbgötter, denen sie gefallen und nacheifern will. Vor allem Leonardo ist für Giusy die „eigentliche väterliche Figur in der Familie".

Giusy ist erst sechs Jahre alt – erzählt sie vor Gericht –, als sie erstmals an der Hand ihrer Mutter die Brüder im Gefängnis besucht. Sie erinnert sich an die stumme Verzweiflung der Mutter, die ihren Söhnen jedoch nach jeder Straftat, ohne Fragen zu stellen, zur Seite stand. An die Angst, die selbst der eigene Vater vor seinen gewalttätigen Kindern hatte. Die Justizprobleme der Brüder – vor allem die von Leonardo und Vito – dominieren den Alltag der Familie. Gefängnisaufenthalte sind Teil dieser vermeintlichen Normalität. Einer wird entlassen, der andere verhaftet. Eine Art kriminelle Endlosschleife. Die Anklage ist jedoch immer ein und dieselbe: Zugehörigkeit zur Mafia.

Partinico ist eine kleine Stadt nahe Palermo mit heute etwas mehr als 30.000 Einwohnern. 1968 drehte Regisseur Damiano Damiani mit Claudia Cardinale und Franco Nero in den Hauptrollen hier einige Szenen seines Films „Der Tag der Eule" („Il giorno della civetta"). Als Vorlage diente Damiani der gleichnamige Roman des sizilianischen Schriftstellers Leonardo Sciascia, in dessen Mittelpunkt ein hochmotivierter Polizist aus dem Norden steht. Hauptmann Bellodi soll den brutalen Mord an einem Bauunternehmer aufklären. Doch der Ermittler scheitert trotz hoher Professionalität und drückender Beweise an der Omertà, dem Schweigen der Bevölkerung aus Angst vor der Mafia.

Doch Partinico stand schon vor Sciascias 1961 veröffentlichtem Roman im Geruch des organisierten Verbrechens. Der italienische Sozialreformer und deklarierte Pazifist Danilo Dolci machte die Kleinstadt daher zur Basis seiner gewaltfreien Aktivitäten. Als er entdeckte, dass die Mafia sogar die Wasserversorgung des landwirtschaftlich genutzten Gebietes kontrollierte, trat Dolci in den Hungerstreik. Er forderte die Errichtung eines Staudamms am Fluss Jato, denn die Brunnen waren fest in der Hand der Bosse. Das daraus gewonnene lebensnotwendige Wasser ließen sie sich teuer abkaufen. Mit dem Damm – so die Idee Dolcis – sollte die Bevölkerung den freien Zugang zu den Wasserreserven erhalten und damit eine bessere Lebensgrundlage bekommen.

Unter dem Eindruck der Not der Menschen und ihrer Unterdrückung durch die allgegenwärtige Cosa Nostra gründete Dolci 1958 in Partinico ein Forschungsinstitut zur Entwicklung von Arbeitsplätzen, das *Centro Studi e Iniziative per la piena Occupazione*. Revolution, das heißt, jedem Einzelnen Verantwortung geben, war eines von Dolcis Leitmotiven. Nur so, war er überzeugt, können die Verbindungen von Politik und Mafia gekappt werden. Internationales Aufsehen hatte der „Gandhi Siziliens" bereits zwei Jahre zuvor erregt. Sein „Umgedrehter Streik von Partinico", "lo sciopero alla rovescia", wurde von vielen Medien aufgenommen, aber auch kontrovers diskutiert. Dolci legte den Finger auf eine offene soziale Wunde und ein bis dahin weitgehend ignoriertes Problem: Bezahlte Arbeit gab es in der meist bitterarmen und vom organisierten Verbrechen dominierten Region so gut wie keine.

Die Grundidee war die: Wenn ein Arbeiter, um zu protestieren, streikt, dann muss ein Arbeitsloser, der sein Recht auf Arbeit einfordern will, arbeiten. Gemeinsam mit hunderten Arbeitslosen begann Dolci eine völlig kaputte, für die lokale Infrastruktur jedoch unverzichtbare Landstraße zu reparieren. Die Polizei schritt ein und löste die Aktion prompt auf. Dolci wurde wegen subversiver Tätigkeit verhaftet und vor Gericht gestellt. Ein Jahr nach dem Prozess, der mit einem Freispruch endete, erhielt er den Lenin-Friedenspreis. Mit dem Preisgeld finanzierte Dolci sein Institut, das die „Selbstanalyse des Volkes" fördern und letztlich zum Ende der Mafia beitragen sollte.

Als Giusy Vitale geboren wird, gehört der Westen Siziliens nach wie vor zu den am schlechtesten entwickelten Gebieten Europas. Der Staudamm war zwar errichtet worden, doch die gesellschaftspolitischen Ideen Danilo Dolcis sind nie umgesetzt worden. Und die von Sciascia exzellent beschriebene Omertà ist omnipräsent. Partinico ist weiter eine unbezwingbare Mafia-Hochburg.

Gesprochen wird zuhause wenig, erzählt Giusy Vitale nach ihrer Verhaftung. Geschlagen hingegen viel. Ihre Brüder setzen selbst innerhalb der Familie auf brachiale Gewalt und die Überzeugungskraft ihrer Fäuste. Sie bestimmen, was zu tun oder zu lassen ist. Widerrede ist zwecklos und bringt meist gebrochene Knochen sowie blaue Flecken. Es ist eine archaische Welt mit ungeschriebenen, menschenverachtenden Regeln, in der Giusy aufwächst. Für Bildung und Schule ist da wenig Platz. Erst recht nicht, wenn es sich um ein Mädchen handelt. Mehr als der Pflichtschulabschluss ist für sie nicht vorgesehen, obwohl sie, wie sie selbst sagt, „recht gut und auch fleißig war". Giusys Lieblingsfächer Rechnen und Sport werden bald durch andere Interessen ersetzt. Mit 14 Jahren bleibt sie zuhause, hilft der Mutter und geht mit dem Vater auf die Felder.

Die Eltern Vitale sind – wie die meisten in und um Partinico – Bauern. Der Vater bestellt den Boden und versorgt die Kühe, seine große Liebe gehört jedoch den Pferden. Ein Pferd ist in Sizilien mehr als nur ein edles Tier. Es ist ein stolzes Symbol und untrennbar mit der Figur der *gabellotti* verbunden: Pächter, die die Latifundien der Barone betreuten. Sie galten als Bindeglieder zwischen dem Adel und den einfachen Bauern und hatten im Laufe der Zeit Polizeiaufgaben und Gerichtsbarkeit übernommen. In den meisten Fällen waren die *gabellotti* aber auch die Mafiosi des jeweiligen Ortes. Hoch zu Ross und mit einem Gewehr über der Schulter haben sie bis in die 50er-Jahre des 20. Jahrhunderts ihre Herrschaft im immer noch feudal geprägten Sizilien ausgeübt.

Auch Giusy liebt Pferde. Schon als Kind lernt sie reiten und sie gibt diese Leidenschaft nicht einmal dann auf, als sie hochschwanger ist. Aber Giusy liebt auch Waffen. Gewehre und Pistolen gehören zum Inventar der Familie Vitale und so lernt sie bereits in jungen Jahren „mit Waffen umzugehen". Während andere Mädchen ihres Alters mit Puppen spielen und von einem Märchenprinzen träumen, ergründet Giusy die Unterschiede zwischen Revolvern, Pistolen und halbautomatischen Handfeuerwaffen. Sie ist fasziniert von den Details und besonders angetan von der Lieblingswaffe ihres Bruders Vito, die so klein ist, dass sie leicht versteckt werden kann. Später wird auch sie „das rauschartige Vergnügen verspüren, wenn man bewaffnet umhergeht".

Auf die Frage des Richters, wann sie begriffen habe, dass ihre Brüder für die Mafia arbeiten, sagt die Angeklagte Giusy Vitale: „Mit rund achtzehn Jahren oder wahrscheinlich schon etwas früher." In dieser Zeit wird ihr auch bewusst, dass ursprünglich eine andere Familie den Ort beherrscht hat – die Familie Geraci – und dass ihre Brüder darum kämpfen, diese zu verdrängen. Je härter der Kampf um die Herrschaft wird, desto brutaler und skrupelloser werden ihre Geschwister, die nie ein wirkliches Interesse an einer Tätigkeit in der Landwirtschaft gezeigt haben. Doch Giusy ist trotz der gewalttätigen Ausbrüche ihrer Brüder immer in ihrer Nähe und immer zu ihren Diensten. Lange Zeit versteht sie nicht, was tatsächlich vorgeht. Aber auch als sie die Zusammenhänge zu begreifen beginnt, ist sie stets überzeugt, dass ihre Familie ein Opfer der Justiz ist.

Stolz und Ehrfurcht erfüllen sie, als ihr ältester Bruder Leonardo, das tatsächliche Familienoberhaupt der Vitale, zum Boss von Partinico aufsteigt. Ab diesem Zeitpunkt vertritt Leonardo nicht mehr nur die eigene Familie, sondern auch die Mafia-Familie. Als neuer lokaler Regent agiert er jedoch nicht allein, sondern ist einem der berüchtigtsten Mafiosi aller Zeiten unterstellt: Totò Riina. Die Vitale sind ab nun Teil der kriminellen Oberliga Siziliens.

Im Banne der Corleoneser

Salvatore Riina, meist Totò oder wegen seiner Körpergröße von 158 cm auch „U Curtu", „der Kurze", genannt, stammt aus dem Bergstädtchen Corleone, einst einer der gefährlichsten Orte Italiens und in der Nähe des sogenannten sizilianischen Todesdreiecks Bagheria, Altavilla und Casteldaccia gelegen. Die Gegend wies in den 1950er-Jahren eine der höchsten Mordraten der Welt auf. Allein von 1943–1961 wurden in Corleone 52 Morde verübt und zwei Dutzend Mordversuche registriert. Viele Menschen verschwanden außerdem spurlos.

1963 wurde im Todesdreieck ein grausiger Fund gemacht. In einem Felsloch entdeckten Carabinieri die Überreste Dutzender Leichen. Untersuchungen ergaben, dass es sich um Opfer von Verbrechen handelte. Die Stätte erhielt den Namen „Friedhof der Mafia". Hier wuchs der Bauernsohn Salvatore Riina auf und hier beging er bereits als Jugendlicher seinen ersten Mord. Sein Weg war vorgezeichnet.

In den 1960ern wurde Sizilien vom Ersten Mafia-Krieg erschüttert. Der brutale Kampf um Macht und Einfluss in der Cosa Nostra forderte viele Menschenleben. Riina war als rechte Hand des damaligen Bosses Luciano Liggio einer der Hauptakteure dieser blutigen Fehde. Innerhalb kürzester Zeit machte der 1930 geborene Corleoneser eine Verbrecherkarriere, die ihresgleichen sucht. Er mordete ohne Skrupel.

Viel zitiert ist heute sein Ausspruch: „Wenn du jemanden erschießt, dauert das eine Sekunde, wenn du einen Raub begehst, dann brauchst du dafür mehr Zeit." „La belva", die Bestie, nennen ihn daher später die italienischen Medien.

Bis zu seiner Verhaftung 1993 war Riina fast zweieinhalb Jahrzehnte flüchtig. Sein Leben im Untergrund hatte ihn jedoch nicht daran gehindert, die Führung der Corleoneser Familie zu übernehmen. Im Gegenteil. Riina siegte auf allen Linien. Doch der gnadenlose Boss wollte mehr. Er strebte die Vorherrschaft in der gesamten Cosa Nostra an. Es waren goldene Zeiten für die Mafia. Die Verbrecherorganisation war groß in den Drogenhandel eingestiegen und sie machte höchst lukrative Geschäfte im florierenden Bauwesen. Der Kuchen sollte daher umverteilt und die Karten neu gemischt werden.

So kam es 1981 zur *mattanza*, zum Zweiten Mafia-Krieg. Die zwei Jahre andauernde Fehde erwies sich als noch brutaler und noch blutiger als die erste. Rund 1000 Menschen wurden auf oft bestialische Art und Weise getötet, ganze Clans vernichtet und selbst unschuldige Verwandte ermordet. Jede nur mögliche Rache sollte von vornherein im Keim erstickt werden. Wie in einem Vernichtungsfeldzug löschten die Corleoneser die gegnerischen Familien aus. Am Ende siegte die Corleone-Fraktion mit ihren Untergruppen und sicherte sich die Vorherrschaft in Sizilien. „Sie ist stärker, vereinter, hierarchischer und undurchsichtiger denn je" aus diesem Krieg hervorgegangen, stellte Italiens berühmtester Anti-Mafia-Richter, Giovanni Falcone, fest, der zehn Jahre später durch eine Bombe der Cosa Nostra ums Leben kommen sollte. Das ist das Umfeld, in dem Giusy Vitale aufwächst.

„Ich war immer wie ein wilder Junge", sagt sie über ihre Kindheit und Jugendzeit. Mit vierzehn Jahren fährt sie bereits Auto, sie schuftet mit Vergnügen in der Landwirtschaft, trägt Hosen und Stiefel wie die Arbeiter in den Ställen. Vergnügungen außerhalb der eigenen vier Wände kennt sie nicht. Erste Versuche, sich hin und wieder ein wenig zu schminken, werden von den Brüdern auf das Schärfste verurteilt. Wenn sie ohne Erlaubnis das Haus verlässt oder am Fenster hinter dem Vorhang Ausschau nach jungen Männern hält, hagelt es Prügel. Durch eine Ohrfeige reißt ihr eines Tages das Trommelfell. Giusy lernt ihre Weiblichkeit zu verdrängen. Sie rechtfertigt die Grausamkeit ihrer Brüder vor sich selbst einmal mehr im Namen ungeschriebener Mafia-Verhaltensregeln. Ihre Familie ist anders als die ihrer Freundinnen. Giusy hat noch weniger Spielraum als gleichaltrige Mädchen auf dem Land in Sizilien. Sie wächst streng bewacht auf, wie ein Soldat der Reserve in Ausbildung für das Heer des Clans.

Doch die Schwester, die ihre Brüder abgöttisch verehrt, ordnet sich nicht immer unter. Sie muckt auf und wählt den Mann, mit dem sie dieser Enge entkommen will, selbst aus. Ein Affront für die Brüder, der dadurch umso größer wird, als der zukünftige Ehemann nicht aus dem Mafia-Milieu stammt. Das Nein von Leonardo und Vito ist kategorisch und zeigt sich in Prügel für die Schwester und die Eltern.

Eines Tages – so erzählt Giusy Vitale der Schriftstellerin Camilla Costanzo – lädt ihr Bruder Leonardo sie zu einer Fahrt aufs Land ein. Die junge Frau hofft auf ein klärendes Gespräch mit dem ältesten Bruder und auf seine Zustimmung zur Hochzeit. Doch sie legen den Weg schweigend zurück, bis Leonardo vor einem großen Baum Halt macht. Kaum sind sie ausgestiegen, packt er ihren Kopf und dreht ihn brutal nach oben, wo sich ihr ein grauenhaftes Bild auftut. Von den Ästen hängen, durch Schlingen verbunden, fünfzehn inzwischen erstarrte Hundekörper. Einige seiner Schafe sind von einem Hund gerissen worden, erklärt Leonardo drohend seiner Schwester. Aus Wut habe er alle streunenden Hunde, die er fand, dafür verantwortlich gemacht und lebendig aufgehängt. „Da siehst du, wie es einem ergehen kann, wenn man mich nicht respektiert. Nur so werden sie lernen."

Doch Giusy setzt sich trotz Prügel und Drohungen durch. Ein Jahr später, mit neunzehn, heiratet sie und bekommt im Abstand von einem Jahr zwei Kinder, Francesco und Rita. Der ruhige und eher schwache Angelo Caleca, der vor Gericht von seiner Ehefrau als „la signora" spricht, bringt nicht die erhoffte Erfüllung ihres Daseins. Ein Neubeginn wird das Leben als Ehefrau und Mutter nicht. Giusy bleibt eine Vitale und ihrer Herkunftsfamilie mehr denn je aufs Engste verbunden. Immer häufiger übernimmt sie die Aufgaben der Mutter, bis sie sie letztlich ganz ersetzt. Giusy verfolgt die Justizangelegenheiten der Brüder, sie hält Kontakt zu den Anwälten – oft Top-Juristen der Insel – und sie betreut ihren flüchtigen Bruder Vito. Drei Jahre wird er von der Polizei gesucht. Giusy hingegen weiß, wo er steckt. Sie trifft ihn sogar mehrmals wöchentlich in seinem jeweiligen Versteck, bringt ihm Essen, Trinken und auch Waffen, versorgt ihn mit Informationen. Sie lernt als Überbringerin von Botschaften zwischen den Clanmitgliedern den Kontakt zu halten und sorgt dafür, dass die oft verschlüsselten Nachrichten an die richtige Adresse kommen. Immer tiefer taucht sie in das operative Geschäft und die Geheimnisse des eigenen Clans ein.

Zuerst werden ihr die legalen Geschäfte der Familie anvertraut – die landwirtschaftlichen Betriebe und deren Verwaltung. Gelder aus diesen Unternehmungen können ordnungsgemäß verbucht und auch angelegt werden. Doch nach den sauberen Einkünften kommen alsbald auch die illegalen Einnahmen in Giusys Hände: Schutzgelder, die Geschäftsleute und Unternehmer gezwungen sind an die Familie zu zahlen; Gelder aus Erpressungen; Schwarzgelder aus dem Bereich öffentlicher Aufträge. Kein Bau einer Straße oder Brücke, keine Errichtung einer Schule oder eines anderen öffentlichen Gebäudes, bei denen die Cosa Nostra nicht mitschneidet. Die Mafia hatte in Sizilien ein unfehlbares System aufgebaut, in dem es Politiker und Unternehmer eng an sich band. Das organisierte Verbrechen garantierte, dass alle Arbeiten reibungslos und störungsfrei ablaufen würden. Im Gegenzug fließen in die Kassen der Mafia anteilige Beträge in der Höhe von zwei bis drei Prozent der Gesamtsummen. Ein Millionengeschäft.

Viel wichtiger als die Finanzoberhoheit innerhalb des Clans ist für Giusys Aufstieg im Inneren der Cosa Nostra der Umstand, dass sie zu Versammlungen mitgenommen wird. Ihre Brüder sind bekannt als treue Vasallen des gefürchteten Totò Riina, doch das muss Tag für Tag neu bewiesen werden. Der Boss, dessen Devise es war, man müsse alle Möglichkeiten ausnutzen, um ein gestecktes Ziel zu erreichen, und dafür auch bereit sein, jegliches Hindernis zu eliminieren, verlangt absoluten Gehorsam und völlige Unterwerfung. Hatte er Zweifel an der Ergebenheit eines Mitglieds der „Ehrenwerten Gesellschaft", scheute er nicht davor zurück, seine Killer loszuschicken. Auch die Mitgliedschaft in seinem Clan war keine Lebensversicherung. Die Lage in Sizilien ist Anfang der 1990er-Jahre wieder einmal hochexplosiv.

Giusys Brüder haben Beziehungen zu den wichtigsten Mafiosi der Insel aufgebaut und erweitern nun kontinuierlich ihren Machtbereich. 1992 zählen sie zum kleinen Kreis derer, die das Sagen haben. Dabei kommen ihnen auch äußere Umstände zu Hilfe. Nach dem aufsehenerregenden Maxiprozess von Palermo im Jahr 1986 sind etliche Ehrenmänner untergetaucht. Auch Giovanni Brusca, Totò Riinas profiliertester Killer und von ihm persönlich in die Cosa Nostra aufgenommen, ist flüchtig. Unterschlupf findet er auf dem Gebiet der Vitale. Leonardo nimmt sich persönlich seiner an, sorgt für den unauffälligen Wechsel seiner Verstecke und für seine Versorgung. Brusca, ein Analphabet, befestigt auch die 500 Kilo Sprengstoff unter der Autobahn bei Capaci, deren Zündung den Anti-Mafia-Jäger Giovanni Falcone mit seiner Frau und seinen drei Leibwächtern das Leben kostet. Bruscas Schutz sichert dem Vitale-Clan einmal mehr seine Position.

Wie nahe die Familie der *cupola*, der Cosa-Nostra-Spitze ist, zeigt sich in mehreren Aussagen Giusys. Eines Tages, Anfang 1992, ruft sie ihr Bruder Leonardo an. Er braucht ihre Hilfe. Sie soll Getränke und Brote besorgen und alles zu einem der Ställe der Familie in Val Guarnera bringen. Schnell müsse alles gehen, gibt Leonardo ihr mit, sehr schnell. Als sie in einiger Entfernung zum Stall ihr Auto parkt, bemerkt sie eine Gruppe Männer, die im Kreis stehen, und ein großes schwarzes Fahrzeug mit Chauffeur. Bei näherem Hinsehen entdeckt Giusy

Bernardo Provenzano, Spitzname „Traktor"

eine Figur, die sie nicht zuordnen kann: Es ist ein Bischof in vollem Ornat. Erst am Abend zu Hause erfährt sie von ihrem Bruder die wahre Identität des vermeintlichen Würdenträgers. Es war der Mafia-Boss Bernardo Provenzano. Seit den frühen 1960ern war er nicht mehr in der Öffentlichkeit gesehen worden. Mit seiner Verkleidung wollte er die Polizei narren.

Provenzano stammt wie Totò Riina aus Corleone und war lange Zeit dessen rechte Hand. Später wird er jedoch zu Riinas internem Widersacher und letztlich sein Nachfolger. Schon als junger Mann erhielt Provenzano den Spitznamen „Binnu u' Tratturi", „Onkel Traktor". Und „der Traktor" walzt alles nieder, was sich ihm in den Weg stellt. Mehr als 50 Morde werden ihm angelastet. Binnu schieße wie ein Gott, soll bereits sein damaliger Boss, Luciano Liggio, über den jungen Provenzano gesagt haben. Insgesamt 43 Jahre lebt das „Phantom von Corleone" im Untergrund, bis er endlich am 11. April 2006 festgenommen wird. Nach Riinas Verhaftung 1993 war er der alleinige Herrscher über die Cosa Nostra.

Doch davon ist bei dem Mafia-Meeting auf dem Land bei Partinico noch nicht die Rede. Die Differenzen zwischen den beiden Superbossen werden jedoch auch das Leben des Vitale-Clans maßgeblich beeinflussen.

Eine Zeitlang ist Giusy als Fahrerin für ihren älteren Bruder tätig, der keinen Führerschein hat. Später nimmt sie aktiv an den streng geheimen Versammlungen der Mafia teil. Bei einem dieser Meetings bemerkt sie von weitem auch Totò Riina. Ein unscheinbarer Mann, erinnert sie sich, der schweigend an der Versammlung teilnimmt und nur hin und wieder mit dem Kopf nickt. Kaum zu glauben, dass dies der Drahtzieher vieler Attentate ist, die ganz Italien in Schach halten werden, darunter auch die Ermordung des Richters Giovanni Falcone.

DIE ERSTE PATIN DER COSA NOSTRA

Die Zeit der großen Herausforderungen beginnt für Giusy jedoch 1995 – ein „Schreckensjahr" für den Vitale-Clan. Ihr Bruder Vito wird im Februar zwar aus dem Gefängnis entlassen, doch als er von einer drohenden neuerlichen Verhaftung erfährt, schließt er sich Giovanni Brusca im Untergrund an. Drei Monate später wird Leonardo festgenommen und nach Palermo ins Gefängnis gebracht. Zuletzt landet sogar der mittlere Bruder Michele, der in Partinico bisher eine eher untergeordnete Rolle innegehabt hat, hinter Gittern. Die Führung des Clans geht einem ungeschriebenen Gesetz nach von Leonardo auf Vito über, denn er ist, wenn auch in einem Versteck lebend, der einzige sich in Freiheit befindende Bruder. Die Fäden laufen jedoch bei der 23-jährigen Schwester zusammen. In dieser Zeit arbeitet Giusy „Tag und Nacht". Sie lernt alles, was man über das *mandamento*, den Herrschaftsbereich, der Vitale wissen muss und führt einen Großteil der Geschäfte bereits ganz allein. Einmal mehr will sie ihren Brüdern zeigen, dass sie ihnen ebenbürtig ist und problemlos die Führung des Clans übernehmen könnte. Und das, obwohl sie eine Frau ist! Mit Stolz nimmt sie wahr, dass sie ihre Brüder gegenüber anderen Mafia-Mitgliedern lobend erwähnen, auch wenn sie ihr gegenüber nach wie vor diktatorisch auftreten. Staatsanwältin Lia Sava bezeichnet sie als „Frau mit energischem Temperament, die wie ein Erdbeben die komplexe Welt der Cosa Nostra erschüttert".

Immer mehr entfernt sich Giusy von ihrer eigenen Familie. Für die Kinder und vor allem für den Ehemann bleibt wenig Zeit. Sie ist für ihre Brüder jederzeit abrufbereit: für Vito, der nun meist in einem Stall nahe Partinico lebt, zwischendurch jedoch immer wieder anderswo in den Bergen Unterschlupf sucht, und für Leonardo, der im Gefängnis Ucciardone inhaftiert ist. Mehrmals pro Woche nimmt sie die vom Gesetzgeber vorgesehenen Besuchstermine wahr. Giusy fungiert als Verbindungsfrau zwischen den beiden, übermittelt verschlüsselte Botschaften und trägt ihren Teil zur Umsetzung getroffener Entscheidungen bei. Sie tritt aber auch immer häufiger mit anderen Clans in Verbindung und wacht über die territoriale Integrität des familiären Herrschaftsbereichs.

1996 steht die Familie – und damit auch Giusy – vor ganz neuen Herausforderungen. Giovanni Brusca, Vitos Vertrauter, geht der Polizei ins Netz. Nur durch einen Zufall befindet sich Vito zum Zeitpunkt der Razzia nicht im selben Haus und entgeht damit knapp der Festnahme. Der öffentliche italienische Fernsehsender RAI widmet der Verhaftung des „Superkillers" eine Sonderausgabe seiner TV-Nachrichten. Auch Giusy verfolgt die Bilder im Fernsehen. „Der Mörder Giovanni Falcones", „das Monster", „der Verantwortliche für hunderte Delikte": Die Journalisten überschlagen sich in ihren Aussagen. Bald darauf tauchen erste Gerüchte auf, die später ihre Bestätigung finden: Giovanni

Festnahme des Auftragskillers Giovanni Brusca 1996

Brusca habe eine Zusammenarbeit mit der Polizei akzeptiert und möchte als Kronzeuge ins Zeugenschutzprogramm aufgenommen werden. Für Vito wird es eng, sehr eng. Doch der Boss scheint dies geradezu als Ansporn zu verstehen, und so läuft die Familie in dieser Zeit zu ihrer kriminellen Höchstform auf. Ihr Arm reicht bis nach Palermo und Trapani, wo ein neuer Pate am Mafia-Himmel aufsteigt: Matteo Messina Denaro. Die Vitale wollen neue Allianzen schließen, um den eigenen Aufstieg abzusichern. Vito ist sogar als Nachfolger Totò Riinas im Gespräch. Zwei Jahre lang funktioniert die Familienstrategie, bis am 14. April 1998 die Polizei erneut zuschlägt. Vito wird verhaftet. Giusy protestiert lautstark, während das Polizeiauto mit quietschenden Reifen Richtung Gefängnis davonfährt.

Der Schock ist gewaltig. Nun ist der Clan führungslos. Zumindest offiziell.

Was also tun? Bisher kannte die Cosa Nostra in einer derartigen Situation nur zwei Auswege: Entweder ein weiteres männliches Mitglied rückt in die entstandene Lücke nach oder der Clan ist dem Untergang geweiht. Wie eine Beute auf dem Servierteller für gegnerische Familien angerichtet, deren Machthunger und Rachedurst gestillt werden wollen.

Wie aus den zahlreichen Abhöraktionen hervorgeht, findet Giusys ältester Bruder die Lösung für dieses Dilemma, und Leonardo ist keiner, der klein beigibt. In seiner Zelle fällt er die schicksalshafte Entscheidung: Der Clan bleibt bestehen, lässt er aus dem Gefängnis ausrichten. Nichts werde sich an der Macht der Vitale ändern. Leonardo setzt seine Schwester als Oberhaupt ein. Giusy ist ab nun ein echter Boss, die erste Frau an der Spitze eines Clans in der Geschichte der Cosa Nostra. Die erste Frau, die nicht nur von der eigenen Familie als Regentin, sondern auch von anderen Familien als solche anerkannt wird.

„Ich hatte die Führungsrolle inne", erklärt Giusy später dem Staatsanwalt. „Ich habe die Cosa Nostra angeführt und ich habe jene Entscheidungen getroffen, die ich als richtig empfand." Giusy steht ihren Brüdern an Härte und Grausamkeit in nichts nach. Sie ist skrupellos wie sie und sie ist nun Herrin über einen willfährigen Machtapparat mit entsprechendem Waffenarsenal. Ohne Bedenken treibt sie verstärkt Schutzgelder ein und verdoppelt dadurch innerhalb kürzester Zeit die Einnahmen von rund 700 Millionen Lire auf eineinhalb Milliarden. Das erpresste Geld, das vorwiegend aus dem Bauwesen stammt, dient auch dazu, die „Geschwister im Gefängnis sowie deren Familien" zu versorgen.

Als Boss an der Spitze des Clans entscheidet Giusy aber auch über Leben und Tod, und sie tut dies, ohne mit der Wimper zu zucken. Zutiefst überzeugt, dass alles, was der Familie schaden könnte, eliminiert gehört. Die Schmach über die Verhaftung Vitos sitzt tief. Die Verräter müssen daher gefunden und neue Vertrauensmänner angeworben werden. Hinter allem wittern die Vitale einen übermächtigen Gegner: Bernardo Provenzano, der – im Gegensatz zu seinem bereits inhaftierten Gegenspieler Totò Riina – weiterhin aus dem Untergrund seine Herrschaft ausübt. Provenzano will Partinico unterwandern, glaubt auch Giusy, und ist sich sicher, seine eingeschleusten Mittelsmänner bereits identifiziert zu haben. Besonders einer ist ihr ein Dorn im Auge: Salvatore Riina, ein Lebensmittelhändler, der zufällig wie der Ex-Boss der Bosse heißt und den Spitznamen „Mortadella" trägt.

Als aufmüpfig beschreibt Giusy den „Gewerbetreibenden, bei ihr ums Eck", als einen, der die Vitale im Ort „kleinredet" und ihnen gleichzeitig die Einnahmen aus der Vergabe öffentlicher Aufträge streitig machen will. Das ist sein Todesurteil.

Am 23. April 1998 ist Giusy wieder einmal bei ihrem Bruder Leonardo zu Besuch im Gefängnis. Das Gespräch wird – wie alle anderen auch – von den Sicherheitskräften aufgezeichnet. Später wird der Staatsanwalt hervorheben, dass es vor allem Giusy war, die an diesem Tag für „Mortadellas" Ermordung eintrat. Er sei ein Mann Provenzanos, insistiert sie. Offen bleibt am Ende nur mehr die Frage, wo und durch wen sie den Mann umbringen lassen wird. Weitere drei von ihrem Bruder eingeforderte Mordaufträge werden vorerst aufgeschoben.

Als echter Boss hat Giusy eine rechte Hand, die ihr rund um die Uhr zur Seite steht. Michele Seidita ist ein Freund der Familie und sie kennt ihn seit ihren Kindheitstagen. Jetzt ist er Giusys einziger Vertrauter. Ein notwendiger Vertrauter, denn auch wenn sie als *capomandamento*, als Bezirksboss, akzeptiert ist, bleibt sie in den Augen der patriarchalisch dominierten Mafia-Welt in erster Linie eine Frau und darf an den Versammlungen nur in Begleitung eines Mannes teilnehmen. Mit Seidita plant und organisiert sie die Ermordung des „Verräters", wählt Ort, Zeit und Waffe aus. Während am Abend des 20. Juni in der Garage des Opfers die tödlichen Schüsse fallen, befindet sich Giusy mit Mann und Kindern für alle sichtbar in einer Pizzeria, die Verwandte vor kurzem eröffnet haben. Im selben Lokal essen auch der Sohn des Mordopfers, Giuseppe, dessen Verlobte und einige Freunde. Man freut sich über das zufällige Wiedersehen, plaudert ein wenig und Giuseppe spielt mit Giusys Sohn Francesco. Dann geht jede Familie zu ihrem Tisch und gibt ihre Bestellung auf. Ein ganz normaler Abend in einer ganz normalen Pizzeria. Doch noch bevor die Pizze fertig sind, verlassen Giuseppe und seine Begleitung eilig und ohne Worte das Lokal. Der junge Mann hat einen Anruf auf seinem Mobiltelefon erhalten. Niemand beachtet den Vorfall, nur Giusy. Sie kennt als

Einzige den Inhalt des Telefonats. Jemand hat Giuseppe mitgeteilt, dass sein Vater ermordet worden ist. Nach Mitternacht gibt es im Haus von Michele Seidita einen fröhlichen Umtrunk. Man stößt auf das gelungene Unternehmen an. Eine eindeutige Botschaft an den damaligen Boss der Bosse, Bernardo Provenzano: Hier regieren wir, die Vitale, und sonst niemand. Am 25. Juni 1998 wird Giusy Vitale verhaftet. Wie besessen von ihrer Machtfülle, hat sie diese Möglichkeit gar nicht in Betracht gezogen. Als sie mit den vielen verschiedenen Abhörprotokollen konfrontiert wird, ist sie überrascht über die eigene Unvorsichtigkeit. Zu wenig verschlüsselt waren die Aussagen, zu eindeutig das aufgezeichnete Beweismaterial. Die langjährigen Ermittlungen der Polizei zeigen, dass Giusy schon bald eine außergewöhnliche Rolle innehatte, dass sie Mitwisserin vieler, auch blutiger Geheimnisse war und Kontakte zu anderen Mafia-Familien hielt. Giusy war eine Frau, die Befehle auszuführen wusste und Befehle geben konnte. Sie war Teil des berüchtigten Corleoneser Clans um Totò Riina und damit Teil eines der dunkelsten Kapitel der neueren italienischen Geschichte.

Giusy wird wegen Mafia-Zugehörigkeit zu sechs Jahren Haft verurteilt, die später auf viereinhalb Jahre reduziert werden. Doch bereits 2003 wird sie erneut verhaftet und angeklagt. Diesmal muss sie sich wegen des Mordes an „Mortadella" verantworten. Die junge Frau, die ihre Haft absaß, ohne jemals Zeichen der „Schwäche" zu zeigen, bekommt erstmals Angst, lebenslang hinter Gittern zu bleiben und ihre Kinder nie mehr wiederzusehen.

Im Februar 2005, sieben Jahre nach ihrer ersten Verhaftung, beschließt Giusy Vitale nach langem inneren Kampf, mit der Justiz zusammenzuarbeiten. Als erste Patin packt sie aus und erzählt aus ihrem Leben als Mafiosa. Sie gibt Einblick in die sonst verschlossene Welt der Bosse, deckt Verbindungen zu Politik und

Wirtschaft auf, klagt eine nur allzu nachsichtige, weil korrupte Verwaltung an. Giusy löst mit ihren Aussagen, die tausende Seiten füllen, ein regelrechtes Erdbeben aus. Mit derselben Radikalität, mit der sie sich vorher in den Dienst der Mafia gestellt hat, tritt sie nun gegen das organisierte Verbrechen und ihre eigene Familie auf. Die Reaktion der Brüder lässt nicht auf sich warten. Während einer Verhandlung am Schwurgericht in Palermo wird Leonardo Vitale, der sich in einem Gefängnis in Parma befindet, zugeschaltet. Von dort richtet er den Bannstrahl gegen die abtrünnige Schwester: „Ich habe gehört, eine Ex-Blutsverwandte von mir arbeitet jetzt mit der Polizei zusammen. Wir sagen uns von ihr los, ob lebendig oder tot, was sie hoffentlich bald sein wird ... Sie ist ein giftiges Insekt!"

Doch Giusy lässt sich nicht beirren. Sie geht ihren eingeschlagenen Weg weiter und bricht weiter Tabus. Diesmal auf der anderen Seite. Der richtigen, wie sie jetzt sagt. Wie eine sprudelnde Quelle gibt sie immer mehr Details preis. Sie erzählt von der Verlogenheit der „Ehrenwerten Gesellschaft", ihrer Scheinheiligkeit und den nur nach außen gelebten familiären Werten. Sie spricht von den Abenteuern ihres verheirateten Bruders und von ihren eigenen Liebhabern, mit denen sie ihren Mann betrogen hat. Vom geringen Wert des menschlichen Lebens, wenn man auf der falschen Seite steht. Es ist ein Befreiungsschlag, den Giusy Vitale versucht. „Ich habe dreißig Jahre wie im Mittelalter gelebt", sagt sie eines Tages, „damit muss Schluss sein. Ich will ganz neu anfangen."

Letztlich – sagt sie – war dann doch alles ganz einfach. Es war eine einfache Frage ihres Kindes, die alles ins Rollen gebracht hat: „Mama, was ist das: die Mafia?"

Giusy Vitale wird der erste weibliche Boss, der sich ins Zeugenschutzprogramm aufnehmen lässt.

Struktur der Cosa Nostra
laut Aussage von Tommaso Buscetta im Jahre 1984

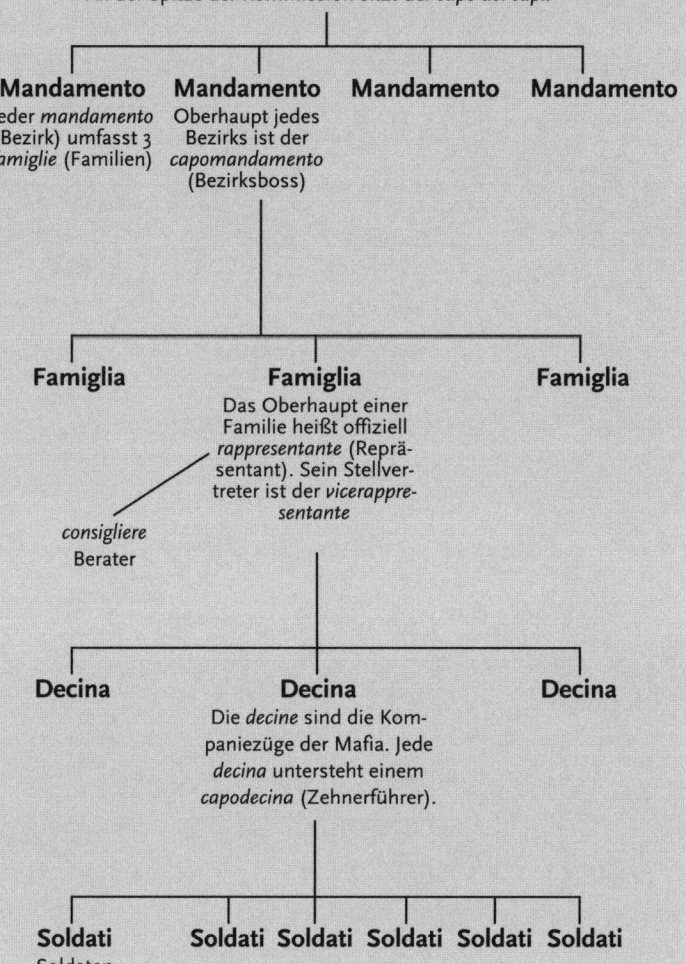

Commissione Provinciale
Die Kommission beherrscht die Provinz.
An der Spitze der Kommission sitzt der *capo dei capi.*

Mandamento   **Mandamento**   **Mandamento**   **Mandamento**
Jeder *mandamento*   Oberhaupt jedes
(Bezirk) umfasst 3   Bezirks ist der
famiglie (Familien)   *capomandamento*
(Bezirksboss)

Famiglia   **Famiglia**   **Famiglia**
Das Oberhaupt einer
Familie heißt offiziell
rappresentante (Reprä-
sentant). Sein Stellver-
treter ist der *vicerappre-
sentante*
consigliere
Berater

Decina   **Decina**   **Decina**
Die *decine* sind die Kom-
paniezüge der Mafia. Jede
decina untersteht einem
capodecina (Zehnerführer).

Soldati   **Soldati** **Soldati** **Soldati** **Soldati** **Soldati**
Soldaten

LA DONNA MANAGER DEL CLAN -
DIE MANAGERIN DES CLANS

NUNZIA GRAVIANO

Auch sie hat drei Brüder. Auch sie ist die Jüngste in der Geschwisterreihe: Nunzia Graviano, von der Familie liebevoll „a Picciridda", „die Kleine", genannt. Doch das Nesthäkchen ist kein verträumtes und verzärteltes Mädchen. Sie wächst fest verankert im Wertekodex der Mafia auf und übernimmt, als ihre Brüder im Gefängnis landen, eine Schlüsselfunktion im Clan. Nunzia wacht über die „Graviano-Holding". Sie ist die Finanzexpertin des Clans und entwickelt sich in vielen Bereichen zum „Alter Ego" ihrer mächtigen Geschwister. „Ich war mir ziemlich sicher, dass sie der Boss war. Ich hatte zumindest diesen Eindruck", sagt später Giorgio Puma, ein bekannter und angesehener Steuerberater aus Palermo, während seiner Vernehmung aus. Puma, der auch beste Beziehungen zu den Justizbehörden hatte, für die er immer wieder als Konsulent tätig war, arbeitete für die Familie Graviano. Seine erste Ansprechperson in wirtschaftlichen Fragen war Nunzia, und es war ein Kontakt auf Augenhöhe mit einer fachlich bestens informierten Frau. Nunzia zeigt stellvertretend auf, dass sich die Mafia der 1990er-Jahre verändert hat. Sie ist nicht mehr von *coppola* und *lupara* – also von der typisch sizilianischen Mütze und der berüchtigten abgesägten Flinte – geprägt, die auch in unzähligen Hollywood-Filmen als Symbole Verwendung finden. Nein, sie dringt vielmehr in den Börsen- und Finanzbereich ein – was aber nicht bedeutet, dass die Clans deshalb weniger grausam agieren. Nur die Prioritäten haben sich verändert.

Wie Giusy Vitale ist auch Nunzia aus dem Stoff, aus dem Bosse gemacht werden. Doch anders als die junge Frau aus Partinico, die einem Mafia-Clan aus den ländlichen Gebieten angehört, stammt Nunzia aus Palermo und gehört der städtischen Cosa Nostra an. Ihre Heimat ist nicht die Kleinstadt mit ihren vorgelagerten Ställen und Feldern. Sie ist ein Mitglied der sogenannten Mafia-Bourgeoisie, die sich durch sicheres Auftreten und eine ausgeprägte Vorliebe für Luxus auszeichnet.

Nunzia Graviano wird 1968 in eine der tonangebenden Mafia-Familien der sizilianischen Hauptstadt hineingeboren. Mit vierzehn Jahren verliert sie ihren Vater. Michele Graviano hatte sich mit den Corleonesern verbündet und wurde dafür im Zweiten Mafia-Krieg von der gegnerischen palermitanischen Fraktion im Rahmen eines Rachefeldzuges ermordet. Acht Jahre später wird die Familie für diesen Verlust entschädigt und ihre Treue zu Totò Riina belohnt. Nunzias Brüder, der damals 29-jährige Filippo und der 27-jährige Giuseppe, treten die Nachfolge des inhaftierten Clanchefs Giuseppe Lucchese an. Filippo und Giuseppe werden somit formal die Herren über Brancaccio-Ciaculli, ein Industrie- und Wohnviertel in Palermo. Hier, wo um das Jahr 1000 ein arabischer Emir seine blühende Residenz erbaute und später die normannischen Eroberer einen riesigen künstlichen See anlegen ließen, herrschen nun die Gravianos. Und damit Gewalt und Verbrechen.

Als im Jänner 1993 der Superboss Totò Riina nach über zwei Jahrzehnten mitten in Palermo endlich festgenommen wird, ist das eine der wichtigsten Herausforderungen in der kriminellen Karriere des Brüderpaares. Es geht um die Zukunft der Cosa Nostra. Gemeinsam mit den bedeutendsten Bossen der Insel – wie Matteo Messina Denaro und Giovanni Brusca – nehmen Giuseppe und Filippo an einem eilig einberufenen Mafia-Gipfel nahe Bagheria teil. Dort beraten sie, wie die Cosa Nostra auf die Festnahme des *capo dei capi* reagieren soll. Die Antwort ist schnell gefunden und die Strategie der kommenden Monate ebenso: Die Mafia wird den Staat erneut herausfordern. Und sie wird dies wieder mit Bomben tun. Nicht mit einem einzelnen Attentat, sondern gleich mit einer Bombenserie. Nach den tödlichen Attacken auf Richter Giovanni Falcone und – nur 57 Tage danach – auf seinen Mitstreiter Paolo Borsellino will die Cosa Nostra mit aller Härte zeigen, dass sie in der Lage ist, den Staat Italien in die Knie zu zwingen. Sie will dies umso mehr, da die Ermordung der beiden auch außerhalb Italiens bekannten Juristen zum ersten Mal eine Welle der Empörung in Sizilien selbst ausgelöst hatte und die Behörden in Rom endlich reagierten: Tausende Soldaten wurden auf die Insel geschickt, wie in eine abtrünnige, aus dem eigenen Machtbereich entglittene Provinz. Doch von dort kommt eine erneute Kampfansage. Mit ihrer neuen Strategie zielt die Mafia nicht nur auf Menschen, sondern in erster Linie auf Kulturdenkmäler ab. Richter und Staatsanwälte können ersetzt werden, zitiert der vormalige oberste Anti-Mafia-Staatsanwalt Pietro Grasso aus Abhörprotokollen, weltberühmte Monumente nicht. Dass dabei auch unschuldige Menschen ums Leben kommen können, wird nicht nur in Kauf genommen, sondern ist vielmehr beabsichtigt. Es verstärkt die Wirkung. Die Mafia kennt keine Gnade.

In Italien herrscht Anfang der 1990er-Jahre ein gefährliches

19. Juli 1992: tödliches Attentat auf Richter Paolo Borsellino

Machtvakuum. 1992 wird Mario Chiesa, Leiter eines Altenheimes und Mitglied der Sozialistischen Partei, in Mailand erwischt, als er eine Schmiergeldzahlung in der Höhe von sieben Millionen Lire annimmt. Der Skandal weitet sich wie ein Lauffeuer innerhalb kürzester Zeit in ganz Italien aus. Die *Mani pulite*, also „Saubere Hände" genannten Ermittlungen decken ein riesiges System aus Korruption, Amtsmissbrauch und illegaler Parteienfinanzierung auf. *Tangentopoli* taufen die Italiener diesen Skandal, der die Grundfesten des Staates erschüttert und das Ende altgedienter Parteien wie der Democrazia Cristiana und der Sozialistischen Partei bedeutet. Wie ein Erdbeben erschüttern die Ereignisse Italien. Die Erste Republik bricht zusammen. Allerorts herrscht Chaos. Mitten darin aber zieht die Mafia – und mit ihr die Familie Graviano – ihre Fäden. Es ist ein Kampf auf Leben und Tod.

Die erste Bombe explodiert am 14. Mai 1993 kurz vor Mitternacht an einer Kreuzung im römischen Nobelviertel Parioli. Einhundert Kilogramm Sprengstoff sind in einem geparkten Fahrzeug deponiert worden. Als das Auto des bekannten Journalisten und Fernsehmoderators Maurizio Costanzo vorbeifährt, wird der Sprengsatz mittels Fernsteuerung zur Explosion gebracht. Costanzo selbst bleibt unversehrt, sieben Menschen werden jedoch verletzt. An den umliegenden Gebäuden kommt es zu schweren Schäden. Das Attentat auf Costanzo wird als Warnung interpretiert. Seine in ganz Italien beliebte und nach ihm benannte Show hatte sich immer wieder mit Anti-Mafia-Themen befasst. Giovanni Falcone war mehrmals bei ihm zu Gast. Und in einer seiner Livesendungen verbrannte Costanzo in einer aufsehenerregenden Aktion ein T-Shirt mit der Aufschrift: Mafia Made in Italy.

Dreizehn Tage nach dem nächtlichen Anschlag in Rom schrecken die Bewohner von Florenz um ein Uhr morgens auf. Ein ohrenbetäubender Knall reißt sie aus dem Schlaf. 250 Kilo Tritol, ebenfalls in einem Auto versteckt, explodieren in der Via Gergofili, ganz in der Nähe der weltberühmten Uffizien. Fünf Personen kommen bei diesem Attentat ums Leben. 36 Menschen tragen teils schwere Verletzungen davon. Die einzigartige Gemäldegalerie wird schwer beschädigt. Rund ein Viertel des Kunstbestandes weist Schäden auf, einige Bilder sind für immer zerstört.

Doch der terroristische Flügel der Cosa Nostra schlägt weiter zu. Allein am 27. Juli 1993 explodieren fast gleichzeitig drei Bomben in Mailand und Rom. Drei Feuerwehrleute, ein Polizist und ein marokkanischer Obdachloser werden in der lombardischen Hauptstadt vor dem Pavillon der zeitgenössischen Kunst getötet. In Rom selbst wird die Lateranbasilika beschädigt und Teile der Fassade von San Giorgio al Velabro, einer der ältesten Kirchen der Hauptstadt, werden zerstört. Die Cosa Nostra nimmt neben dem Staat nun auch die Kirche ins Visier.

„ICH HABE AUF EUCH GEWARTET"

Zur gleichen Zeit fühlen sich die Brüder Graviano auf ihrem ureigenen Hoheitsgebiet bedroht: in Palermo, im Stadtteil Brancaccio. Zur ernsthaften Bedrohung für sie wird ein kleiner, schmächtiger und von Natur aus sanfter Mann: Giuseppe Puglisi, der Pfarrer des Viertels, von allen Don Pino genannt. Pino Puglisi ist mit Leib und Seele Priester. Das Evangelium zu verkünden heißt für ihn in erster Linie draußen bei den Menschen zu sein. Seine Pfarre sind die engen Straßen und Gassen des verrufenen Viertels, das von Arbeitslosigkeit und Drogenhandel gezeichnet ist sowie eine der höchsten Kriminalitätsraten der Stadt aufweist. Hier kämpft der „tapfere Priester", wie er später genannt wird, darum, den jungen Menschen Mut und Hoffnung zu geben. Er will ihnen eine andere Perspektive vermitteln als die, sich als einzigem Ausweg dem organisierten Verbrechen anzuschließen. Mitten in Brancaccio gründet Don Pino deshalb ein Sozialzentrum: das Padre Nostro. Der Pater und sein Zentrum sind der nach außen hin so gottesfürchtigen Cosa Nostra von Anbeginn ein Dorn im Auge. Denn dort spricht Don Pino von Geschwisterlichkeit, von Solidarität und von sozialem Frieden. Seine Mission sieht er im Einsatz für Gerechtigkeit und Recht, im Einsatz für die Rechte und Pflichten der Bürger und Pfarrangehörigen. Puglisi stellt sich offen und eindeutig auf die Seite der Unterdrückten und der am Rande der Gesellschaft Stehenden. Sein Ziel ist es, ein auf christlichen Werten basierendes Rechtssystem zu schaffen. Mit Wut sieht die Mafia, dass seine Worte Gehör finden und sich das Zentrum eines guten Zulaufs erfreut. Doch für Puglisi ist das alles zu wenig. Er will bei seinen Bestrebungen, die Menschen zum Umdenken zu bringen, bei den Kindern ansetzen. Er gründet

Giuseppe Puglisi

eine Schule – überzeugt, dass Erziehung und Ausbildung der richtige Weg sind – und kümmert sich intensiv um Drogenabhängige. Auch für sie kämpft er um einen Platz in der Gesellschaft, für einen Weg heraus aus der Sucht. Bei seinen Predigten von der Kanzel der Kirche San Gaetano nimmt der Pfarrer sich kein Blatt vor den Mund. Er spricht die Probleme des Viertels geradeheraus an und scheut auch nicht davor zurück, die Verursacher dieser tristen und von Gewalt geprägten Realität bei ihren Namen zu nennen: Giuseppe und Filippo Graviano. Für die brutalen und skrupellosen Bosse stellt dies eine unerträgliche Herausforderung dar. Die Berufung auf das Evangelium und die Würde eines jeden Einzelnen macht ihnen Angst. Sie fürchten, sie könnten bei der jungen Generation an Einfluss und damit an Macht verlieren. Puglisi ist eine Gefahr für sie, weil er ihre eigenen Spielregeln als verbrecherisch und unchristlich aufdeckt, weil er unerschrocken mit der Bibel in der Hand gegen die Mafia auftritt und sich nicht einschüchtern lässt. Eine Gefahr, die deshalb eliminiert werden muss. Die Bosse verhängen ihr Todesurteil über ihn.

Am Abend des 15. September 1993, es ist Puglisis 56. Geburtstag, schlagen die Killer zu.

Kurz vor 21 Uhr kommt Don Pino nach einem erneuten Tag voller Anfeindungen vor seiner bescheidenen Behausung an. Seine Mörder warten bereits in einem Auto versteckt auf ihn. Als der Priester die Schlüssel zur Eingangstür ins Schloss stecken will, nähern sich zwei Männer von hinten. „Pater", sagt einer, „Pater, das ist ein Raubüberfall." Es ist Gaspare Spatuzza, der den Auftrag hat, Don Pino abzulenken. Spatuzza versucht, ihm seine Tasche zu entreißen. Der Mord, das war der Plan, sollte wie ein unglücklich ausgegangener Gelddiebstahl eines Drogenabhängigen aussehen, die Tat auf einen der Schützlinge Don Pinos zurückfallen. Selbst die mit einem Schalldämpfer versehene Pistole wurde so ausgewählt, dass sie die Ermittler in die Irre führt. Es ist ein für Mafia-Attentate völlig unübliches Modell: eine Beretta, Kaliber 7,65.

Im selben Augenblick, als Spatuzza die Tasche an sich reißt, drückt der zweite Mann ab. Salvatore Grigoli schießt Puglisi aus nächster Nähe lautlos in den Nacken. Bevor der Priester zu Boden fällt, lächelt er seine Mörder an und sagt: „Ich habe auf euch gewartet." Der Gerichtshof in Palermo verurteilt am 13. Februar 2001 Gaspare Spatuzza und Salvatore Grigoli wegen Mordes. Giuseppe Graviano erhält im Fall Puglisi wegen „Anstiftung zum Mord" eine lebenslange Gefängnisstrafe, sein Bruder Filippo zehn Jahre Haft. Giuseppe Puglisi wird im Mai 2013 vor hunderttausend Menschen in einem Stadion in Palermo seliggesprochen. Als erstes Opfer der Mafia in der Geschichte der katholischen Kirche.

Die Familie Graviano – so schreiben die Richter in ihrer Urteilsbegründung – übt in jenen Jahren „die absolute Kontrolle über ihr Gebiet aus". Was immer dort auch passiert – Erpressung, Raub, Mord –, die Gravianos wissen Bescheid oder, schlimmer, sind in den meisten Fällen selbst die Auftraggeber. Ihre Herrschaft bleibt lange ungebrochen. Auch der Umstand, dass sie bereits vor 1993 in den Untergrund abgetaucht waren und sich nicht mehr in Sizilien, sondern auf dem italienischen Festland aufhalten, ändert nichts daran. Durch ihre Flucht sind sie einer Verhaftung und einer Anklage im Sinne des Mafia-Paragrafen entgangen.

Während ihre Erfüllungsgehilfen im ganzen Land Terror verbreiten, genießen die Brüder Graviano – wie sich später herausstellt – das Leben in einer luxuriösen Villa am Meer. Die Geschäfte führen sie aber – auch dank ihrer Schwester – sowohl vom Untergrund aus als auch später aus dem Gefängnis heraus weiter. Am 27. Jänner 1994 werden Giuseppe und Filippo in Mailand verhaftet. Nach einer ausgiebigen Shopping-Tour mit ihren Frauen wollen die beiden den Abend im Restaurant „Il Cacciatore" ausklingen lassen.

Die sonst so vorsichtigen Bosse wittern die Gefahr nicht. Die Polizisten sitzen, als harmlose Restaurantgäste getarnt, bereits in Warteposition. Seither sind die Brüder im Gefängnis. In der Folge tritt ihre Schwester auf den Plan. Nunzia, sagt Staatsanwalt Michele Prestipino, wird nicht nur zur Statthalterin ihrer Brüder vor Ort, sie nimmt vor allem die wirtschaftlichen Angelegenheiten der gesamten Familie in die Hand und übernimmt damit eine führende Rolle innerhalb des Clans. Denn nichts fürchten Giuseppe und Filippo nach ihrer Verhaftung mehr als den Verlust ihres beträchtlichen Vermögens. Sei es durch eine vom Staat vorgenommene Beschlagnahme, sei es durch Kämpfe innerhalb der Cosa Nostra, in der nun der neue Boss der Bosse, Bernardo Provenzano, den Ton angibt.

Die junge Frau übt ihre Funktion mit Überzeugung aus. Sie sieht sich nicht nur als ausführendes Organ, sie entwickelt ihre eigene Vision einer zeitgemäßen Mafia. Nunzia – bestätigt Michele Prestipino, der sie bei einer Vernehmung als „sehr entschlossen, sehr resolut" erlebt hat – verkörpert die Moderne innerhalb der Familie. Sie träumt von internationalen Geschäftsmodellen und möchte die organisatorische Zentrale des Clans ins Ausland verlegen. Bald ist das Land gewählt. Sie geht nach Südfrankreich, um von dort die Geschäfte der Familie abzuwickeln.

Mit dieser Entscheidung steht Nunzia im klaren Gegensatz zu den Frauen ihrer Brüder, die ihr anvertraut sind. Ihre Schwägerinnen bleiben der traditionellen Rolle der Mafia-Frauen treu. Die beiden ziehen ein Leben in Palermo einem anonymen Aufenthalt im Exil vor. Sie wissen, dass sie zuhause auf den Respekt der Clanmitglieder zählen können, der ihnen als Ehefrauen ehrenwerter Männer gebührt, die ihre Gefängnisstrafe „würdevoll", weil nicht mit der Justiz kollaborierend, absitzen.

Das schon historische Fach der passiven First Lady der Mafia ist jedoch Nunzias Sache nicht. Nunzia ist bei allen wichtigen Entscheidungen, die das Überleben des Clans betreffen, dabei. Sie kommuniziert mit den Brüdern im Gefängnis, sie kümmert sich um die „Gehälter" für inhaftierte Mafiosi und deren Familien, an sie wenden sich andere Mafia-Familien, wenn es darum geht, größere Entscheidungen zu treffen. Sie arbeitet Schulter an Schulter mit ihrem Steuerberater und ihrem Rechtsanwalt. Dank ihrer Fähigkeiten erleiden die wirtschaftlichen Unternehmungen der Familie keinen Einbruch, stellen die Untersuchungsrichter fest. Die „Familie" besteht somit weiter.

Nunzia sorgt dafür, dass die Gelder in Brancaccio eingetrieben werden. Noch im Jahr 2012, also bereits nach ihrer zweiten Verhaftung, soll sie allein aus Vermietungen von Wohnungen und Büros 66.000 Euro monatlich eingenommen haben. Doch die Mieten tragen in den 1990ern nur einen kleinen Teil zum Vermögen bei. Die Familie Graviano verfügt über einen großen Immobilienbesitz, den es angesichts der veränderten Lage zu verkaufen gilt. Sei es in fingierten Geschäften an Strohmänner, sei es tatsächlich in realen Transaktionen. Das Imperium muss neu geordnet werden.

Einblick in das von Nunzia verwaltete Familienvermögen geben die Abhörprotokolle der Ermittler. So beraten sich der Anwalt der Familie, Domenico Salvo, und Filippo Graviano im November 1998 über den Ankauf einer neuen Wohnung für die Mutter in Palermo. „Es gibt ein Palais aus dem achtzehnten Jahrhundert", setzt der Jurist die Familie in Kenntnis, „vollständig restauriert und renoviert. Allein der Salon ist 260 m² groß." „Kaufen, und zwar sofort, ohne lange nachzudenken", ist die Antwort Filippos. „Je größer, desto besser, dann haben eventuell auch andere Familienmitglieder Platz."

Zu dieser Zeit lebt Nunzia bereits an der Côte d'Azur. Sie schlägt in Nizza ihren Hauptwohnsitz auf und beherbergt je nach Bedarf einmal die Mutter, einmal die Schwägerinnen. Nunzia liebt das Leben an der französischen Mittelmeerküste, das eleganter, aber vor allem sicherer ist als in Palermo. Hier kann sie sich unerkannt und unbehelligt in der Öffentlichkeit bewegen. Hier kann sie in Ruhe ihre Finanztransaktionen abwickeln. Wann immer es die Geschäfte verlangen, pendelt sie zwischen Frankreich und Sizilien. Mit ihren Brüdern hält sie regelmäßig Kontakt. Einerseits, um von ihnen Anweisungen bezüglich Vermögensverwaltung sowie Mafia-Aktivitäten entgegenzunehmen, andererseits, um von ihren eigenen Tätigkeiten zu berichten. Während der Gespräche benützen die Geschwister einen familienspezifischen Kommunikationscode. Sie verschlüsseln nicht nur Namen und Sachverhalte, sie verwenden auch eine eigens erfundene Gestik, die die Ermittler erst im Laufe der Beobachtungen entschlüsseln werden. Jede noch so harmlose Bewegung, wie das Tippen auf die Stirn oder das Berühren des kleinen Fingers der linken Hand, verweist auf einen – fast immer – illegalen Tatbestand und wird später in der Beweisführung von der Justiz verwendet.

SELBSTÄNDIG UND DOCH NICHT FREI

Nunzia ist die Managerin der Familie und als solche ist sie permanent auf der Suche nach neuen Geschäftsideen. Die Zeiten sind schwierig für die sizilianische Mafia. Nach den Attentaten der Jahre 1992 und 1993 geht der Staat entschieden gegen den militärischen Arm der Cosa Nostra vor. Immer häufiger gehen der Polizei Mitglieder ihres Clans ins Netz. Die steigende Zahl inhaftierter Männer stellt sie vor neue Herausforderungen. Als Clanchefin muss sie für deren Unterhalt und den der

Angehörigen aufkommen. Das bedeutet neue, nicht vorhergesehene Ausgaben. Sie steigt daher in das verbotene Glücksspiel ein, lässt Spielautomaten für sich arbeiten, die die Kasse für sie klingeln lassen und für satte Gewinne sorgen.

Doch Nunzias große Stärke liegt im Finanzwesen. Die hübsche junge Frau mit dunkelblondem, halblangem Haar ist eine gern gesehene Kundin etlicher Großbanken in und um Nizza. Sie eröffnet Konten und Depots und spezialisiert sich auf Aktien und Portfolios. Die Herkunft des investierten Geldes, das ausschließlich aus illegalen Einkünften stammt, scheint niemanden zu interessieren. Nunzia ist eine aparte Erscheinung, ihr Auftreten ist gewandt, wie ihre Brüder legt auch sie Wert auf Designerkleidung. Aber sie ist vor allem intelligent, wie auch die Ermittler feststellen. Immer bemüht, jedes noch so kleine Risiko so gering wie möglich zu halten. Wenn sie etwa mit ihrem Anwalt sprechen muss, tut sie das nur von einem öffentlichen Telefon aus. Der Gebrauch von Mobiltelefonen ist genau reglementiert und nur auf einige Themen beschränkt.

Das Risiko klein halten bedeutet auch, selbst über möglichst viele Informationen zu verfügen und möglichst wenig vom Wissen anderer abhängig zu sein. Die junge Frau bildet sich daher sprachlich und fachlich ständig weiter. Sie studiert die Feinheiten des Internets und lernt Französisch, sie verfolgt täglich die Aktien- und Börsenkurse in Radio und Fernsehen, und zu ihrer permanenten Lektüre gehört die hochseriöse Tageszeitung der italienischen Industriellenvereinigung, „Sole 24 Ore", die sie auch im Gefängnis weiterhin lesen wird.

Selbständig, unabhängig, intelligent und emanzipiert, so wird Nunzia Graviano beschrieben. Als die junge Frau jedoch in Frankreich eine Beziehung zu einem aus Syrien stammenden Arzt beginnt, schlagen die althergebrachten Muster wieder durch und die Brüder zu. „Ich bin Sizilianer, du bist Sizilianerin, wir haben Traditionen. Wir kennen keine Scheidung und jede Beziehung muss in einer Ehe enden", gibt ihr Bruder Giuseppe unmissverständlich zu verstehen. „Und", fügt der Auftraggeber des Mordes an Pater Puglisi hinzu, „welche Religion hat denn der überhaupt?" Die Botschaft ist klar: Der Freund wird von der Familie nicht akzeptiert. Vor die Wahl gestellt, sich entweder für die neue Liebe oder für die Ursprungsfamilie zu entscheiden, entscheidet sich Nunzia für Letztere – und bleibt damit letztlich den alten Prinzipien verhaftet. Dieselbe Frau, die nach der Verhaftung ihrer Brüder zu ihren „Untergebenen" sagte: „Jetzt bin ich es", gibt nun klein bei.

1999 wird Nunzia Graviano das erste Mal verhaftet und als Mafiosa verurteilt. 2011 nimmt die Polizei sie erneut fest. Zwei Jahre später kommt es zu einer weiteren Verurteilung. Wieder war Nunzia als Geschäftsfrau für den Clan tätig. Wieder leitete sie die Geldgeschäfte. Zur Tarnung führte sie offiziell eine Bar in Rom. In Wirklichkeit wurde weiter schmutziges Geld verwaltet und reingewaschen. Gelder aus Schutzgelderpressungen und anderen illegalen Aktivitäten. Zu den Spielautomaten kam das Transportwesen hinzu. Nunzia gab weiterhin die Linie vor und hatte noch immer ihre Leute fest im Griff. Und das Schmutzgeld wurde nach wie vor in Paketen verschnürt ins Haus geliefert.

Derzeit sind die Graviano-Brüder und ihre Schwester in Haft. Das Kapitel der Familie ist aber weiterhin offen und Teil der jüngsten Kriminalgeschichte Italiens. Denn das Paten-Brüderpaar ist nicht nur mitverantwortlich für den Mafia-Terror der 1990er-Jahre, es soll auch in der hohen Politik mitgemischt haben. Laut berühmten Kronzeugen wie Nino Giuffrè und Gaspare Spatuzza waren es die Brüder Graviano, die in jenen Jahren als Vermittler zwischen dem damaligen Polit-Neueinsteiger Silvio Berlusconi und der Cosa Nostra agierten. Danach habe die Mafia dessen Partei Forza Italia von Anfang an unterstützt. Als Gegenleistung wollte die Cosa Nostra in Ruhe gelassen werden. Sie wollte Schutz für sich und ihre Mitglieder. Gaspare Spatuzza, seit 2008 *pentito* und Zeuge der Justiz, soll von Giuseppe Graviano selbst davon erfahren haben. Anfang 1994, gab er zu Protokoll, habe er sich mit seinem Boss in einer Bar in der eleganten Via Veneto in Rom getroffen, die in dessen Eigentum war. Giuseppe Graviano habe offen über die neue Partei und ihre beiden Gründer gesprochen: Silvio Berlusconi und Marcello dell'Utri. Berlusconis Weggefährte, der im Mai 2014 rechtskräftig wegen Mafia-Verwicklungen verurteilt worden ist, soll damals als Mittelsmann der Politik agiert haben. Dank der beiden Politiker „hat die Mafia das Land in der Hand", zitierte Spatuzza weiter aus seinem Gespräch mit Graviano.

Im darauffolgenden Frühling gewann der Mailänder Medienzar seine erste Wahl und wurde Ministerpräsident.

Filippo Graviano hat die Aussagen seines ehemaligen, und nun reuigen, Auftragskillers zurückgewiesen. Giuseppe Graviano schweigt dazu eisern. Bis heute sind die Aussagen Spatuzzas Gegenstand von Untersuchungen. Eines der schwierigsten Kapitel der jüngsten italienischen Geschichte ist damit weiterhin offen. Und damit auch die Ermittlungen zu den Morden an Falcone und Borsellino.

Wie mächtig die Bosse sind – und vor allem waren –, zeigt die Geburt ihrer Kinder. Dem Storch gelang es sogar, die Gefängnismauern des Hochsicherheitstrakts zu überwinden. Beide Ehefrauen gebaren 1997 im Abstand von rund einem Monat in einer Privatklinik in Nizza ihre Kinder. Und das, obwohl beide Männer schon lange hinter Gittern saßen.

LA RIBELLE –
DIE REBELLIN

CARMELA IUCULANO

Der Wunsch, Carmela Iuculano kennenzulernen, war schwierig umzusetzen. Doch ich hatte mir in den Kopf gesetzt, dieser Frau zu begegnen, von der ich bereits so viel gehört hatte. Staatsanwälte haben mir mit Respekt von ihr erzählt, haben von einer Frau gesprochen, die „so ganz anders als die anderen ist". Ein Treffen mit ihr war mir ein wichtiges Anliegen.

Aber Carmela Iuculano hat keine Adresse und keine Telefonnummer, unter denen sie erreichbar wäre. Die junge Frau lebt seit 2004 im Zeugenschutzprogramm der italienischen Polizei und damit unerkannt an einem unbekannten Ort.

Meine Anfrage bei der zuständigen Kommission wird positiv behandelt, aber der Gang durch die Institutionen ist lang und die bürokratischen sowie sicherheitstechnischen Hürden sind groß. Als ich endlich nach Monaten die definitive Zusage bekomme, muss ich nur noch warten, dass man mir Zeit und Ort nennt. Denn eines ist klar: Das Treffen muss geheim stattfinden, weit weg von ihrem eigentlichen und mir unbekannten Wohnort, um jegliche Gefährdung Carmelas zu vermeiden.

Auf dem Weg zu unserem Treffpunkt überlegte ich, wie die Justiz-Kollaborateurin, die Dutzende Mafiosi hinter Gitter gebracht hat, wohl sein werde. Ich stellte mir eine energische und harte Person vor und stehe plötzlich einer lächelnden Frau gegenüber, die meine eigene Befangenheit mit einem Schlag wegwischt. Ich könne fragen, was ich wolle, sagt sie mit einer tiefen, rauchigen Stimme, ich müsse nur die gesetzlichen Regeln einhalten. Keine Fragen zu laufenden Prozessen, bekräftigen die beiden sie begleitenden Polizisten. Und noch etwas: Auch Fotos sind nicht erlaubt. Eventuelle Tonaufnahmen müssen verzerrt werden. Nichts dürfe Rückschlüsse auf die reale Person ermöglichen.

Sonst sei sie gerne bereit, auf alles zu antworten, sagt Carmela, „auch wenn sie Tag für Tag darum kämpfe, die Mafia und Sizilien aus ihrem Kopf zu bekommen". Lange habe sie überlegt, ob sie das Gespräch akzeptieren solle, denn die meisten Interviewanfragen lehne sie ab. Sie möchte jedoch aufzeigen, dass „ein anderes Leben" möglich sei.

„Ich danke Gott, dass sie mich verhaftet haben", bekräftigt Carmela. „Meine Festnahme sehe ich als ein Wunder, ja als Gnade an. Ich weiß, das klingt wie ein Widerspruch, aber die Verhaftung hat mir die Freiheit geschenkt; die echte und wahre Freiheit. Das war eine Chance, die mir das Leben geboten hat. Und es ist mir gelungen, sie zu ergreifen."

Geboren wird Carmela am 6. Juni 1973 in Cerda, einem landwirtschaftlich geprägten Dorf mit 5000 Einwohnern in der Provinz Palermo. Nichts deutet bei ihrer Geburt auf ihren späteren Lebensweg hin.

Carmela ist die Tochter eines kleinen Bauunternehmers, der sich, obwohl aus sehr armen Verhältnissen kommend, einen „gewissen Wohlstand erarbeitet hat". Den Vater erlebt sie als „dickköpfig und hart im Nehmen. Alles, was er sich vornahm, setzte er um." Sebastiano Iuculano war aber auch mutig, denn er ging seinen Weg abseits der allgegenwärtigen Mafia. Carmelas Vater war nie Mitglied des organisierten Verbrechens. An ihm orientiert sich die heranwachsende Tochter, die zu ihrem sechs Jahre älteren Bruder Giuseppe kein konfliktfreies Verhältnis aufbauen wird. Dem strengen Vater gehört ihre ganze Liebe, die selbst die Zuneigung zu ihrer Mutter in den Schatten stellt.

Carmela ist vierzehn Jahre alt und hat soeben die Pflichtschule mit ausgezeichneten Noten abgeschlossen, als das Idealbild ihres Vaters tiefe Risse bekommt. Sie entdeckt, dass er ein außereheliches Verhältnis hat, und spioniert ihm sogar nach. Sie ist tief getroffen. Noch entsetzter ist sie, als sie merkt, dass die

Mutter dies als gottgegeben hinnimmt. „Darüber spricht man nicht." Das Weltbild des jungen Mädchens gerät ins Wanken. Sie wird aufmüpfig und rebellisch.

Die Gelegenheit, es ihrem Vater heimzuzahlen, ergibt sich an einem heißen Sommerabend des Jahres 1989. Carmela befindet sich mit Freunden im öffentlichen Park ihres Heimatortes, als ein junger Mann zur Gruppe stößt. Zwischen den beiden entwickelt sich ein verbaler Schlagabtausch. „Das ist der Mann, der meinem Vater die Stirn bieten kann; die einzige Person, mit der ich ihn kränken kann", schießt es ihr durch den Kopf. „Er kommt aus einer Familie, die mein Vater verabscheut, er ist der Typ Mann, den er nicht will." Die Begegnung mit dem fünf Jahre älteren Pino Rizzo, der einer in der Region wichtigen Mafia-Familie angehört, wird ihr Leben leidvoll bestimmen.

„Es war keine Liebe", sagt sie heute, „er hat keinen besonderen Eindruck auf mich gemacht. Es war ein Akt der Auflehnung", den sie mit allen Konsequenzen durchzog.

Es kommt, wie es kommen muss. Zuhause ist die Hölle los und dem Mädchen wird jeder Kontakt mit Pino verboten. Carmela bekommt Hausarrest und darf das elterliche Heim nur mehr für den Schulbesuch verlassen. Doch eines Tages braucht die Mutter sie für einen Botendienst und schickt sie zum Haus der Großmutter. Auf dem Weg dorthin begegnet ihr Pino Rizzo. In wenigen Minuten beschließen sie eine *fuitina*, die in Sizilien in den 1980er-Jahren immer noch typische „Liebesflucht", mit der ein Pärchen die Eltern vor vollendete Tatsachen stellt. Das einzige Mittel, um die verlorene Ehre der Frau wiederherzustellen und die „Schande" damit zu tilgen, ist in diesem Fall die Hochzeit.

Die beiden sind nur ein paar Stunden untergetaucht, da werden sie bereits von Pinos Onkel Rosolino aufgespürt. Als Versteck hatte Pino ein verlassenes Haus seines Vaters gewählt, der bereits seit einiger Zeit im Untergrund lebte. Das Mädchen wird zurück nach Hause gebracht, wo die Mutter weint und der Vater tobt. Erst später erfährt sie, dass ihr Vater sie gesucht hat, von einem weiteren Onkel Pinos jedoch mit der Waffe zur Umkehr gezwungen worden ist. „Es sei alles bereits geregelt", schärfte er Sebastiano Iuculano ein. Am darauffolgenden Tag besiegeln beide Familien die offizielle Verlobung. Pinos Onkel Rosolino, ein ortsbekannter Mafia-Boss, schärft der frisch Verlobten die nun geltenden Verhaltensregeln ein. Regel Nummer eins: Sie darf das eigene Haus ausschließlich in Begleitung ihres zukünftigen Mannes oder eines engen Verwandten verlassen. Carmela spürt deutlich, wie ihre Familie unter Druck gesetzt wird. Nur in einem Punkt setzt sich Sebastiano Iuculano durch: Seine Tochter, die seit zwei Jahren erfolgreich eine Handelsschule besucht, muss weiter in den Unterricht gehen.

Doch die Konflikte zwischen Brautvater und zukünftigem Schwiegersohn spitzen sich schon in den ersten Tagen zu. „Mein Vater hat sich nicht an den Pakt gehalten. Er wollte diese Ehe verhindern", erinnert sich Carmela. Die Nerven liegen bald bei allen blank. Pinos Familie droht, das Mädchen offiziell abzulehnen. Vater Sebastiano greift zum Äußersten und verweigert seiner Tochter sogar den von ihm selbst erwünschten Schulbesuch. Carmela wird zur Gefangenen im eigenen Haus. Ihr Zimmer darf sie nur für die Mahlzeiten verlassen und um ins Badezimmer zu gehen.

„Ungefähr einen Monat nach unserer Verlobung haben wir daher eine zweite *fuitina* gemacht", erzählt Carmela. „Das ganze Dorf wusste über unsere erste ‚Liebesflucht' Bescheid und alle gingen davon aus, dass wir Sexualverkehr gehabt haben. Damit hatte ich keine andere Wahl mehr, als zu heiraten. Ich wäre sonst ‚ehrlos' gewesen. Eine Frau, die noch dazu von einem Mafioso entehrt worden ist. Das hätte gereicht, um für immer punziert zu sein. Kein anderer Mann hätte sich mir jemals genähert." Carmela fühlt sich in der Falle und wählt die Flucht nach vorne.

Im Dezember 1989 organisiert das junge Paar also eine richtige Flucht. Carmela entweicht über die Dachterrasse ihres Hauses, ein Cousin ihres Mannes bringt das Paar nach Trabia, ein Dorf in der Nähe von Cerda. Dort verbringen sie einige Tage allein in einem abgelegenen Haus, anschließend übersiedeln die beiden zu Pinos Großmutter. Nun ist „die Ehe" in den Augen der dörflichen Gemeinschaft auch ohne offiziellen Trauschein „vollzogen und gültig". Vollzogen ist auch der Bruch mit der eigenen Familie, die den „Ehemann" und seine Herkunft ablehnt. Der Vater ist außer sich: „Ich habe nur dich als Tochter. Ich würde dich lieber hinter Klostermauern sehen, als mit diesem Mann verheiratet zu wissen."

Wenige Wochen später bezieht Carmela mit Pino eine eigene Wohnung. In Wirklichkeit wechselt sie nur „in ein anderes Gefängnis". Ihr Mann gibt ihr schon bald den wahren Grund für sein Interesse an ihr zu verstehen: Er wollte in eine wohlhabende und unverdächtige Familie einheiraten. Die junge Frau selbst ist ihm hingegen gleichgültig, auch sexuell sei sie unerfahren und daher uninteressant.

Bereits zu Beginn ihres Zusammenlebens zeigt Pino sein wahres Gesicht. Er schlägt und demütigt sie. Carmela beginnt an Essstörungen zu leiden und denkt immer öfter an Selbstmord. Mitten in einer schweren Depression entdeckt die knapp Siebzehnjährige, dass sie schwanger ist. Neue Hoffnung keimt in ihr auf, doch ein Arztbesuch dämpft die Freude. Sie muss die gesamte Schwangerschaft im Bett verbringen und wird immer wieder tageweise ins Krankenhaus eingeliefert. In diesen schwierigen Wochen bemerkt sie, dass ihr Mann fremdgeht. Pino ist fast nie zuhause. Auch die Geburt der Tochter Daniela im Juni 1991 verbessert die Situation des Ehepaares nicht. Im Gegenteil. Ihr Mann ist kälter denn je.

Trotzdem heiraten die beiden am 14. September 1991 in der Kirche ihres Heimatortes. Ein schweres Gewitter geht plötzlich über dem Ort nieder. Blitze schlagen ein und alle Lichter gehen aus. Wie ein Fingerzeig des Schicksals legt sich die Dunkelheit über die Hochzeitsgesellschaft. Als das Licht wieder angeht, wird das Paar getraut und die kleine Tochter getauft. Erst später wird Carmela, die immer noch keine konkrete Vorstellung von der Mafia hat, erkennen, dass Pinos Trauzeuge ein Mafioso war.

Ab diesem Zeitpunkt ordnet sie auch andere Erinnerungen neu ein. So wie eine Einladung, knapp nach ihrer ersten *fuitina*, zur Taufe der Tochter von Pinos Onkel Rosolino. „Da war ich noch so jung. Und ich verstand so vieles nicht", erzählt Carmela heute. „Ich erinnere mich aber noch gut daran, dass es bei der großen Feier einen Tisch gab, an dem verschiedene Männer saßen, die weder gefilmt noch fotografiert werden durften." Einer dieser Männer war ein hochrangiger Boss der Corleone-Mafia sowie Intimus von Bernardo Provenzano. „Das war Nino Giuffrè. Das habe ich aber erst später erkannt, als ich sein Foto in Zeitungen sah. Pino hat diese Episode gegenüber der Polizei immer geleugnet, aber ich weiß, dass er Giuffrè während dessen Zeit im Untergrund persönlich betreut hat. Er hat mir ja sogar Grüße ausrichten lassen."

Nur ganz langsam entdeckt die junge Ehefrau das Doppelleben ihres Mannes, der offiziell bei der ESA, der Agrar-Entwicklungsbehörde Siziliens, teilzeitbeschäftigt ist, gleichzeitig aber für die Mafia arbeitet. Am Anfang ist es vor allem der Zufall, der ihr in die Hände spielt.

1994 ist Carmela wieder schwanger und sie leidet an den gleichen Symptomen wie beim ersten Mal. Der Arzt verordnet auch diesmal absolute Bettruhe. Ihre Mutter will sie unterstützen und kommt daher regelmäßig, um den Haushalt der Tochter zu betreuen. Sie kümmert sich um die Wäsche, spült das Geschirr und reinigt die Böden. Als gute Hausfrau ist sie gewöhnt, gründlich zu putzen, und so fährt sie eines Tages mit dem Besen tief unter eine mobile Bar, die sich im Wohnzimmer befindet. Dabei stößt sie auf einen harten Gegenstand. Sie bückt sich und zieht ein Paket hervor, das sie mit ihrer Tochter öffnet: Vor den Augen der beiden entsetzten Frauen liegen verschiedene Waffen.

Eine ähnlich erschreckende Entdeckung macht Carmela wenige Tage später. Als der Spülkasten im WC nicht richtig funktioniert, öffnet sie ihn, um die Ursache für die verstopfte Leitung herauszufinden. Der Grund für den geringen Wasserfluss liegt gut sichtbar vor ihr: ein mit Isolierbändern wasserdicht verschlossenes Päckchen. Carmela hat nicht den Mut, es zu entfernen, doch am Abend stellt sie ihren Mann zur Rede. Zuerst leugnet er alles, dann droht er ihr: Sie und ihre Mutter müssten den Mund halten, sonst würde etwas Schlimmes passieren. Und das Päckchen im Spülkasten?

„Das war die für die Waffen nötige Munition."

Carmela begräbt all ihre Hoffnungen, ihr Mann könnte doch anders als sein Vater und sein Onkel sein. Nun beginnt sie ihm offen zu misstrauen. Er wiederum kontrolliert sie strenger denn je. Pino bewacht sie buchstäblich Tag und Nacht. „Ich habe die Angewohnheit, im Schlaf zu sprechen. Auch heute noch. Aber damals wollte mir mein Mann dies mit Gewalt austreiben", sagt sie. „Er schlug mir so lange auf den Mund, bis ich aufwachte. Manchmal so fest,

dass ich blutete. Als Grund gab er an, ich könnte – sollte ich eines Tages in ein Krankenhaus eingeliefert werden, wo man das Zimmer mit anderen Personen teilt – Geheimnisse verraten."
Pinos Wunsch, einen Sohn zu bekommen, erfüllt sich auch diesmal nicht. Die zweite Tochter, Serena, wird geboren. „Auch dass wir nur Töchter hatten, warf er mir vor. Wann immer etwas nicht so funktionierte, wie er es sich vorgestellt hatte, war es meine Schuld." Einen „ganz großen Schock" erlebt Carmela, als ihr Mann plötzlich verhaftet wird. „Beim ersten Mal war das ein richtiges Trauma. Ab diesem Zeitpunkt habe ich mich zu fragen begonnen, wer er wirklich sei. Vorher war ich wie in Trance, aber ab diesem Zeitpunkt stellte ich richtige Nachforschungen an. Aber je mehr ich nachforschte, desto größer wurde meine Angst."
Zur Angst kommen Scham und Verzweiflung. Die junge Frau betritt das erste Mal eine Haftanstalt. Sie stellt fest, dass die Familie ihres Mannes an Gefängnisbesuche gewöhnt ist und sämtliche Verhaltensregeln verinnerlicht hat. Von ihr verlangt die Familie, sich genauso „natürlich" zu bewegen. „Ich sollte zum Beispiel kochen, sollte Fleisch zubereiten und ins Gefängnis bringen. Nicht nur für Pino, sondern für die ganze Zelle, denn mein Mann wollte einen guten Eindruck bei seinen Mithäftlingen machen. Er wollte zeigen, dass er eine liebende Frau hat." Carmela verschrecken die Besuche. Sie weigert sich, die kleinen Mädchen „in dieses Milieu" zu bringen. Sie begehrt auf, doch die Familie setzt sie unter Druck. „Mein Mann war damals wegen eines Raubüberfalls eingesperrt. Häftlinge dieser Kategorie werden bei uns *fezza* genannt, das bedeutet Exkremente und zeigt, dass es sich um minderwertige Verbrecher handelt. Nicht so wie die Mafiosi, die ehrenwerten Männer, die den Respekt aller genießen."
Carmela hält diesem Druck nicht stand. Sie will ihrem Leben ein Ende setzen. Doch als sie im Krankenhaus nach einer Magenspü-

lung erwacht, ist ihre Situation schlimmer denn je. Ihr Mann
droht ihr, sie für verrückt erklären zu lassen. Er droht, ihr die
Kinder wegzunehmen. Ein ungleicher Kampf zwischen den
Eheleuten beginnt. „Ich war todunglücklich. Ich wollte mich ändern, wollte einen anderen Menschen aus mir machen", meint
Carmela rückblickend, „aber ich wusste nicht wie. So habe ich
mich eines Tages komplett kahl rasieren lassen." Doch die Veränderung, die in der Familie für Entsetzen sorgt, war primär
äußerlich. Bis sie wirklich greift, müssen noch einige Jahre vergehen. Bis dahin flüchtet sich die unglückliche Frau in Beruhi-
gungsmittel und später auch in den Alkohol.

ÜBERLEBENSSTRATEGIEN

„Mir wurde klar, wenn ich überleben will, muss ich mich mit
meinem Mann einigen." Carmela schließt, wie sie es nennt, „einen Pakt" mit dem ungeliebten Ehemann. Sie fasst Mut und
erklärt Pino, dass sie in Frieden mit ihm leben möchte. Sie will
weder Tabletten noch Alkohol zur Besänftigung ihrer Seele,
aber auch kein Leben als Ehefrau. Sie bietet ihm an, seine „Ge-
schäftspartnerin und Vertraute" zu werden. Pino, der wegen
seiner außerehelichen Affären bei der Cosa Nostra in Ungnade
zu fallen droht, sieht sich gezwungen einzuwilligen.
Tatsächlich wird ihre Beziehung friktionsfreier. Carmela ist
nun Teil einer „ehrenwerten" Familie. Sie erlebt aber auch, dass
ihr Mann immer häufiger ins Visier der Polizei gerät. „Wenn
sie kamen, um das Haus zu durchsuchen, dann versteckte ich
mich hinter der Tür oder auf der Treppe. Ich lauschte, denn
Pino sagte meistens, sie hätten sich geirrt."
Doch die Polizisten irren sich nicht. Eines Tages kommen sie,

um nach *pizzini* zu suchen, die in der Kleidung ihres Mannes sein sollten. Doch Pino hat Jacke und Hose bereits versteckt und händigt ihnen andere Kleidungsstücke aus. Nachdem die Polizisten das Haus verlassen haben, erzählt er Carmela die Wahrheit. Die von ihm in großer Eile versteckten Zettelchen sind für den flüchtigen Nino Giuffrè bestimmt.

Zu diesem Zeitpunkt erkennt Carmela auch, dass ihr Mann die Schutzgeldeintreibung übertragen bekommen hat und dass er die mafiöse Karriereleiter um jeden Preis hochklettern will. Was sie damals nicht ahnt, ist, dass auch ihr eigener Vater bedroht wird. Sebastiano Iuculano widersetzt sich aber den Geldforderungen der Mafia, weshalb sie ihn „warnt". Der Unternehmer wird Opfer mehrerer Anschläge. Die von ihm errichtete neue Diskothek – die Attraktion des Ortes – wird zu großen Teilen abgefackelt. Ein anderes Mal findet er eine große Baumaschine seiner Firma schwer beschädigt vor. Der Schaden für den Unternehmer ist so groß, dass er sich wirtschaftlich nie mehr davon erholen wird.

Pinos Aufstieg in den Reihen des organisierten Verbrechens scheint jedoch unaufhaltsam. „Im geeigneten Augenblick sollte er seinem Onkel Rosolino nachfolgen." Pino gilt als große Nachwuchshoffnung für den Clan. Er ist ehrgeizig und möchte so schnell wie möglich *capomandamento* werden. „Er wollte es einer ganzen Reihe von Personen zeigen, auch meinem Vater, der ihn nie akzeptiert hat", erzählt Carmela 2005 dem sie vernehmenden Staatsanwalt. Pino Rizzo sieht seine Cosa-Nostra-Karriere auch als soziale Revanche.

Pino bezieht ab diesem Zeitpunkt auch seine Frau immer häufiger in seine Überlegungen ein. Er berät sich mit ihr und gibt Stück für Stück Geheimnisse der Mafia preis. Carmela beginnt diese Rolle zu genießen, wird selbstsicherer und fühlt sich erstmals in ihrer Ehe angenommen, ja gleichwertig.

Eines Tages erklärt Pino ihr, wie „die Mafia-Territorien aufgeteilt sind". Die „linke Seite", zu der Cerda gehört, untersteht Nino Giuffrè. Der *capomandamento* der rechten Seite – das Gebiet der Madonie-Berge und rund um die am Meer gelegene Stadt Cefalù – war hingegen Domenico Virga. Über allem – erläutert Pino – steht jedoch der Superboss: Bernardo Provenzano. Die beiden Seiten sind ökonomisch gesehen jedoch unterschiedlich zu bewerten, fährt ihr Mann fort. Die Seite Virgas ist reicher und besser entwickelt als die von Giuffrè. Doch das ist dem „il dottore" genannten Virga nicht genug. Der promovierte, junge Veterinärmediziner möchte beide Territorien vereinigen. Er peilt die Kontrolle über die Tourismuszentren, Häfen und Werften im Norden Siziliens an. Den richtigen Mann für seine ehrgeizigen Pläne scheint Virga in Pino Rizzo gefunden zu haben, den er von seinen hochfliegenden Plänen in Kenntnis setzt. Virga will nicht nur die Schutzgelderpressungen weiter ausbauen. Er möchte ganz groß in den Edelsteinmarkt einsteigen. „Il dottore" denkt dabei an Diamanten und vor allem an Smaragde aus Kolumbien. Ihm schwebt ein blühender Handel mit Juwelieren in ganz Europa vor. Und damit ein sichereres Geschäft als der von ständigen Polizeirazzien bedrohte Drogenimport.

Pino Rizzo muss sich entscheiden. Zwischen seiner bisherigen Leitfigur, dem älteren Nino Giuffrè – dem auch sein Onkel Rosolino untersteht –, und dessen jüngerem und dynamischem Konkurrenten, Domenico Virga. Rizzo pokert hoch und versucht, beiden zu dienen. Der Pate für seine offizielle Mafia-Taufe soll Virga sein. Doch die verzögert sich. Giuffrè beginnt ihm zu misstrauen.

Während Pino sich um seine Mafia-Aktivitäten kümmert, droht seinem Schwiegervater der Bankrott. Sebastiano Iuculano sieht, dass das Erbe seiner Kinder verloren ist, und versucht zu retten, was zu retten ist. Er schenkt Carmela ein großes Grundstück mit einem verlassenen Bauernhaus samt Nebengebäude. Hier, außerhalb des Ortes, in Contrada Canna verwirklicht sie ihren großen Wunsch: ihr „Traumhaus". Das Hauptgebäude wird zur Villa, das zweite zu einem Pferdestall umgebaut. Ihr Mann plant die gewerbsmäßige Aufzucht von Schlachttieren und beginnt, Ziegen und Schafe zu halten. Später versucht er sich als Pferde- und Autohändler. Alles Aktivitäten, um sein wahres Ich zu decken.

Für die Bewachung des Grundstückes schafft Pino sich einige Kampfhunde, Pitbulls, an.

„Noch heute habe ich ein Hundetrauma", erzählt Carmela. Ihrem Mann machte es Freude, seine Familie zu erschrecken. „Einmal hatte ein junger Schäferhund ein Lamm gerissen. Um das Tier zu bestrafen, hat Pino es zusammen mit den Pitbulls eingesperrt. Das arme Tier wurde zerfetzt, und mich und die Mädchen zwang er, dem schrecklichen Schauspiel zuzusehen. Wir sollten verstehen, dass es auch uns so ergehen könnte."

Pino – erinnert sich Carmela – zeigte immer häufiger, wie brutal und sadistisch er war. „Er wusste, ich konnte kein Blut sehen. Und so zwang er mich, dabei zu sein, wenn er unseren Hühnern den Kopf abschlug. Es sei zu meinem Besten, sagte er dann. Ich müsse mich abhärten."

Von außen gesehen geht es Carmela in dieser Zeit jedoch besser denn je. Zu Beginn des Jahres 2002 ist ihr Traumhaus endlich fertig und die Familie übersiedelt nach Contrada Canna. Das Anwesen verleiht ihr weit über den Ort hinaus Prestige. Durch seine isolierte Lage ist es aber auch ein idealer Ort für Mafia-Treffen. Regelmäßig kommen offiziell flüchtige Mafiosi, um „sich mit Pino zu besprechen". Einer der Stammgäste ist Domenico Virga. Doch immer häufiger kommen auch für Carmela unbekannte Mitglieder des Clans, denn Pino ist inzwischen bestens vernetzt.

Carmela nimmt an diesen Begegnungen nicht direkt teil, aber sie sieht und hört genug, um zu verstehen, worum es geht. Von den Gästen wird sie akzeptiert. Man gibt ihrem Mann zu verstehen, dass seine junge, schöne und intelligente Frau in ihren Augen mehr ist als die übliche devote Mafia-Ehefrau. Erstmals in ihrem Leben hat Carmela das Gefühl, dass ihr Mann stolz auf sie ist.

Die junge Frau, die in dieser Zeit ihren Glauben wiederentdeckt, will das Anwesen jedoch gebührend einweihen. Ihr großer Wunsch ist eine Statue des Volksheiligen Padre Pio, aufgestellt mitten im eigenen Garten. Im April 2002 überredet Carmela daher ihren Mann, nach San Giovanni Rotondo in Apulien, zur ehemaligen Wirkungsstätte des hochverehrten Kapuzinerpaters, zu fahren, um den Kauf zu tätigen. Sie weiß, dass sich die Nachricht in ganz Cerda verbreitet hat, und rechnet bei ihrer Rückkehr mit einem begeisterten Empfang. Doch plötzlich ist alles anders. Zuhause herrscht große Nervosität. Die Nachricht, die ihnen Pinos Cousin Peppino überbringt, ist ein schwerer Schlag für Carmelas Ehemann: Sein Onkel Rosolino und Nino Giuffrè sind verhaftet worden.

Doch bald beginnt Pino erneut zu taktieren. Jetzt sieht er seine Stunde gekommen. Jetzt will er endgültig zum Boss aufsteigen. Er urgiert seine noch immer ausständige, offizielle Mafia-Taufe, denn er weiß, dass er in der Cosa Nostra den Ruf hat, verlässlich zu sein. Immer wieder hört Carmela ihn über „lo zio", „den Onkel", sprechen, wie der ältere Bernardo Provenzano nun genannt wird. „Eines Tages hörte ich, wie er mit seinem Vater sprach. Ich war im Bett, denn es war früh am Morgen.

Die Fensterläden waren noch zu, die Fenster selbst waren aber offen. Und so hörte ich, wie sie darüber redeten, dass Pino bald die Ehre haben werde, Provenzano zu treffen. Der Vermittler des Treffens mit dem *capo dei capi* war Domenico Virga."
In dieser hektischen Zeit entdeckt Carmela, dass sie wieder schwanger ist. Sie erwartet Zwillinge, diagnostiziert ihr Arzt, und erstmals in ihrem Leben freut sie sich vorbehaltlos über den zukünftigen Familienzuwachs. Ein Grund mehr, die aufgeschobene Einweihungsfeier des Hauses nachzuholen. Carmela organisiert Anfang Juni 2002 ein großes Fest. Das ganze Dorf ist eingeladen und der Priester des Ortes feiert zu Ehren von Padre Pio eine Messe. Doch hinter den Kulissen des fröhlichen Treibens spürt die junge Hausherrin die Spannungen zwischen ihrem Mann, der Schutzgelder eintreibt, und einigen seiner Opfer. Am Abend fühlt sie sich völlig erschöpft und kollabiert. Im Krankenhaus stellen die Ärzte den Tod eines Zwillings fest. Carmela bleibt mit ihrer Trauer jedoch allein. Ihr Mann hat andere Probleme: interne Fehden, eine Morddrohung und einen Auftrag zum Mord. Doch diesmal ist ihr Mann wenig explizit.

Von der Mafia-Frau zur „Pentita"

Der 24. Juli 2002 ist ein sehr heißer und schwüler Tag. Im Haus gibt es Probleme mit der Wasserversorgung und beide Eheleute sind schlechter Laune, als plötzlich ein Polizeiauto auf das Gelände fährt. Alles geht ganz schnell. Die Polizisten legen Pino Handschellen an und fahren mit quietschenden Reifen davon. Carmela bleibt völlig verstört mit den beiden Mädchen zurück. Als sie ihren Mann eine Woche später erstmals in der Haftanstalt besuchen kann, ist Pino jedoch bester Laune.

Nun ist er als Mafioso im Gefängnis und genießt – auch dank der Rolle seines ebenfalls inhaftierten Onkels Rosolino – eine Sonderbehandlung. Es fehlt ihm an nichts, lässt er seine Frau wissen. Sogar eine Flasche Champagner habe es zur Begrüßung gegeben. Carmela gibt er den Auftrag, etliche Waffen verschwinden zu lassen. Doch das verschlüsselte Gespräch schafft Missverständnisse.

Eines Nachts, gegen drei Uhr morgens, wird Carmela aus dem Schlaf gerissen. Polizei und Carabinieri-Einheiten stürmen das Anwesen. Bis in die Morgenstunden durchsuchen sie das ganze Gelände, stellen das Haus auf den Kopf und graben, bewaffnet mit Schaufeln und Spaten, den Garten um. Letztlich werden sie im Stall unter einem Heuhaufen fündig. Dort ist ein Teil jener Waffen versteckt, die Carmela hätte verschwinden lassen sollen. Später erfährt sie, dass der verhaftete Mafia-Boss Nino Giuffrè begonnen hat, mit der Justiz zusammenzuarbeiten. Giuffrè, der einer der wichtigsten Kronzeugen Italiens wird, spricht auch über Pino Rizzo, den er als „springendes Pferd" und als „Speerspitze" der Organisation bezeichnet. In der Nacht der Polizeirazzia in Contrada Canna wird sizilienweit eine ganze Reihe hochrangiger Mafia-Mitglieder verhaftet.

Auch wenn die offizielle Aufnahme in die Cosa Nostra nicht mehr stattfinden konnte, als echter Mafioso führt Pino seine Geschäfte im Gefängnis weiter. Damit diese funktionieren, braucht er aber die Hilfe seiner Frau. Und sie steht – anders als bei der ersten Verhaftung – Pino nun aus Überzeugung zur Seite. „Ich wollte nicht der Mafia helfen", sagt sie heute, „sondern meinem Mann. So bin ich seine ‚Botin' geworden. Habe Informationen ins Gefängnis hinein- und aus dem Gefängnis herausgebracht."

Während ihrer Besuche lernt Pino seine Frau regelrecht an.

„Einmal hat er mir Kipferl für die Kinder gegeben, darin waren Botschaften versteckt, die ich weitergeben musste. Ein anderes Mal gab er mir Schokoladetafeln – offiziell wieder für die Mädchen –, darin waren *pizzini* für Bernardo Provenzano enthalten." Die Botschaften an Provenzano nimmt ihr Schwiegervater an sich, erinnert sie sich, der innerhalb der Mafia mit seinem eigenen Sohn konkurriert, wie Carmela später feststellt. „Eine Bestie, ein Mann, der keine Skrupel kennt und selbst seinen eigenen Kindern etwas antun würde, wenn es für ihn von Vorteil wäre."

Während ihrer Schwangerschaft ist Carmela die perfekte Mafia-Frau. Sie verwaltet die illegalen Gelder, sie ist gut informiert und unverzichtbar für die Kommunikationskette. „Pino hat mir einmal einen Brief zukommen lassen, der über einen anderen Häftling ging, dessen Post nicht kontrolliert wurde. Seine Frau brachte mir den versiegelten Brief, der in ihrem Schreiben steckte." Carmelas Aufgabe ist es, die Botschaft dem wahren Adressaten weiterzuleiten. Bei erfolgter Übergabe wird Pino informiert. „Ich musste in dem Brief an ihn folgenden Satz schreiben: ‚Du bist das Licht meiner Augen.' Das war das Zeichen, dass der Brief seinen tatsächlichen Empfänger erreicht hat."

Im Dezember 2002 kommt ihr Sohn Andrea zur Welt. Wieder ist Carmela über die Reaktion ihres Mannes enttäuscht. Pino freut sich zwar über den männlichen Nachwuchs, den sie – erst wenige Tage alt – ins Gefängnis bringt, doch auch diesmal stehen seine Geschäfte an erster Stelle. Carmela dämmert, dass sie einem Irrtum aufgesessen ist, ihre Ehe ist nicht zu retten. Nicht sie hat Einfluss auf ihren Mann gehabt, im Gegenteil, ihm ist es gelungen, sie gefügig und hörig zu machen. Sie entdeckt, dass selbst ihr Bruder in die Mafia-Geschäfte Pinos verwickelt ist. Carmela zieht sich still zurück. Sie beginnt, seine

Anordnungen zu missachten, seine Befehle nicht auszuführen. „Ich war einfach ausgelaugt. Er behandelte mich, als wäre ich eine Sekretärin, die sein Diktat aufnimmt. Ich hätte nach der Geburt Zuwendung gebraucht, denn ich war allein unter Wölfen – seinem Vater, seinen Onkeln, seinen Cousins. Am Ende konnte ich nicht mehr und log ihn einfach an." Der Umstand, dass Pino und ihr Bruder sie als Lockvogel einsetzen wollten, verstärkte Carmelas Resignation. Sie hätte ohne ihr Wissen Drogentransporte zwischen Neapel und Palermo decken sollen. Offiziell ging es um den Transport von Büffelmozzarella. Tatsächlich sollte Kokain – zwischen den teuren Käsen versteckt – nach Palermo gebracht werden.

In diesen Monaten schließt sich die gläubige Carmela einem Gebetskreis an. Die Treffen sind die einzigen Momente, in denen sie Ruhe findet. Inmitten ihrer neuen Freunde versucht sie, ihrem Leben eine Wende zu geben. So entsteht der Gedanke, mit Pino und den Kindern neu anzufangen, weit weg von Sizilien und der Mafia. Sie ist es leid, ihre Kinder zu Besuch ins Gefängnis bringen zu müssen. Sie hat Angst, wenn sie sieht, wie der Vater bereits die Kinder für seine Zwecke einsetzt. Sie ist verzweifelt, wenn er sie im Gefängnis auffordert, viel Lärm zu machen, damit seine Gespräche mit der Mutter übertönt und damit nicht abgehört werden können, wenn er ihnen sogar Botschaften ins Ohr flüstert.

Carmela bittet ihren Mann inständig, mit der Justiz zusammenzuarbeiten. Die zwölfjährige Erstgeborene fleht ihren Vater an, die Mutter anzuhören. Doch er winkt ab. Er sei ein Boss und keiner dieser *pentiti*.

In der Nacht des 4. Mai 2004 läutet die Polizei wieder am Zufahrtstor zu Carmelas Anwesen. Sie betätigt die Fernbedienung und sieht mehrere Polizeiautos den Weg zum Haus nehmen.

Carmela hat keine Ahnung, was Pino noch auf dem Gelände versteckt haben könnte. Doch sie liegt falsch mit ihrer Annahme. Das Schreiben, das ihr vorgelegt wird, ist kein Durchsuchungsbefehl. Es ist ein Haftbefehl. Und er gilt ihr. Carmela ist schwer geschockt. „Ich war überzeugt, nichts Schlechtes getan zu haben. Ich sah mich nur als pflichtbewusste Ehefrau." Die Polizei sieht das anders und auf Carmela wartet die Isolationshaft. Als sie durch die Gefängnisgänge begleitet wird, kommt Unruhe bei den Mitgefangenen auf. „Sie machten Lärm und schrien aus ihren Zellen heraus. ,Schaut, schaut, da kommt die Patin der Patinnen.'" Kurz darauf schließt sich die Tür hinter ihr und Carmela ist allein. Ihr einziger Trost, sagt sie, ist die Bibel, die sie später bekommt. Durch die Wand ihrer Zelle dringen Stimmen. Sie hört, wie sich andere Frauen wild bekriegen. Es sind Kämpfe um Alltagshierarchien und Macht. Carmela sucht völlig verängstigt Zuflucht in der Lektüre der Bibel, als plötzlich die Türe aufgeht. Mehrere Frauen stehen vor ihr. Carmelas Angst schlägt in Verblüffung um, als eine von ihnen, ganz offensichtlich die Anführerin, sich vorstellt: „Ich bin Giusy Vitale. Die Familie Rizzo ist mir gut bekannt." Es ist ein Höflichkeitsbesuch, ein Willkommensgruß, den die Frauen ihr abstatten. „Auch sie war in Isolationshaft. Die Gefängnisaufseherin hat den Besuch ermöglicht, obwohl es ja verboten war. Giusy Vitale war seit langem in Isolationshaft. Ich selbst war noch gar nicht verhört worden. Niemand hätte daher mit mir sprechen dürfen", wundert sich Carmela heute noch. Die Frauen bringen ihr Binden, Zigaretten und Wasser. „Giusy Vitale genoss im Gefängnis großen Respekt, sie war ein echter Boss." Sie ist es auch, die die bitterlich weinende Carmela zu beruhigen versucht. „Sie sagte zu mir: Ich lebe schon seit Jahren ohne meine Kinder. Auch du wirst dich an das Gefängnis gewöhnen. Du brauchst nur etwas Zeit." Doch es war genau diese Kälte, sagt Carmela im Gespräch, die sie noch weiter in die Depression abgleiten ließ. Sie wollte sich nicht daran gewöhnen. Nie und nimmer.

Carmela kommt das Gesetz zu Hilfe. Das sieht bei Müttern von Kleinkindern unter drei Jahren Hausarrest vor, und Andrea ist erst 16 Monate alt. So wird sie am vierten Tag nach Contrada Canna zurückgebracht.

Zuhause erwarten sie die verängstigten Kinder. Carmela kann ihnen kaum in die Augen sehen. „Ich fühlte mich schuldig. Ich war ins Gefängnis gekommen. Ich hatte Ähnliches gemacht wie ihr Vater. Das war für mich ein Verrat an meinen Kindern." Doch die Mädchen beruhigen sie. Das wichtigste Ereignis der kommenden Tage sei die Erstkommunion der zehnjährigen Serena. Mutter und Töchter hatten dieses Fest penibel vorbereitet. Jetzt wird das Mädchen als einziges Kind ohne die Anwesenheit der Eltern an der Zeremonie teilnehmen müssen, macht sich Carmela schwere Vorwürfe. Daniela kann seit Tagen nichts essen und leidet unter Schwäche und Ohnmachtsanfällen.

Eines Abends, als der kleine Bruder eingeschlafen ist, setzen sich Carmela und die beiden Mädchen zusammen. Die Mutter weint und bittet sie um Verzeihung, da fassen sich die Mädchen ein Herz. Sie erzählen Carmela, wie oft sie in der Schule gemobbt werden. Serena wird gehänselt. „Wo sind denn deine Eltern? Sag! Wo?" Daniela hingegen wurde sogar von der Lehrerin bloßgestellt. Als es darum ging, einen Aufsatz zum Thema „Legalität und Illegalität" zu schreiben, spottete die Lehrerin vor allen anderen: „Du kommst doch aus einer Mafia-Familie, bist du überhaupt fähig, dieses Thema zu behandeln?" Daniela, die immer gute Noten hat, will seitdem nicht mehr das Klassenzimmer betreten. „Mama, ich will beurteilt werden, wie ich bin, nicht weil mein Vater ein Mafioso ist. Ich schäme mich so."

Jetzt gibt es für die Mädchen kein Halten mehr. Sie erzählen der Mutter alles, was sie seit langem bedrückt. „Mama", versichert ihr die Größere, „wir haben bis jetzt nichts gesagt, weil wir dich nicht kränken wollten. Aber wir haben am Tag deiner Verhaftung Papa einen Brief geschrieben. Wir haben ihm geschrieben, dass es seine Schuld sei, wenn du jetzt im Gefängnis bist. Wir haben ihm gesagt, dass er dir helfen müsse. Aber er hat zurückgeschrieben, das echte Opfer sei er, und du würdest ja ohnehin Hausarrest bekommen."

Carmela, erzählt sie mir, bittet die Kinder unter Tränen, ihr zu sagen, was sie möchten. „Wir wollen", antwortet ihr Daniela ohne Umschweife, „dass du die Wahrheit sagst. Jeder von euch beiden, Papa und du, muss seine Schuld eingestehen." Auch den Einwand der Mutter, dass die Kinder dann nicht einmal mehr ihre geliebten Großeltern sehen werden, hatten die Mädchen bereits durchdacht. „Aber wir werden zusammen sein. Du musst an den kleinen Andrea denken. Wenn wir hier bleiben, wird er wie Papa. Und eines Tages müssen wir auch ihn im Gefängnis besuchen."

In derselben Nacht schreibt Carmela einen Brief an das Gericht. Sie möchte aussagen. Was sie nicht weiß, ist, dass die Polizei nach ihrer Verhaftung Wanzen im ganzen Haus angebracht hat. „So haben sie gehört, wie meine Kinder und ich miteinander gesprochen haben. Sie wussten daher schon, wie ich dachte, warteten aber darauf, dass der Schritt von mir kommt."

Es ist der 28. Mai 2004. Carmela beginnt ihre Zusammenarbeit mit der Justiz.

Die Polizei kommt, um alles zu besprechen. Carmela spürt „eine Riesenangst vor diesem Sprung ins Unbekannte. Ich hatte keine Ahnung, was ein Zeugenschutzprogramm letztlich bedeutete. Aber ich wusste, ich musste es tun." Gemeinsam mit den Polizisten beschließt sie, das Ende des Schuljahres abzuwarten.

Dann ist es endlich so weit. Carmela packt so viel sie kann in Koffer und Säcke. Das Gelände wird von schwer bewaffneten Polizisten gesichert. Als die Polizeiautos langsam den Weg aus dem Anwesen hinausfahren, drehen Mutter und Kinder sich noch einmal um. Carmelas Blick fällt auf die Statue von Padre Pio. Die Trauer schnürt ihnen die Kehle zu. Sie wissen, sie werden niemals wieder hierher zurückkommen.

Der Anfang, erzählt Carmela, war hart. Beinhart. Der geheime und sichere Ort, an dem sie nun die Staatsanwälte Lia Sava und Michele Prestipino erwarten, war ihr nicht genannt worden. Hier gibt sie erstmals ihre Geschichte zu Protokoll. Hier erfährt sie einige Tage später, dass ihr Mann die Entführung der Kinder plant, um sie zum Schweigen zu bringen. Ein abgehörtes Gespräch im Gefängnis ruft die Polizei auf den Plan. Ein weiterer rascher Ortswechsel ist nötig. Die Familie wird in ein kleines Apartment an einem anderen Ort gebracht.

Doch schon wartet die nächste große Herausforderung auf die leidgeprüfte Familie. Serena erkrankt schwer an Hepatitis A. Untersuchungen ergeben, dass auch die Mutter und die Geschwister infiziert sind. Serena, die wie die anderen bereits einen Decknamen trägt, wird ins Krankenhaus eingeliefert. Die Wochen, die folgen, gehören zu den schwersten im Leben von Carmela.

In dieser Zeit werden die Beamten des NOP (*Nucleo Operativo Protezione*), des Schutzprogramms, zu ihrer neuen Familie. Ihnen lernt sie zu vertrauen, eine Eigenschaft, die sie seit langem verloren hatte. Am Ende des Jahres 2004 werden Carmela und die Kinder in ihre endgültige Wohnung überstellt. Kurz vorher war sie definitiv als *collaboratrice di giustizia*, als Justiz-Kollaborateurin, anerkannt worden. Jetzt gilt es, das Leben neu zu organisieren. Carmela sucht verstärkt Halt im Glauben – und ist heute eine glühende Verehrerin von Papst Franziskus. Sie weiß, dass schwierige Zeiten vor ihr liegen. In wenigen Monaten wird sie vor Gericht stehen und sich im Sinne des Mafia-Paragrafen verantworten müssen. Das bedeutet wieder – wenn auch mittels Video-Schaltungen – Kontakt mit dem Ehemann.

Es sind hektische Monate. Die beiden Mädchen setzen ihren Schulbesuch fort. Gestärkt durch die ersten positiven Rückmeldungen, überzeugen sie ihre Mutter, die eigene, abgebrochene Ausbildung wieder aufzunehmen. Carmela fehlt anfangs der Mut, sie schreibt sich dann aber doch in eine Abendschule ein. Abend für Abend folgt sie dem Unterricht, während die Mädchen ihren kleinen Bruder hüten. Zwei Jahre später hält sie das Maturadiplom in Händen. Als Abschlussarbeit hat sie das Thema „Legalität und Illegalität" gewählt, jenes Thema, das ihrer Tochter so viel Spott eingebracht hatte. Das Universitätsstudium, das sie im Auge hat, kann Carmela jedoch nicht beginnen. „2008 musste ich mich einer großen Operation unterziehen. Dann hatte ich die Kraft nicht mehr."

Denn Kraft braucht Carmela Tag für Tag. Die Schwierigkeiten des neuen Lebens sind zahlreich. Eines Tages erkrankt Andrea an einer Lungenentzündung. Sie selbst hat immer wieder gesundheitliche Probleme, und an Geld fehlt es auch. Ihr Grundstück ist enteignet worden, sie verfügt daher weder über Besitz noch über Bargeld. Carmela jobbt zuerst schwarz als Reinigungsfrau bei Familien. Nach ihrem Diplom beginnt sie mit der Pflege von alten und behinderten Menschen, etwas, das sie

„auch heute mit großer Freude" tut. Ihr größter Wunsch ist es, Menschen helfen zu können.

Elf Monate bleibt Carmela insgesamt unter Hausarrest. Dann wird sie „enthaftet", bleibt „aber auf Bewährung". Mit ihrem alten Leben hat sie gänzlich gebrochen. Heute ist sie nicht nur geschieden, ihre Ehe ist auf ihr Betreiben auch von der Sacra Rota Romana – der obersten Gerichtsbehörde der katholischen Kirche – annulliert worden. Während des Strafprozesses hatte sie ihrem Mann ein letztes Mal die Hand ausgestreckt und ihm – falls er mit der Polizei zusammenarbeitete – ein gemeinsames Leben angeboten. Als Antwort wurde Carmela von Pino und seinem Onkel Rosolino „als verrückt, anorektisch und süchtig" diffamiert. Für Carmela war das das definitive Ende ihrer Ehe.

Ihr ganzer Stolz sind ihre Kinder. Sie sind sehr sozial, ernsthaft und engagiert, freut sie sich. Die älteste Tochter hat ihr Universitätsstudium bereits abgeschlossen. Die jüngere möchte ihr Leben dem Thema „Legalität" widmen. Alle sind sich einig: Die Anti-Mafia-Erziehung muss bei den Kindern beginnen. In den Familien wie in den Schulen.

Ihre Töchter stehen Carmela immer mit Rat und Tat zur Seite. „Wir haben ein wundervolles Vertrauensverhältnis", erzählt Carmela, „das inzwischen auch den zwölfjährigen Andrea miteinbezieht." Die Kinder ermuntern die Mutter auch zu einer neuen Beziehung. Doch dazu ist sie „nach den vielen Verletzungen noch nicht reif".

Heute, betont Carmela, ist sie glücklich und mit sich selbst im Reinen. Zu verdanken habe sie das „ihren Kindern und ihrem Glauben".

Angst hat sie jedoch immer wieder. So wie vor kurzem, als es Gerüchte gab, ihr Mann könne das Gefängnis verlassen und nach Cerda zurückkehren. „Ich hatte furchtbare Panik, all das, was wir uns in zehn Jahren aufgebaut haben, zu verlieren. Ich weiß, dass mein Ex-Mann vor nichts zurückschreckt. Er ist besessen von der Idee, uns zu finden. Sobald er aus dem Gefängnis kommt, wird er uns suchen."

Pino Rizzo ist weiterhin inhaftiert und Carmela hat sich vorerst wieder beruhigt. Die Bedrohung, die ihr Mann nach wie vor für sie darstellt, ist für den Moment etwas in den Hintergrund getreten, doch sie weiß, dass der Tag seiner Freilassung einmal kommen wird. Und so bereitet sie ein weiteres Kapitel ihres Lebens vor. Ihre Identität soll für immer gelöscht werden. Ein kompletter Neubeginn. Mit großen Herausforderungen.

DONNE D'ONORE –
FRAUEN IN DER
„EHRENWERTEN GESELLSCHAFT"

GIUSEPPA SALVO
FRANCESCA CITARDA
ANGELA RUSSO
VINCENZA CALI
CINZIA LIPARI

Dunkel, geheimnisvoll und auf morbide Art und Weise attraktiv – so wird die sizilianische Mafia gerne in Romanen und Filmen dargestellt. Ein Geheimbund mit unklaren Wurzeln und ohne historisch genau feststellbares Entstehungsdatum, dessen US-amerikanischer Zweig sich in der ersten Hälfte des zwanzigsten Jahrhunderts zu einer gefährlichen Größe entwickelt hat und weltweit das Bild des organisierten Verbrechens beherrscht.

Als der norditalienische Freiheitskämpfer Giuseppe Garibaldi mit seinen Rothemden 1860 in Sizilien landet, ahnt er wohl nicht, dass dadurch auch eine obskure, auf der Insel ihr Unwesen treibende Verbrecherorganisation Eingang in die Weltgeschichte finden wird. Garibaldis Aufgabe ist es, im Namen König Viktor Emanuels II. von Sardinien-Piemont das zersplitterte Italien zu vereinen und die Bourbonen im Süden zu vertreiben. Seine Aktion ist erfolgreich. Sizilien ergibt sich dem Revolutionär und seinen tausend Freischärlern. Die Geheimnisse der Insel werden langsam ruchbar.

Bis zu Garibaldis Landung gab es zwar hin und wieder Gerüchte über ungeklärte Morde, Unterdrückung und Gewalttätigkeit im Königreich beider Sizilien, mehr wusste man „auf dem italienischen Kontinent" aber nicht. Nach der Ausrufung des Königreiches Italien ein Jahr später durch Viktor Emanuel ist es mit der Abgeschiedenheit der Insel jedoch endgültig vorbei. Die neuen Herren aus dem Norden beschließen, im tiefen Süden nach dem Rechten zu sehen, denn die junge Monarchie soll auch an der Peripherie verankert werden. Sie tun dies wie andere nach ihnen auch: Sie schicken einen Präfekten nach Palermo.

Der aus Orvieto stammende Filippo Antonio Gualterio – Jesuitenschüler, Historiker und für kurze Zeit auch Innenminister des neuen Königreichs – greift mit harter Hand durch und studiert detailgenau die Verhältnisse auf der Insel. Am Ende seines Aufenthaltes verfasst der Präfekt einen Rapport über die in Sizilien vorherrschende Kriminalität. Darin beschreibt Gualterio eine „straßenräuberische Vereinigung", die sich dadurch auszeichnet, dass sie „enge Beziehungen zu einigen politischen Parteien aufgebaut hat". Zum ersten Mal in der Geschichte wird für diesen kriminellen Geheimbund das Wort „Maffia" verwendet. Was sich hinter diesem Wort tatsächlich versteckt, wird noch länger unklar bleiben.

Inspiriert wurde der strenge Beamte des Königs bei der Namensgebung wohl von einem zwei Jahre zuvor in Palermo entstandenen Theaterstück. Die beiden Autoren, Gaetano Mosca und Giuseppe Rizzotto, nannten ihre volkstümliche Komödie „I mafiusi de la Vicaria". Der Inhalt des Stückes dreht sich um die Befreiung einiger Banditen – „i mafiusi" – aus dem berüchtigten Gefängnis der Stadt. Das Herz der beiden Komödienschreiber schlug offenbar für die vom Staat verfolgten Verbrecher, denn sie bezeichneten sie mit dem aus dem palermitanischen Dialekt stammenden Wort „mafiusi", das so viel wie selbstsicher, mutig, aber auch schön bedeutet. Und genau so sahen Mosca und Rizzotto ihre Helden, wohl auch in der Hoffnung, damit den Geschmack und die Vorstellungen ihres hoffentlich zahlreichen Publikums zu treffen.

Gualterios Rapport ist als interne Informationsgrundlage für die Beamten des Königs entstanden. Erst Jahre später stößt der Bericht über die unbekannten und fremd anmutenden Vorkommnisse an der neuen Südgrenze auf das Interesse zweier Politiker. Sidney Sonnino und Leopoldo Franchetti wollen anfänglich eine rein private Umfrage in Sizilien durchführen. Dann ändern sie angesichts der Fülle an Eindrücken ihr Vorhaben. 1877 entsteht ein umfassender Bericht. Es ist die erste große Studie über das neue Phänomen: die Mafia.

Sidney Sonnino und Leopoldo Franchetti reisen nach Sizilien, um die sozioökonomischen Bedingungen auf der Insel zu studieren. Die beiden jüdischen Intellektuellen aus der Toskana – Vertreter einer sozial engagierten Rechten – besuchen während ihrer Reise alle neun sizilianischen Provinzen. Dabei zeichnen sie nicht nur die schrecklichen Bedingungen auf, unter denen Kinder in den Schwefelminen der Insel arbeiten müssen, sie interessieren sich vor allem für die Existenz der mysteriösen „Mafia" oder „Maffia". Jenen sektenartigen Bund, dessen Schreibweise nach wie vor unklar ist und der für die Fremden aus dem Norden schwer zu erfassen und kaum greifbar ist. „Der Albtraum einer rätselhaften, bösen Kraft liegt schwer auf diesem nackten, eintönigen Land", schreibt Franchetti rückblickend über seine Erfahrungen in Sizilien, das er und Sonnino großteils zu Pferd bereisen. Erschüttert und verblüfft registrieren sie, dass die Lage rund um Palermo am schlimmsten ist. Nicht auf dem rückständigen Land, sondern in den prosperierenden Zitrusplantagen rund um die Hauptstadt hören sie die schrecklichsten Erzählungen über Gewalttaten und Erpressungen. „Nach einer gewissen Zeit solcher Berichte mischt sich der Duft von Orangen- und Zitrusblüten mit Leichengeruch", notiert Franchetti entsetzt und beschließt danach, seine Studien zu vertiefen. So ist in mühevoller Kleinarbeit ein auch für die Ermittler von heute unverzichtbares Dokument entstanden, sagt der Anti-Mafia-Kämpfer Pietro Grasso. Ein Dokument, „das mit dem Jahr 1812 beginnt und die Versäumnisse des Staates aufzeigt". Franchetti, der seinen eigenen Studienschwerpunkt auf das organisierte Verbrechen legte, ortete in dieser mangelnden Kontrolle jenen Humus, in dem die „Sekte" entstehen konnte. Der spätere Senator Franchetti legt erstmals die ursächlichen Zusammenhänge dar und beschreibt ein Klima der Gewalt, das er als „industria della violenza" bezeichnet. Diese „Gewalt-industrie" liegt im feudalen Sizilien ursprünglich in den Händen der adeligen Landbesitzer. Sie haben mehr Macht als Polizei und Justiz und setzen diese ohne Skrupel durch. Für ihre Zwecke heuern die Großgrundbesitzer *affiliati* an, eine Art von Soldaten, die bedingungslos die Befehle ihres unmittelbaren Vorgesetzten ausführen und die Bauern unterdrücken. Manche der so entstandenen kleinen Privatarmeen machen sich später selbständig und ziehen als furchteinflößende Banden durchs Land. Zwischen den reichen Feudalherren und den armen Bauern stehen in Sizilien die Verwalter der Barone, die *gabellotti*. Auch sie setzen – meist ebenso mit Gewalt und ohne Rücksicht auf herrschendes Recht – ihre eigenen Interessen durch. Letztlich gewinnen die *gabellotti* die Oberhand. Das soziale Gefüge verändert sich. Der Adel wird entmachtet. Die Bauern bleiben weiterhin bitterarm und genauso rechtlos wie zuvor. Jetzt hängen sie vom Wohlwollen der *gabellotti* ab, die ihren Platz in der kriminellen Subkultur, nämlich der Mafia, finden. So werden sie Teil der wahren Macht vor Ort. Eine Macht, die vorgibt, die Menschen zu beschützen. Ein Schutz, dessen hoher Preis nicht absehbar war.

Rund um dieses lange oft romantisch verklärte Banditenwesen entwickelt sich die Figur des Paten. Schon Franchetti beschreibt den typischen Mafia-Boss seiner Zeit. Und er tut dies mit großer Weitsicht. Er sieht ihn als „Kapitalisten, Manager und Impresario", eine Beschreibung, die heute gültiger ist denn je.

Der unter dem Titel „Politische und administrative Bedingungen in Sizilien" erscheinende Abschlussbericht findet allerdings nicht das von den Verfassern erwartete Echo. Zu viel Gegenwind kommt aus Sizilien, zu viel Unverständnis herrscht im Norden. Die erhofften Konsequenzen und eine damit verbundene Verbesserung der Lebensbedingungen der Sizilianer bleiben aus. Erst der faschistische Diktator Benito Mussolini nimmt sich Jahrzehnte später wieder der Sizilien-Frage an, allerdings unter anderen Vorzeichen. Mussolini duldet keine Opposition und damit keinerlei wie immer geartete Herrschaft außerhalb seines Einflussbereiches. 1924 reist er nach Palermo. Bei seinem Besuch gelangt er zur Überzeugung, dass es nur am organisierten Verbrechen liegt, dass der Faschismus auf der Insel noch nicht Fuß gefasst hat. Mussolini beschließt zu handeln. Er erklärt der sizilianischen Mafia den Krieg. Ein Jahr später schickt auch er einen Präfekten in den Kampf gegen das organisierte Verbrechen, das einen eigenen „Staat" aufgebaut hat und seinen eigenen Gesetzen folgt. Cesare Mori, Mussolinis strengem Befehlshaber, wird die Aufgabe übertragen, die rebellische Insel auf Linie zu bringen.

Moris erste Aktion gleicht mehr einer militärischen Schlacht als einer Polizeioperation. Der „Eiserne Präfekt", wie er später genannt wird, schickt seine Truppen aus und lässt sie nach Gangi einrücken. Der kleine Ort in den Madonie-Bergen ist in den 1920ern eine der wichtigsten Hochburgen der Mafia. Der geplante Schlag gegen die in Gangi tonangebende *cosca* – die sizilianische Bezeichnung für einen Mafia-Clan – soll ein Exempel setzen und die Präsenz des autoritären Regimes für alle Augen sichtbar machen.

Das Kräftemessen zwischen den Polizeitruppen und den Mafiosi wird in der Folge als triumphaler Erfolg in die Annalen der faschistischen Bewegung eingehen. Zahlreiche Geschichten ranken sich um die Einnahme und die Belagerung Gangis. Geschichten, die von beiden Seiten überhöht und geschönt wurden. Tatsache ist jedoch, dass die Einnahme des auf eintausend Metern gelegenen Ortes die Truppen vor große Herausforde-

Cesare Mori, Mussolinis „Eiserner Präfekt"

rungen stellt. Die Aktion dauert viel länger als gedacht. Es ist
ein Kampf Mann gegen Mann. Die Mafia wehrt sich erbittert.
Letztlich werden 130 Mafiosi und hunderte Komplizen festgenommen. Mehr als 150 von ihnen werden vor Gericht gestellt.
Es wird ein aufsehenerregender Prozess. Benannt nach den
umliegenden Bergen: Madonie.

Nach seinem Sieg in Gangi behält der Eiserne Präfekt seine Linie bei. Er greift weiter mit harter Hand durch. Innerhalb von
nur drei Jahren lässt Mori über 11.000 Personen festnehmen.

Die großteils politisch motivierte Verhaftungswelle trifft auch viele Unschuldige, die grundlos hinter Gittern landen. Moris undifferenzierte Gewaltoffensive trägt zu keiner Verbesserung des Verhältnisses zwischen Bevölkerung und Staat bei. Vielleicht auch deshalb, weil das faschistische Regime nicht alle Mafiosi mit gleicher Härte verfolgt. Über die Interpretation des Kapitels Faschismus und Mafia ist sich die Geschichtsschreibung heute noch nicht einig. Tatsache ist jedoch, dass Dutzenden Vertretern des organisierten Verbrechens die Ausreise nach Amerika gelingt. Viele Bosse wandern aus und schlagen damit ein weiteres Kapitel im Buch der Mafia auf. Die Mafia fasst in den USA Fuß und ein neuer Name entsteht. 1984 wird der Kronzeuge Tommaso Buscetta, Sizilianer und in den USA sowie in Brasilien ein Drahtzieher des Drogenhandels, Richter Giovanni Falcone gegenüber feststellen: „Das Wort Mafia ist eine Erfindung der Journalisten. Wir nennen uns Cosa Nostra." Doch davon ist zur Zeit des Madonie-Prozesses, 1927–1928, des ersten großen Mafia-Prozesses der Geschichte, noch keine Rede. Neu ist hingegen, dass sich unter den 153 Angeklagten

Gangi, Mafia-Hochburg der 1920er-Jahre

erstmals sieben Frauen befinden. Den Frauen wird das Einheben von Schutzgeldern und das Verstecken von polizeilich gesuchten Mafiosi zur Last gelegt.

Unter den weiblichen Angeklagten befindet sich Giuseppa Salvo, Tochter und Ehefrau eines Mafioso. Sie hält sich während des gesamten Prozesses an das ungeschriebene Mafia-Gesetz der Omertà und kommt ihrer Schweigepflicht strikt nach. Giuseppa spielte eine wichtige Rolle bei der „Belagerung von Gangi". Sie war die Letzte, die sich Moris heranstürmenden Truppen ergab. Gemeinsam mit rund fünfzig weiteren Angeklagten wurde sie in einer als Gefängnis adaptierten alten Kirche eingesperrt.

Diese Gruppe und vor allem Giuseppa mit ihren ebenfalls inhaftierten sieben Kindern ziehen die Aufmerksamkeit der Presse im In- und Ausland, die ihre Reporter schickt, auf sich. Viele Legenden ranken sich schon zur Zeit des Prozesses um die Frau, die gerne Männerkleidung getragen haben soll. Gesichert ist, dass Giuseppa Salvo nach dem Tod ihres Mannes in der „Familie" das Kommando führte. Sie war die oberste Instanz im Dorf. Handelte es sich darum, Streitigkeiten zu schlichten, Differenzen zu glätten oder Ehen zu arrangieren, ging nichts ohne ihre Zustimmung.

Die „Times" bezeichnet die knapp über 60-Jährige damals als „Königin von Gangi". Und die „New York Times" beschreibt die Matriarchin mit jenem Schauder, der einen angesichts einer dunklen und nicht nachvollziehbaren Welt befällt, als „Mutter einer grausamen Brut, mit schneeweißem Haar, kerzengerader Haltung und entschlossenem Auftreten. Ihr diabolischer Blick lässt einem das Blut in den Adern gefrieren." Eine gefährliche Brigantin, die bereits wie ein echter Boss agiert.

Im Schatten der Männer

Maria Grazia Genovese ist erst 18 Jahre alt, als der Madonie-Prozess beginnt. Ob sie sich von den Geschichten rund um die „Königin" beeinflussen lässt, die die Gemüter erhitzen, ist nicht bekannt. Aktenkundig ist hingegen ihr krimineller Werdegang, der genau in jenen Jahren seinen Anfang nimmt. Die junge Frau aus Delia, einem kleinen Ort bei Caltanissetta, wird erstmals verhaftet, weil sie einen Diebstahl begangen hat. Dutzende Male wird sie im Laufe ihres Lebens angezeigt, mehrmals inhaftiert. Selbst kurz vor ihrem Tod droht der 80-Jährigen noch Hausarrest. Sie war fest verankert in den mafiösen Machenschaften ihrer Familie und unempfänglich für die Regeln und Gesetze des als fremd empfundenen Staates.

Die Beziehung zwischen der Welt der Mafia und der ihrer Frauen ist komplex und widersprüchlich, unterstreicht Staatsanwältin Lia Sava. Die Juristin, die nach Jahren in Palermo heute in Caltanissetta tätig ist, widerspricht dem lange kolportierten Klischee von den unterdrückten Vestalinnen am heimischen Herd der Mafiosi, deren Hauptaufgabe es war, für die geheimen Treffen der Männer das *schiticchio* zuzubereiten, das Essen, das den kriminellen Versammlungen folgte. Frauen, betont sie, haben es immer wieder verstanden, in den chauvinistischen Strukturen der Mafia ihren Platz zu finden. Und in nicht wenigen Fällen wurde das öffentliche Bild der untergeordneten und harmlosen Erfüllungsgehilfin auch ganz bewusst von Vätern, Brüdern und Ehemännern für ihre kriminellen Absichten eingesetzt.

Frauen galten auch für den Gesetzgeber lange Zeit als tabu. Selbst dort, wo die Fakten eindeutig waren, gingen Frauen oft straffrei aus oder wurden gar nicht angezeigt. Man traute ihnen die jeweiligen Tatbestände entweder nicht zu oder die Richter verwiesen auf Paragraf 384 des italienischen Strafgesetzbuches: Der sieht im Falle eines zu großen familiären Naheverhältnisses die Verweigerung der Aussage vor, was letztlich zur Straffreiheit führte. Mit anderen Worten: „Wenn jemand eine Tat begeht, um einen Angehörigen oder sich selbst vor einer schweren Beschädigung der Freiheit oder der Würde zu retten" – so der Gesetzgeber –, „ist das nicht justiziabel." Ein Passus, der im Süden Italiens bei Fällen, die Frauen betrafen, oft und gerne zur Anwendung kam. Für die Frau, die als Familienmitglied wegen Beihilfe nicht belangbar war, gab es oft keine strafrechtlichen Konsequenzen.

Selbst die Einführung des Mafia-Paragrafen, *articolo 416bis*, im Jahr 1982 – der erstmals explizit die „associazione per delinquere di tipo mafioso", also die „kriminelle Vereinigung mafiösen Typs" zum Gegenstand hat – brachte keine unmittelbare Änderung der herkömmlichen, Frauen gegenüber angewandten Praxis. Mafiosi und Justiz waren sich eigenartigerweise in ihrer Beurteilung fast einig: Frauen sind keine autonomen Wesen und agieren daher, wenn überhaupt, nur mit Erlaubnis des Mannes. Bis in die 1990er-Jahre kam diese anachronistische Vorstellung vielen Mafia-Frauen zugute und verfälschte somit jede statistische Erfassung der tatsächlich begangenen Delikte.

Einer der bekanntesten Fälle betrifft Francesca Citarda, Ehefrau des Anwalts und Cosa-Nostra-Mitgliedes Giovanni Bontate sowie Tochter eines Bosses und damit gleich zwei historischen Mafia-Familien zugehörig. Als das Ehepaar 1983 verhaftet wird, gehen die Staatsanwälte davon aus, dass das neue Mafia-Gesetz auch bei Francesca Citarda zur Anwendung kommt. Die Ermittlungen werden auf alle Familienmitglieder ausgedehnt und damit auch auf Bontates Ehefrau. Nur so kann die Staatsanwaltschaft ihrem Verdacht, das Vermögen der Eheleute stamme aus illegalen Einkünften wie Drogenhandel und Geldwäsche, auch tatsächlich nachgehen. Für Giovanni Bontate und für Francesca Citarda wird ein Zwangsaufenthalt an einem überwachten Ort sowie die Beschlagnahmung der Besitzungen beantragt. Der doppelte Antrag wird vom Gerichtshof in Palermo jedoch zurückgewiesen. Nur im Fall des der Corleone-Fraktion zugehörigen Ehemannes wird den Forderungen der Staatsanwälte stattgegeben. Im Fall von Francesca Citarda sehen die Richter keinen Handlungsbedarf. Die Begründung mutet vorsintflutlich an: „Anders als Terroristinnen, die im Norden des Landes eine aktive Rolle bei den bewaffneten Gruppen haben", begründen die Richter ihre Entscheidung, handle es sich im konkreten Fall um eine Sizilianerin und ein „Mitglied einer Mafia-Familie". Francesca Citarda sei demnach „nicht emanzipiert genug", um selbst eine aktive Rolle in der Organisation zu spielen. Sie sei dadurch nicht in der Lage, „sich aus der dem Mann untergeordneten Rolle zu befreien". Das Urteil führt in Italien zu heftigen Reaktionen einiger Frauenverbände, wie der *Associazione delle donne contro la mafia* und der *Unione Donne in Italia* (UDI). Sie kritisieren die Entscheidung als diskriminierend und nicht der Realität entsprechend. Eine Frau, die akzeptiert, der Mafia zu dienen, argumentieren die Verbände, bestimme sehr wohl über sich selbst.

Fünf Jahre später, 1988, findet dieses Kapitel sizilianischer Mafia-Geschichte einen blutigen Abschluss. Der 42-jährige Giovanni Bontate steht unter Hausarrest. Die Killer kommen an einem schönen Septembermorgen.

Der Ex-Anwalt mit besten Beziehungen zu den höchsten Kreisen Palermos befindet sich in der weißen Zehn-Zimmer-Villa der Familie. Es ist zehn Uhr, als jemand am Eingangstor läutet. Bontate ist gerade in der Küche und trinkt mit seiner zwei Jahre jüngeren Ehefrau Kaffee. Er wirft einen Blick auf die Videoüberwachungsanlage und betätigt den Türöffner. Das Bild auf dem

Monitor dürfte ihn überzeugt haben. Er scheint die Besucher zu kennen. Die Wächter im Garten bemerken von all dem nichts.

Sie bekommen die Männer, die langsam den mit Kieselsteinen ausgelegten Weg Richtung Haus gehen, nicht zu Gesicht und arbeiten in den Pferdeställen des Anwesens sowie im Garten ruhig weiter. Im Haus selbst ist außer dem Ehepaar niemand. Die drei Kinder sind bereits in der Schule. Dann geht alles sehr schnell. Die Polizei, die gegen Mittag eintrifft, wird keine Anzeichen eines Kampfes finden. Zwei Schüsse treffen Giovanni Bontate in den Nacken, zwei weitere Schüsse Francesca Citarda. Sie stirbt, in einen blauen Seidenmorgenmantel gehüllt, auf einem Sessel sitzend. Es ist eine Hinrichtung, schreiben die Zeitungen. Eine Hinrichtung in höchsten Mafia-Kreisen. Die Killer machten jedenfalls keinen Unterschied zwischen dem Boss und seiner angeblich nicht emanzipierten Ehefrau. Im Tod waren beide gleich.

Bestes Beispiel für die aktive Rolle einer Frau im Inneren des organisierten Verbrechens ist der Fall Angela Russo, über den auch in meinem Bekanntenkreis in Rom heftig diskutiert worden ist. „Palermo: Fünf Jahre Haft für die Heroin-Oma" lautete die Überschrift eines Artikels der Tageszeitung „La Repubblica" vom 27. Februar 1985. Mit Erstaunen nahm damals die Öffentlichkeit von diesem Familienunternehmen der besonderen Art Notiz. 55 Personen sind angeklagt, zehn werden schließlich freigesprochen. Für die anderen gibt es Strafen von insgesamt 300 Jahren Gefängnis sowie Geldbußen in der Höhe von einigen Milliarden Lire. Im Mittelpunkt des Interesses an diesem Rauschgiftprozess steht aber Angela Russo, eine mehrfache Großmutter, ja bereits Urgroßmutter. Die 74-Jährige ist gemeinsam mit ihren Söhnen und Schwiegertöchtern verhaftet worden. Es lag der Verdacht vor, sie wäre als Drogenkurierin tätig. Erst nach weiteren Ermittlungen stellt sich im Laufe des Prozesses die gesamte Dimension des Unternehmens heraus. Angela Russo erweist sich als perfekte Mafia-Frau. Sie organisierte den äußerst lukrativen Drogenhandel ihres Clans in ganz Italien. In ihren Händen liefen alle Fäden zusammen. Ausschlaggebend für diese Erkenntnisse war die Aussage eines ihrer Söhne. Salvino entschied sich, mit der Justiz zusammenzuarbeiten, und deckte die Struktur der Familie und deren Geschäfte auf. Die Mutter hat nur Verachtung für den Verräter über, der seiner Mafia-Ehre untreu geworden ist.

Angela selbst, die den Spitznamen „Heroin-Oma" erhält, hat sich nie als schuldig betrachtet. Der italienischen Journalistin Marina Pino erzählte sie damals voller Stolz, sie sei vom Vater wie ein Junge aufgezogen worden. Ihren abtrünnigen Sohn bezeichnete sie hingegen als „niederträchtigen Schuft und Feigling". Ganz wie ein Boss alten Stils heroisierte sie die Jahre ihrer Kindheit und Jugend und schwärmte von den glorreichen Zeiten der guten, alten Mafia. „Damals herrschte in Palermo das Gesetz. Die Mafia tötete nicht, bevor sie ganz sicher darüber war, was zu tun ist", erklärte sie der Journalistin. Die Mafia, gab sie sich fest überzeugt, regelte alles zum Guten und schaffte Frieden. Denn die handelnden Personen waren Männer, „richtige Männer", so wie ihr Vater, der „alle erzittern ließ". Angela Russo wurde als sehr entschlossene und unbeugsame Frau beschrieben, die keine Gesetze außer denen ihres eigenen Clans anerkannte. Ihrer Funktion in der „Familie" war sie sich sehr wohl bewusst. Die anfänglichen Gerüchte, sie sei eine Drogenkurierin, trafen sie in ihrer Mafia-Ehre. „Diese Anschuldigungen kann ich nicht verdauen", beklagte sie sich im Interview mit Marina Pino. „Was glauben die denn? Dass ich in Italien auf und ab gefahren bin, um Pakete von hier nach dort zu bringen? Dass ich Postdienste machte? Nein, ich habe in meinem Leben immer das Kommando über die anderen gehabt." Das, fügte sie empört hinzu, können nur „diese Richter glauben, die nichts von Gesetzen und nichts vom Leben verstehen".

Der Fall Angela Russo ist auch deshalb interessant, weil er die Frage nach der Rolle der Frauen im Rauschgiftgeschäft aufgeworfen hat. Und spätestens hier wird klargestellt: Ohne weibliche Mitarbeit hätte der Drogenhandel sicher nicht so floriert.

Im Oktober 1957 findet im Grand Hotel Et Des Palmes im Herzen Palermos ein mehrtägiger Gipfel der besonderen Art statt. Mafia-Bosse aus den USA und Sizilien treffen in den Räumlichkeiten der Luxusherberge zu einem *summit* zusammen. Sie haben große Pläne. Die neue Droge heißt Heroin und erfreut sich vor allem in Amerika großer Nachfrage. Der bisher nicht existierende Heroinhandel soll daher aufgebaut werden. Allerdings wollen die US-amerikanischen Clans das schmutzige Drogengeschäft nicht selbst durchführen. Sie haben Angst, wieder verstärkt ins Visier der Polizei zu geraten, und ziehen eine passive Rolle vor. Was also tun? Die Lösung ihres Problems sind die Cousins aus Sizilien. Die Strategie ist schnell gefunden: Die Italiener liefern die Drogen nicht nur ins Land, sie werden sie gegen Bezahlung eines prozentuellen Anteils auch selbst vor Ort vertreiben. Um angesichts üppiger Geldflüsse drohende Streitigkeiten zu vermeiden, wird in Palermo die vertikale Struktur der Mafia perfektioniert. Die Bosse beschließen die Einführung einer zwölfköpfigen sogenannten Mafia-Kommission nach amerikanischem Vorbild, die *cupola*. An ihre Spitze wird der angesehene Cianculli-Clan-Chef Salvatore Greco gewählt. Das Meeting wird zur Geburtsstunde der modernen Mafia. Gleichzeitig ist es auch der Beginn der sogenannten Pizza Connection, einer der größten Drogenringe aller Zeiten.

Ab nun schmuggelt die sizilianische Mafia harte Drogen in die USA. Als Tarnung für den transatlantischen Rauschgiftring dienen Pizzerien, die wie Pilze aus dem Boden schießen. Offiziell, um die immer größere Schar der Liebhaber italienischer Küche zufriedenzustellen, in Wirklichkeit, weil sie der perfekte Umschlagplatz für die Drogen sind. Das Heroin lässt sich gut in Tomatendosen oder in Mehlsäcken verstecken. Lange schöpft niemand Verdacht. So entsteht ein landesweites Drogenvertriebssystem, das noch einen weiteren Vorteil hat: Ein Teil des Heroingeldes kann vor Ort gleich reingewaschen werden. Der Erfolg des Heroingeschäftes entzweit jedoch die Bosse der alten und der neuen Welt. In den 1970er-Jahren bringt der Drogenhandel bereits so viel Geld für die sizilianische Cosa Nostra, dass der Friede mit den amerikanischen Kollegen bald der Vergangenheit angehört. Hunderte Millionen Dollar dürften jährlich in die Taschen der Sizilianer geflossen sein. Zu viele, geht es nach den Amerikanern. Gerade so viel wie nötig nach Meinung ihrer sizilianischen Ex-Freunde.

Für die Cosa Nostra kommt das USA-Geschäft einem Neubeginn gleich. Nach den finanziell eher dürren Nachkriegsjahrzehnten, in denen die Mafia in Sizilien ihre leeren Kassen durch spektakuläre Entführungen auffüllte, schwimmt sie nun in Geld. Dadurch gestärkt und angespornt, etabliert sie sich in den USA. Das irritiert die *cugini*, die Vettern jenseits des Ozeans zusehends. Schon seit Jahren beobachtet man sich gegenseitig argwöhnisch. Akzeptanz gab es nur im Namen des beiderseitigen Profits. Doch nun werden die Differenzen unübersehbar. Als der amerikanische Drogenboss Carmine Galante 1979 in Sizilien erschossen wird, ist das auch ein – beinahe – tödlicher Schlag für die Pizza Connection. Ende der 1980er-Jahre wird sie von der Polizei endgültig zerschlagen.

Die Beziehungen der Cosa Nostra zu den USA werden aber nie ganz abreißen.

Im Drogengeschäft ist die Cosa Nostra erfolgreicher denn je, und auch wenn die Frauen wesentlich zum Erfolg beitragen, so haben bei weitem nicht alle einen Platz auf der Kommandobrücke. Wie im Fall der „Hausfrauen von Torretta".

Im Mai 1986 halten Carabinieri-Einheiten am Flughafen Palermo – Punta Raisi drei Personen fest: Francesco Rosciglione, Ingnazio Mattiolo und dessen Ehefrau Vincenza. Die Aufmerksamkeit der Polizei gilt jedoch nicht den beiden Männern, sondern Vincenza Cali. Die 42-jährige Mutter von sechs Kindern ist gerade dabei, mit ihren Begleitern den Flug nach New York anzutreten. Die Polizisten bitten sie zur Seite, weitere Kontrollen seien nötig. Sie entdecken, was sie zu finden gehofft haben: eine Packung Heroin, drei Kilo schwer, gut unter der Kleidung der Frau versteckt.

Vincenza Cali ist nur eine von mehreren Drogenkurierinnen aus dem kleinen Dorf Torretta bei Palermo. Wie die anderen wurde sie angeheuert, weil Frauen in jenen Jahren für die Behörden im Süden faktisch unantastbar waren und damit vom organisierten Verbrechen ohne Risiko eingesetzt werden konnten. Die Mafiosi lernten ihre Ehefrauen für den Drogentransport an oder griffen auf Mütter aus ärmsten Verhältnissen zurück. So sicherten sich die Drogenbosse zweifach ab. Ein Entkommen aus den Fängen der Clans war ohnehin nicht möglich. Mit Vincenza Cali landen drei weitere Frauen im Gefängnis. Für sie selbst wäre es der zweite Drogentransport nach Amerika gewesen.

Das Procedere ist bei allen Reisen gleich. Die Frauen finden sich in einer kleinen Pension in der Nähe des palermitanischen Flughafens Punta Raisi ein. Dort übernehmen sie das Heroin, verstecken es in der Unterwäsche oder in einem Bauchgürtel – manch eine gab später bei den Kontrollen vor, schwanger zu sein – und besprühen sich großzügig mit Parfum. „Chanel Nr.5", gibt eine der Frauen später zu Protokoll. Der edle Duft sollte ihnen nicht nur ein elegantes und sicheres Auftreten verleihen, er sollte in erster Linie die auf das Aufspüren von Drogen abgerichteten Hunde in die Irre führen.

Auch das Reisepaket war für alle gleich: ein achttägiger New-York-Aufenthalt mit Unterbringung in einem guten Hotel samt touristischem Angebot nach erledigtem Auftrag. Gleich nach der Ankunft muss das Heroin an die jeweiligen Mittelsmänner übergeben werden. Die Frauen nehmen den Gegenwert in Hundert-Dollar-Bündeln entgegen. Wieder zurück in Palermo, händigen sie ihren Auftraggebern die Geldbündel aus und kassieren ihren Anteil. Rund 20 Millionen Lire erhalten die Frauen – so später der Staatsanwalt – pro Reise als Lohn. Sie selbst behaupten jedoch, immer wieder übers Ohr gehauen worden zu sein. In vielen Fällen seien sie leer ausgegangen. Ein Jahr nach ihrer Festnahme werden die Frauen zu fünf beziehungsweise sechs Jahren Haft verurteilt. Auf die Frage, warum sie sich darauf eingelassen haben, antwortet eine: „Sie sagten, du bist eine Frau, dir kann nichts passieren. Du hast mit dem Geschäft nichts zu tun. Du tust uns nur einen Gefallen."

Die Aufdeckung der weiblichen Kuriere führt zwei Jahre später zu groß angelegten Ermittlungen, die unter dem Namen „Operation Iron Tower" in die Justizgeschichte eingingen. Die Untersuchungen leitet der berühmte Anti-Mafia-Richter Giovanni Falcone. Sein amerikanisches Pendant dabei war der spätere Bürgermeister von New York, Rudolph Giuliani. Hunderte Drogenhändler und noch mehr Kuriere werden in beiden Ländern

5. November 2007: Nach einem knappen Vierteljahrhundert auf der Flucht wird Salvatore Lo Piccolo, „capo dei capi", in der Nähe von Palermo verhaftet

Corleone, die Heimat des langjährigen Superbosses der Cosa Nostra, Totò Riina, und seiner Ehefrau, Ninetta Bagarella

Giovanni Falcone, berühmtester Mafia-Jäger Italiens und Symbolfigur im Kampf gegen das organisierte Verbrechen

23. Mai 1992: Giovanni Falcone wird zusammen mit seiner Ehefrau Francesca Morvillo und drei Leibwächtern durch eine 500 kg schwere Bombe auf der Autobahn bei Capaci nahe Palermo ermordet

WANTED

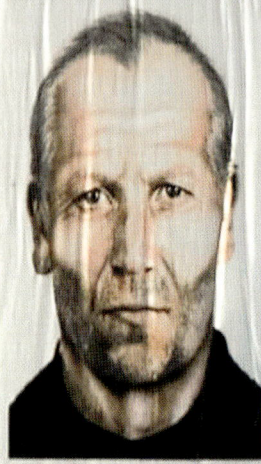

Bernardo Provenzano

Conviverci non è un obligo!
Non aver paura, denuncia la mafia!

La mafia infanga Bagheria

WANTED

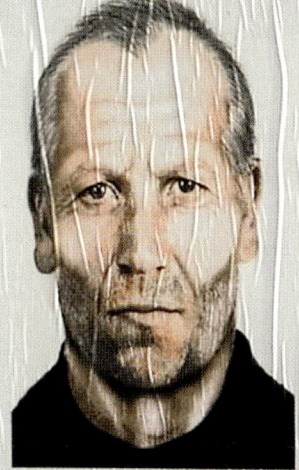

Bernardo Provenzano

Conviverci non è un obbligo!
Non aver paura, denuncia la mafia.

La mafia infanga
Bagheria

Da es von Bernardo Provenzano nur Jugend-
fotos gab, wurde auch mittels Phantombildern
Jagd auf ihn gemacht

CARABINIER

Nach seiner Verhaftung im April 2002 wurde Mafia-Boss Antonino „Nino" Giuffrè zu einem der wichtigsten „pentiti" seit Tommaso Buscetta Mitte der 1980er-Jahre verhaftet. Noch 2011 kam es unter der Chiffre „Iron Tower" zu Gerichtsverhandlungen. Die Drogengeschäfte haben ein langes juristisches Nachspiel.

VON DER DROGENKURIERIN ZUR FINANZBERATERIN

Frauen haben im „Unternehmen Mafia" schon immer eine wesentliche Rolle inne. Verstärkt hat sich diese Bedeutung mit dem Ausbau des Drogenmarktes und den daraus resultierenden Gewinnen. Frauen sind ab diesem Zeitpunkt nicht mehr nur als unverdächtige Helfershelferinnen gefragt, sondern gewinnen immer mehr an Einfluss innerhalb der Organisation. Die riesigen Einkünfte aus dem Heroingeschäft stellen die Bosse nun vor die Frage, wie sie dieses Geld gewinnbringend und langfristig investieren können. Und vor allem: Wie kann es reingewaschen werden? Wieder einmal sind neue Strategien gefragt, und wieder einmal zeigt das organisierte Verbrechen, wie anpassungsfähig es ist.

Die Mafia baut nicht nur ihre Präsenz im boomenden Immobilienmarkt aus, sie begibt sich auch auf ein bisher unbekanntes Terrain: Sie entdeckt die Geldgeschäfte und macht sich dieses äußerst lukrative Geschäftsfeld für ihre Zwecke zunutze. So wächst mit dem Entstehen der geheimen sizilianischen Heroinlabors auch die Anzahl der Bankfilialen auf der Insel. Die Geschäfte florieren. Geld bringt wieder Geld. In der Folge entwickelt sich die Cosa Nostra immer mehr zur weltweit agierenden „Mafia SPA", zur „Mafia AG". Die setzt laut italienischer Nationalbank Milliarden um, die sie somit dem Staat entzieht. Experten der Banca d'Italia schätzen aktuell den Anteil der „kriminellen Wirtschaft des organisierten Verbrechens" auf 10,9 Prozent des italienischen Bruttoinlandsproduktes.

Dabei kommt die Unterstützung von Frauen mehr als recht. Die sich verändernden gesellschaftspolitischen und ökonomischen Umstände führen auch zu einer gewissen Emanzipation im organisierten Verbrechen. Nicht mehr die einfache Hausfrau, sondern die Frau mit einer höheren Schulbildung, oder sogar Universitätsabschluss, ist nun gefragt. Frauen, die sich in Finanzbelangen, Steuerfragen oder bei Rechtsproblemen auskennen. Cinzia Lipari gehört zu jener Kategorie von Frauen. Als *colletto bianco*, als Täterin, die sich nicht direkt die Hände schmutzig macht, beschreibt Staatsanwalt Michele Prestipino im Gespräch die Rechtsanwältin, die er 2002 mehrmals einvernommen hat. Vierzig Jahre war Cinzia Lipari damals alt, verheiratet und Mutter von zwei kleinen Kindern. Im Untersuchungshaftbefehl vom 22. Jänner 2002 wird „die Anwältin Cinzia Lipari" als enge Mitarbeiterin ihres Vaters dargestellt, die sich in dieser Funktion mit der Verteilung und Verwaltung jener „Güter und Erträge" befasste, „die auf den flüchtigen Provenzano und die Corleonesi rückführbar sind" und ursprünglich von ihrem Vater verwaltet wurden.

Geboren wurde Cinzia 1962. Ihre Familie zählt zum Kreis des angesehenen Bürgertums von Palermo. Vater Giuseppe Lipari ist Geometer bei der ANAS, einer dem Infrastrukturministerium unterstehenden Aktiengesellschaft für das Straßennetz. Dieser angesehene Arbeitsplatz dient in Wirklichkeit aber nur als Tarnung für das, was Giuseppe Lipari wirklich betreibt: die Geschäfte der Cosa Nostra.

Schon in den 1970ern arbeitet der Geometer für Gaetano Badalamenti, einen der Drahtzieher der Pizza Connection. Als der Pate aus Cinisi bei seinen Verbündeten in Ungnade fällt und

Italien Richtung Amerika verlässt, bietet Giuseppe Lipari seine Dienste dem neuen Boss aus Corleone an: Bernardo Provenzano. Lipari nützt seine Funktion in der ANAS und knüpft beste Beziehungen zu allerhöchsten Beamtenkreisen in Rom sowie zu Politikern regionaler und nationaler Provenienz. Das ist der Beginn einer kriminellen Karriere, an deren Ende er als „Finanz- und Wirtschaftsminister" – sowie als politischer Berater – des Jahrzehnte im Untergrund lebenden Bernardo Provenzano angesehen wird.

Lipari gilt in jenen Jahren als der *signore degli appalti*, als Herr über die Vergabe öffentlicher Aufträge. Wer in Sizilien etwas bauen und errichten will, bekommt es mit ihm zu tun. Der Ökonom des organisierten Verbrechens ist omnipräsent, hält pünktlich die Hand auf und lässt damit die Kassen der Cosa Nostra klingeln. Doch der findige Kopf gibt sich nicht mit althergebrachten Mafia-Domänen zufrieden. Er ist ständig auf der Suche nach neuen Einnahmequellen und wird mehr als einmal fündig. Lipari entdeckt begehrtes Neuland für die sizilianische Mafia und damit auch für sich: den Gesundheitssektor. In der Folge gründet er gleich mehrere Betriebe, deren Aufgabe die Lieferung von Medizingeräten und Medizinprodukten ist. Ein profitables Familienunternehmen im doppelten Sinn des Wortes, denn er beteiligt auch seine Ehefrau Marianna und eine Schwägerin daran. Alles sollte so natürlich wie möglich aussehen und so viel Geld wie möglich einbringen. Dank dieser Tätigkeiten verfestigt Giuseppe Lipari die für seine illegalen Geschäfte notwendigen Kontakte zu Unternehmerkreisen. Gleichzeitig macht er sich auch Freunde in einem noch wichtigeren Sektor: der Justiz. Provenzanos ökonomischer Arm versteht sich nicht nur auf Wirtschaftsbeziehungen, sondern ist auch im weiten Feld der Korruption zuhause. Von einem Oldtimer ist in den Zeitungsartikeln im Jahr seiner Verhaftung die Rede, den der Mafia-Verbindungsmann einem Kassationsrichter angeboten haben soll. Auch einen Jaguar hat Lipari verschenkt. Empfänger ist ein hoher Justizbeamter. Der teure Wagen diente dazu, einen Rekurs beim Höchstgericht zu beschleunigen. Das ist das Umfeld, in dem Cinzia aufwächst. An Geld mangelt es nicht. An Zuwendung auch nicht. Im Gegensatz zu vielen sizilianischen Familien ihrer Generation legen ihre Eltern großen Wert auf ein Universitätsstudium. Ihr Bruder Arturo studiert Architektur, Cinzia entscheidet sich für das Studium der Rechtswissenschaften. Es ist ein strenges Elternhaus, gibt sie später dem Staatsanwalt Einblick in ihr Leben, das von Kindesbeinen an stark vom Vater geprägt war. Er war der *padre-padrone*, der absolute Herr im Haus. „Ich wurde streng katholisch erzogen und ich stellte wenige Fragen. Ich verstand auch so und führte aus. Meine Eltern lehrten mich, die Gebote zu befolgen, vor allem: Ehre deinen Vater und deine Mutter."

Bereits mit 22 Jahren – kommen die Richter im Untersuchungshaftbefehl zum Schluss – ist Cinzia in die Geschäfte ihres Vaters involviert. Schon damals „setzte sie sich mit den zahlreichen Gesellschaften der Provenzano-Gruppe auseinander" und war in vielen Fällen „die Ansprechpartnerin bei den Telefongesprächen von und zu den jeweiligen Unternehmen der Mafia-Vereinigung". Sie betreut das Immobilienimperium der Corleonesi, hält mit den Strohmännern Kontakt und sorgt dafür, dass die Mieteinnahmen auch tatsächlich zum richtigen Adressaten nach Corleone kommen. „Geldbündel, deren Wert auch hundert Millionen Lire überschreiten konnte", sagt Michele Prestipino.

Während der Vater im Gefängnis sitzt, übernimmt die Tochter seine Aufgaben als wirtschaftlicher Leiter der Mafia und seine

Verteidigung. Sie besucht ihn im Gefängnis und setzt dabei bewusst ihre Sonderstellung als Anwältin ein. In den Akten der Verteidigung, die nicht von den Sicherheitskräften kontrolliert werden, versteckt die Juristin *pizzini*, die sie ins Gefängnis hinein- und aus der Haftanstalt herausschmuggelt. So erreicht sie, dass die Kommunikationskette mit dem Boss der Bosse weiter reibungslos funktioniert. Cinzia bleibt auch für dessen Strohmänner sowie für andere inhaftierte Komplizen eine sichere Anlaufstelle. Dank ihrer Profession und ihres Geschlechts gilt sie in den Augen der Behörden lange Zeit als unverdächtig und kann ungehindert agieren. Dank ihrer strafrechtlichen Erfahrung weiß sie auch besser als andere Frauen aus Mafia-Familien, wo die Gefahren im Gefängnis lauern. Sie instruiert ihre Angehörigen, auf Wanzen und Videokameras zu achten. Cinzias Funktion geht dadurch weit über die sonst für Frauen typischen Botendienste hinaus. Sie ist Teil des operativen Geschäfts.

Im Gegensatz zu ihrem Bruder, der vor allem für Handlangerdienste eingesetzt wird, gilt Cinzia aufgrund ihres sicheren Auftretens und ihrer unternehmerischen Qualitäten als Einzige, die in der Lage ist, die Geschäfte des Vaters weiterzuführen. In einem von der Polizei aufgezeichneten Gespräch attestieren ihr beide Elternteile auf etwas deftige Art, sie sei der „Mann in der Familie".

Als Cinzia – wie auch der Rest der Familie, einschließlich Ehemann – verhaftet wird, schweigt sie zuerst. Erst nach mehreren Monaten im Gefängnis entscheidet sie sich, mit der Justiz zusammenzuarbeiten. Knapp ein halbes Jahr später beschließt auch ihr Vater, mit der Justiz zu kooperieren. Bis zur Verhaftung von Bernardo Provenzano werden noch knapp dreieinhalb Jahre vergehen.

MADRE E MOGLIE -
EHEFRAU UND MUTTER

ANTONIETTA BAGARELLA

Als die Polizei im November 2007 das Haus, in dem sie Salvatore Lo Piccolo festgenommen hat, Millimeter für Millimeter durchsucht, findet sie neben Waffen und dem Geheimarchiv des Paten – mit unter anderem den zehn Geboten der Mafia – auch ein ganz besonderes Set: das Instrumentarium für die *punciuta*, den alten Initiationsritus der Mafiosi. Es sind wenige, doch symbolträchtige Gegenstände einer Zeremonie, die die Ermittler längst vergessen glaubten: eine Nadel, ein Madonnenbild, eine Formel.

In die Mafia kann nur jemand aufgenommen werden, der über lange Zeit geprüft und dem jeweiligen Boss von einem eingeschworenen Mitglied empfohlen worden ist. Die „Ehrenwerte Gesellschaft" spricht sogar von „Taufe", um die Bedeutung dieser „heiligen Handlung" zu unterstreichen. Wie ein Taufpate steht der Lehrmeister deshalb dem Neuling bei der Aufnahme zur Seite, die unter strengster Geheimhaltung an einem unbekannten Ort stattfindet.

Mit einer Nadel oder einem Dorn der Bitterorange wird dem Anwärter in den Zeigefinger gestochen. Das Blut steht für

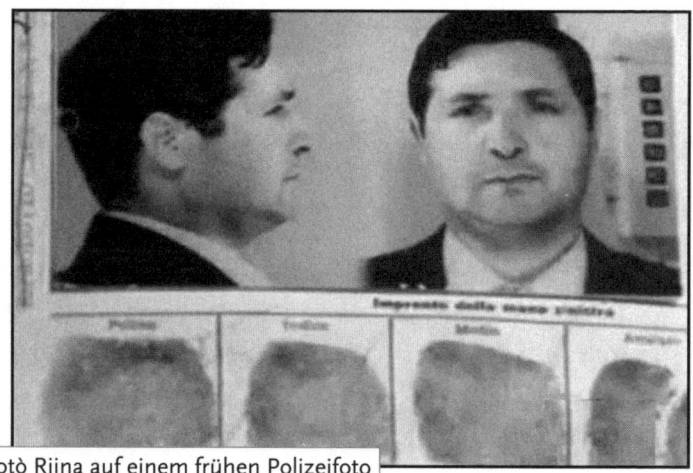

Totò Riina auf einem frühen Polizeifoto

Leben und Tod und die unauflösbare Verbindung mit der Organisation. Langsam tropft die rote Flüssigkeit auf eine Mariendarstellung. Wenn genug Blut auf das Bildnis der Verkündigungsmadonna geronnen ist, wird es angezündet. Der neue *affiliato* spricht die vorgesehene Formel: „Ich schwöre der Cosa Nostra treu zu sein. Sollte ich sie jemals verraten, soll mein Fleisch brennen, so wie dieses Bildnis brennt." Eine offizielle Aufnahme in die Cosa Nostra ist für Frauen nach wie vor nicht vorgesehen. Die sizilianische Mafia bleibt weiterhin eine vertikal aufgebaute und von Männern dominierte Organisation. Frauen nehmen dennoch, trotz aller Klischees, von Anfang an eine Schlüsselrolle in den Familien ein. Ihre erste und wichtigste Aufgabe war – und ist in vielen Fällen immer noch – die Erziehung der Kinder. Und zwar „gemäß gesunden Prinzipien, mit denen ihnen der Respekt gegenüber den wahren Institutionen eingeflößt wird, auf denen eine ehrliche und würdevolle Gesellschaft aufgebaut werden muss". So formuliert es Antonietta Bagarella 1996 in einem offenen Brief an die Tageszeitung „La Repubblica". Zu diesem Zeitpunkt ist sie seit 22 Jahren die angetraute Ehefrau von Totò Riina und seine größte Stütze. Ohne die bedingungslose Weitergabe dieser „Prinzipien" wäre ein Weiterbestehen der Cosa Nostra nicht möglich.

Das Jahr 1993 beginnt für die Mafia-Jäger in Palermo mit einem langersehnten Erfolg. Am 15. Jänner verhaften sie den seit Jahrzehnten im Untergrund lebenden Superboss Totò Riina, den damals wohl gefährlichsten und blutrünstigsten Paten Italiens. Bereits mit neunzehn Jahren hat er seinen ersten Mord begangen. Mit bloßen Händen soll er einen Mann aus seinem Dorf erwürgt haben. 48 Stunden nach der Verhaftung kehrt seine Frau mit ihren vier Kindern nach 19 Jahren im Untergrund in ihren Heimatort Corleone zurück.

Antonietta Bagarella wird 1944 geboren. Vierzehn Jahre nach Totò Riina. Die Häuser der beiden Familien sind in Corleone nur einen halben Kilometer voneinander entfernt. Doch nicht nur der Ort verbindet die Clans. Es ist die Mafia, die sie als unsichtbares und untrennbares Band vereint.

Ninetta, wie Antonietta in der Familie und später auch von den Medien genannt wird, wächst wie die meisten Mädchen ihrer Zeit und ihres Milieus auf. Eltern und Brüder bewachen sie streng. Das Haus verlässt sie meist nur, um in die Schule zu gehen. Je älter sie wird, umso strenger wird sie überwacht. Jeder ihrer Schritte wird mit Argusaugen verfolgt. So verlangt es die Erziehung. So verlangt es aber auch das mafiöse Eigenverständnis. Mädchen sind Teil des Kapitals der Familie und ihr höchstes Gut. Die Jungfräulichkeit muss so lange gewahrt bleiben, bis die Familie den richtigen Ehemann ausfindig gemacht hat. Und der richtige ist immer ein Mann aus dem Mafia-Milieu.

Anders als die meisten ihrer Altersgenossinnen besucht Ninetta nach der Grundschule das Gymnasium der Kleinstadt Corleone. Das Mädchen mit den dunklen Augen und dem rabenschwarzen Haar ist begabt, wissbegierig und intelligent. Den Wunsch, an der Universität von Palermo zu studieren, kann sie nicht realisieren. Sie macht jedoch eine Ausbildung zur Lehrerin und schließt diese mit einem Diplom ab. Der Beruf kommt später ihren im Untergrund aufwachsenden Kindern zugute.

Ninetta hat den Ruf, über eine große Portion an Selbstbewusstsein und Durchsetzungsvermögen zu verfügen. Sie ist stolz auf ihre Familie und die Mafia-Karriere ihrer Brüder. Schon mit dreizehn Jahren lernt sie den damals 27-jährigen Totò Riina kennen. Auf dem Heimweg von der Schule, die Bücher unter den Arm geklemmt, soll sie von den Augen des erwachsenen Mannes verzückt gewesen sein. Die spätere Verbindung mit dem aufsteigenden Mafia-Boss trägt alle Merkmale einer arrangierten Mafia-Ehe. Ninetta selbst legt jedoch Wert darauf, dass sie und der äußerlich unscheinbare Bauernsohn aus Liebe zusammen sind. Schon mit dreizehn habe sie sich in ihn verliebt, betont sie immer wieder.

Die Hochzeit findet 1974 im Geheimen statt. Der Traum von einer großen Feier mit Verwandten, Freunden, Musik und Tanz bleibt für sie unerfüllt. Denn Totò Riina wird schon damals von

Antonietta Bagarella (l.) mit ihrer Schwester

der Polizei gesucht. Ihr „Schattenbräutigam", der bereits 1963 einmal verhaftet worden ist, lebt inzwischen in einem Versteck. Die junge Ninetta geht ganz in ihrer Rolle auf. Lange vor der Verehelichung gibt sie bereits gekonnt und überzeugend die perfekte Mafia-Braut. Sie ist informiert, kennt die Aktivitäten Riinas – wie auch die ihrer Brüder – und arbeitet marketingmäßig am Image ihrer Familie mit. Ungewöhnlich für eine Frau ihrer Herkunft, äußert sie sich immer wieder öffentlich, ohne jedoch die Gesetze der Omertà zu verraten. Im Gegenteil. Mit ihren Aussagen über ihren Verlobten versucht sie vielmehr, seine Spuren zu verwischen. So gerät Ninetta immer mehr ins Visier der Polizei. Und gleichzeitig in das der Medien.

Nur eine Frau, die Liebt

1971 steht Antonietta Bagarella vor Gericht. Die Anklage wirft ihr vor, beste Beziehungen in höchste Mafia-Kreise zu haben und ihren flüchtigen Verlobten als Komplizin zu decken. Doch „die Volksschullehrerin", wie sie ab nun von den Zeitungen apostrophiert wird, hat nicht die leiseste Absicht, klein beizugeben. Schon im Vorfeld des Prozesses kündigt sie kämpferisch an, sie werde die Richter widerlegen. Ihr Auftritt im Gerichtssaal sorgt dann tatsächlich für Verblüffung. Eine ganze Stunde spricht die redegewandte junge Frau. Sie zerpflückt ein richterliches Argument nach dem anderen, widerlegt geschickt von der Justiz präsentierte Fakten und spielt souverän auf dem Klavier großer Emotionen. „Sehen Sie mich an: Ich soll eine Mafia-Frau sein?", wendet sie sich an den Gerichtssaal. „Ich bin nur eine Frau, die liebt. Und die Liebe achtet nicht auf die Umstände." Sätze wie diese machen Ninetta berühmt und die Verhandlungen werden von Reportern und Journalisten gestürmt. Die hübsche Ninetta wird über Nacht zu einer Art Shootingstar. Der Staatsanwalt lässt sich allerdings nicht von den wohlgesetzten Sätzen der jungen Frau beeindrucken. Er plädiert für „vier Jahre Verbannung an einen Ort in Norditalien". Nie zuvor ist eine solche Strafe für eine Frau beantragt worden. Die Forderung des Staatsanwaltes wird von den Richtern letztlich auf zweieinhalb Jahre „Sonderüberwachung" herabgesetzt. Gleichzeitig sprechen die Richter ein absolutes Verbot aus: Antonietta darf in dieser Zeit weder Vater noch Brüder noch ihren Verlobten treffen.

Dem Mafia- und Gerichtsreporter Mario Francese, der acht Jahre später brutal ermordet wird, erzählt Ninetta im Sommer 1971 ihre Version der Geschichte. Die damals 27-Jährige spricht von ihrer Beziehung zu einem Mann, „der unschuldig ist". Mit viel psychologischem Gespür zeigt sie sich als leidende Liebende, die von ihrem Verlobten seit zwei Jahren keine Nachricht erhält und „deswegen sogar an seiner Liebe zweifelt".

1969, erzählt sie, hat Totò sich mit ihr offiziell verlobt. Riina

Polizeikontrolle an der Ortseinfahrt von Corleone

war gerade aus dem Gefängnis in Palermo entlassen worden und kam zur Verlobung nach Corleone. Am Tag darauf verschwand er. Seitdem habe sie jeden Kontakt zu ihm verloren. Ninetta fühlt sich, gibt sie dem Reporter zu verstehen, von den Behörden verfolgt. Sie beklagt sich, ständig überwacht zu werden. Außerdem sei ihr die Genehmigung zu unterrichten entzogen worden.

Nach dem Urteil zieht sich Ninetta nach Corleone zurück. Mario Francese folgt ihr, wie viele andere Journalisten auch, in ihren Heimatort. „Chronikreporter, die die brütende Hitze auf sich nehmen, in der Hoffnung, mit der Volksschullehrerin sprechen zu können", schreibt er am 6. August in einem Artikel für die Tageszeitung „Il Giornale di Sicilia". „Lange warten sie in der Via Scorsone, auf dem heißen Straßenpflaster, das von Eselskot verunreinigt ist, dem üblen Geruch ausgesetzt, der aus den Ställen herausdringt, die sich im Erdgeschoss der Häuser befinden." Sie warten ohne Erfolg. Die Volksschullehrerin lässt sich nicht blicken. Manch einer vermutet, sie hinter den geschlossenen Fensterläden erspäht zu haben.

Die Mafia, sagt sie im selben Jahr an anderer Stelle, existiere nicht. Sie sei eine Erfindung der Journalisten, die dazu diene, mehr Zeitungen zu verkaufen.

1974 beschäftigt sich die Justiz erneut mit Ninetta Bagarella. Die Nachricht von der geheimen Hochzeit am 16. April erreicht auch die Ermittler. Dem Gericht sind aber letztlich die Hände gebunden. Ninettas Anwälte können nachweisen, dass ihre Mandantin nicht verheiratet ist. Als Beweismittel legen sie einen aktuellen Auszug aus dem Bürgerregister Corleones vor. Unter der Spalte Familienstand ist dort „ledig" zu lesen. Ninetta selbst ist zu diesem Zeitpunkt nicht anwesend. Sie ist „auf Hochzeitsreise", schreibt Mario Francese im Dezember 1974.

Ninetta und Totò haben in einer Villa eines Freundes kirchlich geheiratet. Den Segen für den Bund des Lebens erhalten sie von

einem befreundeten Pfarrer: Don Agostino Coppola, dem Beicht-
vater der Corleoneser. Einige Jahre später wird Don Agostino seines Priesteramtes enthoben. Der umtriebige Geistliche war in eine
von der Mafia in Auftrag gegebene Entführung verwickelt. Drei-
zehneinhalb Jahre Haft und eine Geldstrafe von 750 Millionen Lire
lautet das irdische Urteil, das auch das Ende seiner Priesterlauf-
bahn bedeutet.

Doch an diesem Tag im Jahre 1974 leitet der Mafia-Geistliche die
Hochzeitsfeierlichkeiten im engsten Kreis der Brautleute. Aus Si-
cherheitsgründen sind nur Familienmitglieder und ganz wenige
Freunde in das von Pinien umgebene Anwesen in Meeresnähe ge-
laden. Einer von ihnen ist „U' Tratturi", der wegen seiner Grausamkeit „Traktor" genannte Bernardo Provenzano. Auch er lebt, wie
der Bräutigam selbst, im Untergrund.

Das frisch getraute Paar wird mitten in Palermo Quartier beziehen.
Und dort jahrelang im Untergrund leben. Die Eheschließung lassen sie erst zwei Jahrzehnte später von den staatlichen Behörden
registrieren. Nach der Verhaftung des Superbosses.

Ein Jahr nach der Hochzeit wird die älteste Tochter, Maria Concetta, geboren. Drei weitere Kinder folgen: die Söhne Giovanni und
Giuseppe sowie Tochter Lucia. Zur Entbindung begibt sich Ninetta
jedes Mal in eine bekannte palermitanische Klinik. Die Kinder er-
blicken im Geheimen das Licht der Welt, werden jedoch regulär
registriert.

Ninetta ist ab nun ganz Ehefrau und Mutter. Die Familie ist für sie
alles. Doch Familie bedeutet Blutsbande und Mafia. In diesem Sinne erzieht die Ehefrau des Paten ihre Kinder. Beide Söhne werden
später wegen Zugehörigkeit zur Mafia angeklagt und verurteilt.
Giovanni erhält für mehrfachen Mord mit nur 25 Jahren eine le-
benslängliche Freiheitsstrafe. Sein jüngerer Bruder Giuseppe Salvo
wird später ebenfalls eingesperrt.

Als Ninetta 1993 nach 19 Jahren im Untergrund nach Corleone zurückkehrt, beschreiben sie italienische Reporter als „gealtert, müde und mit abgeschlagenem Gesichtsausdruck". Der örtlichen Polizei, die im Rahmen einer Kontrolle an die Tür ihres Hauses in der Via Scorsone klopft, öffnet „eine einfach gekleidete, ungeschminkte und vom Schicksal gezeichnete Frau". Neben ihr die vier Kinder in Jeans, Tennisschuhen und Pullover. Lucia, die Jüngste, ist erst dreizehn Jahre alt. Die Älteste der Geschwisterreihe, Maria Concetta, ist 18. Den Polizisten bestätigt Ninetta, die vergangenen Jahre an der Seite ihres Mannes gelebt zu haben. Sie teilt ihnen mit, mit ihren Kindern ab nun in Corleone bleiben zu wollen. Über ihren Mann sagt sie: „Er ist nicht das Monster, als das ihr ihn beschrieben habt."

Ab nun schickt die ausgebildete Lehrerin ihre Kinder offiziell in die Schule. Die Älteste ins Gymnasium, die beiden Brüder in ein Technikinstitut und die Kleinste in die *scuola media*. Das Wichtigste ist eine Universitätsausbildung, wird die damals 50-Jährige zitiert. „Nur ein Universitätsabschluss macht wirklich frei." Als ihre beiden Söhne die Schule abbrechen, spricht sie von einem großen Schmerz. Um ihre Kinder zu schützen, geht sie wieder mehrmals an die Öffentlichkeit. Sie fordert für sie ein normales Leben, fernab der Scheinwerfer und „des krankhaften Interesses des Chronikjournalismus". Immer wieder pocht sie auf den Wert der Familie. „Wir haben unsere Kinder erzogen, indem wir große Opfer auf uns genommen haben. Der Respekt gegenüber anderen ist die Maxime der Familie Riina." Was immer sie damit gemeint haben mag: Die Söhne haben den Weg des Vaters eingeschlagen.

STAAT-MAFIA-PAKT?

Antonietta Bagarella ist nie ganz aus den Medien verschwunden. Ihr facettenreicher Charakter und ihr ungewöhnlicher Lebensweg haben zu Erzählungen und Drehbüchern inspiriert. 2007 geht eine sechsteilige Fernsehserie auf Sendung. Ausgestrahlt wird die zur Romanze verklärte Familiengeschichte von Canale5, einem Kanal des Berlusconi-TV-Imperiums. Die Serie mit dem Titel „Il capo dei capi" – „Der Boss der Bosse" – erzählt das Leben Totò Riinas und seiner Frau. Beim Publikum findet das Dokudrama großen Anklang. Mafia-Experten kritisieren die Darstellung des Clans, weil sie die brutale Realität beschönige. Aber auch Ninetta bringt eine Anzeige ein. Sie sieht ihren Ruf durch einige Szenen schwer beschädigt. Besonders an einer Episode nimmt sie Anstoß, eine Szene, in der Ninetta sich zu Gericht begibt, um gegen Maßnahmen, die sich gegen sie richten, Beschwerde einzulegen. Gleichzeitig lässt ihr Mann eine Frau und deren kleines Kind entführen, um Druck auf die Justiz auszuüben. Das sei diffamierend, hält die Ehefrau des Bosses fest, auf dessen Konto zahllose Morde gehen und der insgesamt zehnmal zu lebenslanger Haft verurteilt worden ist.

Wie gefährlich Totò Riina immer noch ist, macht ein schockierendes Video aus dem Gefängnis deutlich, das Anfang des Jahres 2014 veröffentlicht worden ist. Die Aufnahmen der Überwachungskamera aus dem Herbst 2013 zeigen den inzwischen fast 84-jährigen und durch Krankheit geschwächten Paten, wie er in einem kleinen Hof auf und ab geht. Richtmikrofone fangen das Gespräch mit dem zweiten Häftling ein, der seine Zeit des „Ausgangs" mit ihm verbringt. Er habe noch immer Lust, „den Staat erzittern zu lassen", ist Riina zu hören. „Ich bin ein gefährlicher Feind gewesen", sagt er zu Alberto Lorusso, einem Boss der apulischen Mafia Sacra Corona Unita. „Sie dachten, ich sei nur ein kleiner Analphabet, aber ich bin in Form und weiß, was zu tun ist."

Klar und eindeutig sind seine Drohungen zu vernehmen. Allen voran die Aussage, Staatsanwalt Nino Di Matteo ermorden zu lassen. „Ich sorge dafür, dass er ein schlimmeres Ende als Falcone nimmt", betont Riina in Erinnerung an das verheerende Sprengstoffattentat auf den Richter im Jahr 1992. Jetzt verlangt der Ex-Boss der Bosse den Kopf jenes Juristen, der eines der komplexesten und dunkelsten Kapitel der italienischen Geschichte der vergangenen zwei Jahrzehnte untersucht. Nino Di Matteo geht der Frage nach, ob der Staat nach den blutigen Angriffen der Cosa Nostra in den 1990ern einen Pakt mit der Mafia eingegangen ist. Mit anderen Worten: Hat der Staat der Mafia Hafterleichterungen und teilweise Schutz versprochen, damit die Attentatsserie aufhört?

Der mögliche Staat-Mafia-Pakt ist eine umstrittene Causa, die seit Jahren die Gerichte beschäftigt. Staatsanwalt Di Matteo ist davon überzeugt, dass der italienische Staat der Cosa Nostra Zugeständnisse gemacht habe. Tatsache ist, dass die Anschlagsserie plötzlich aufhörte. Für Totò Riina selbst ist die Angelegenheit schlecht ausgegangen. Er wurde verhaftet, wahrscheinlich aufgrund von Verrat. Dadurch kam sein interner Gegenspieler, Bernardo Provenzano, zum Zug. Der „Traktor" hatte inzwischen seine Strategie geändert. Er legte den militärischen Flügel der Cosa Nostra lahm und baute das Wirtschaftsunternehmen Mafia aus. Große Geschäfte statt Morde hieß nun die Devise. Die Tatsache, dass Provenzano bis 2006 ungehindert in seinem Versteck leben konnte, wirft viele Fragen auf, die bis heute nicht geklärt sind. Staatsanwalt Di Matteo, der nun unter strengsten Sicherheitsvorkehrungen lebt, hat in der Causa Staat-Mafia eine lange Liste von Zeugen, die er dazu einvernehmen möchte. Der wohl prominenteste ist Staatspräsident Giorgio Napolitano.

Welche Rolle Ninetta in all diesen Entwicklungen spielte und was sie tatsächlich weiß, ist bislang nicht bekannt. Sicher ist nur, dass ihre Familie enge Beziehungen zu Apulien hat. Seit 2011 lebt ihre ältere Tochter in San Pancrazio bei Brindisi. Im Mai dieses Jahres nimmt die Großmutter an der Erstkommunion eines Enkels teil. Die Familienfeier bleibt den lokalen Medien nicht verborgen. Das Interesse der Justiz weckte jedoch ein anderer Besuch in Apulien.

Im Sommer 2013 machte Ninetta einen Höflichkeitsbesuch bei Mimina Biondi, der Frau des Gründers der Sacra Corona Unita, Giuseppe Rogoli. Kein Zufall, meinen die Experten. Ist doch Rogoli, der dreimal zu lebenslanger Haft verurteilt wurde, ein alter Mafia-Kollege von Alberto Lorusso, der Riina bei seinen Gefängnisspaziergängen begleitet. Hier scheint sich der Kreis zu schließen. Und die Angst, das kleine apulische Dorf könnte zu einer Mafia-Drehscheibe werden, ist groß.

Giuseppe Rogoli, Gründer der Sacra Corona Unita

MADRE CORAGGIO –
MUTTER COURAGE

FELICIA IMPASTATO

Das Konzept der Mutter geht in der Mafia weit über die in den meisten Kulturen gültigen Werte hinaus. Die Mutter ist nicht alleine die Erzieherin ihrer Kinder, denen sie die „gesunden Prinzipien" der Cosa Nostra wie Ehre, Rache und Omertà vermittelt, auch die Organisation selbst sieht sich als Urmutter, als „Grande Madre", betont Teresa Principato, Staatsanwältin in Palermo. Ähnlich wie die großen mythologischen Mutterfiguren gibt die Mafia vor, ihre Mitglieder in ihrem schützenden Schoß aufzunehmen. Sie sieht sich als die einzig wahre Familie und steht daher auch über dem Staat. Wer sie verrät – wie im Falle der sogenannten *pentiti* –, wird deshalb nicht nur von der Mafia verfolgt, sondern oft sogar von den eigenen Frauen und Müttern verstoßen.

Aufsehen erregte der Fall zweier Mafia-Ehefrauen, Giuseppina Spadaro und Angela Marino, die angesichts ihrer vor der Justiz reuigen Männer 1995 die italienische Nachrichtenagentur Ansa anriefen. „Es wäre besser gewesen, man hätte sie umgebracht. Besser tot als *pentito*", sagten sie dem diensthabenden Journalisten. Und Giusy Spadaro fügte hinzu: „Meinen drei Kindern habe ich gesagt, ihr habt keinen Vater mehr. Verleugnet ihn, vergesst ihn." Die beiden Männer hatten mit ihren Aussagen zur Verhaftung des Bruders von Ninetta Bagarella beigetragen. Andere Frauen stellen die Mafia sogar über die Liebe zu ihren Kindern. Mariana Bruno trat, als sie von der Kollaboration ihrer Söhne mit der Justiz erfuhr, vor die Presse und erklärte, sie möchte ihre Söhne nie mehr wiedersehen. Luigina Maggi ließ selbst ihren eigenen Sohn für immer zum Schweigen bringen. Durch seine Aussagen war Enrico zur Gefahr für die Familie geworden. Enrico, ein *boss pentito*, hatte auf zwölf VHS-Kassetten seine Beichte aufgezeichnet und jede Menge Geheimnisse verraten. In den Augen der Familie hatte er durch diesen unverzeihlichen Verstoß gegen die Regeln der Cosa Nostra das Recht auf Leben verwirkt. Gemeinsam mit ihrem Mann beschloss Luigina Maggi, Enrico beseitigen zu lassen. Den Mord führte ihr jüngerer Sohn aus. Er gab die tödlichen Schüsse auf Enrico im Beisein der Mutter ab.

Einen ganz anderen Weg hat Felicia Impastato eingeschlagen. Als sie am 7. Dezember 2004 im 89. Lebensjahr stirbt, ist die mutige Frau eine Anti-Mafia-Ikone. „Die Mafia tötet, das Schweigen aber ebenso", wurde sie nie müde zu sagen.

Geboren wird Felicia Bartolotta am 25. Mai 1915 in Cinisi, einem Dorf in der Nähe von Palermo. Die Familie verfügt über einen kleinen Grundbesitz. Die Olivenhaine und der Anbau von Zitrusfrüchten bringen ein zusätzliches Einkommen. Im Hauptberuf ist der Vater Gemeindebediensteter. Die Mutter kümmert sich um den Haushalt. Felicia wächst mit ihren zwei jüngeren Geschwistern in kleinbürgerlichen Verhältnissen auf. Bis zur vierten Klasse besucht sie die Grundschule von Cinisi. Eine weiterführende Ausbildung ist in dem kleinen Ort nicht möglich. Das Kind hätte in Palermo in ein Internat eingeschrieben werden müssen. Das war nicht nur teuer, es lag auch außerhalb der dörflichen Mentalität. Felicia bleibt also in der Obhut ihrer Familie. Einer Familie, die keine Verbindung zur Mafia hat.

Eine erste Verlobung schlägt fehl. Schon als junge Frau zeigt Felicia, dass sie trotz der Enge dörflicher Konventionen ihren eigenen Willen geltend machen kann. Sie liebt den vom Vater ausgesuchten Bräutigam nicht. Die Aussteuer ist schon fertig, als die junge Frau all ihren Mut zusammennimmt und die Hochzeit absagt. Sie wollte einen ehrlichen Mann, sagt sie später, aber einen, den sie liebte.

Felicia heiratet für eine Frau ihrer Zeit und ihrer Herkunft sehr spät. 32 Jahre ist sie alt, als 1947 endlich die Hochzeitsglocken läuten. Ihr Bräutigam ist Luigi Impastato, Sohn einer Viehzüchterfamilie mit Mafia-Verbindungen. Felicia hat sich in ihn verliebt. Dass er ein Mafioso ist, erfährt sie erst später. „Hätte ich es gewusst, hätte ich ihn nicht geheiratet", sagt sie einmal. Bald wird ihr bewusst, dass der Traum vom ehrlichen und liebenden Ehemann gescheitert ist. „Kaum war ich verheiratet, begann die Hölle für mich. Er stritt über alles und jedes", beschreibt sie Jahre später ihre bitteren Erfahrungen. Ihr Mann lässt sie über seine Tätigkeiten im Ungewissen, erzählt nie, „was er tut und wohin er geht". Die junge Ehefrau, die wenig über die Mafia weiß, ahnt Böses. Sie stellt ihrem zehn Jahre älteren Angetrauten die Rute ins Fenster. „Wenn du mir Leute wie einen Mafioso oder einen von der Polizei Gesuchten ins Haus bringst, dann gehe ich zu meiner Mutter zurück."

Luigi Impastato gehört seit früher Jugend der Mafia an, auch wenn er immer ein Mitglied auf der untersten Stufe bleiben wird. Während der Zeit des Faschismus wird er als Mafioso angeklagt und zu einer dreijährigen Verbannung auf die kleine Vulkaninsel Ustica verurteilt. Durch seine Schwester steigt Luigi später in höhere Mafia-Kreise auf. Sie heiratet den Boss Cesare Manzella, einen gewalttätigen, gerissenen und selbstherrlichen Mann – wie ihn die Carabinieri beschreiben –, der als Mitglied in die erste *cupola* der Cosa Nostra aufgenommen wird. 1963 stirbt Cesare Manzella bei einem Sprengstoffattentat. Eine Bombe war in seinem Alfa Romeo angebracht worden.

KAMPF IM EIGENEN HAUS

Felicia wird ein Jahr nach ihrer Hochzeit Mutter. Am 5. Jänner 1948 erblickt Giuseppe das Licht der Welt. Zwei weitere Söhne werden folgen. Doch als der jüngste, Giovanni, 1953 geboren wird, ist der Zweitgeborene bereits tot. Hinweggerafft durch eine Enzephalitis.

Zum Schmerz über den Verlust des Kindes kommen die Probleme mit dem Ehemann. Felicia erträgt seinen mafiösen Freundeskreis immer schwerer. Zum ersten offenen Konflikt kommt es nach der Ermordung ihres Schwagers. Die Nachfolge Manzellas als *capomafia* tritt Gaetano Badalamenti an, und Luigi wird einer seiner engsten Freunde. Es reicht, befindet Felicia und verweigert couragiert jeden Kontakt mit dem mächtigen Boss.

Der ebenfalls in Cinisi geborene Gaetano Badalamenti gehört damals zur obersten Riege der Mafiosi Italiens. Kurz nach dem Zweiten Weltkrieg war „Don Tano", wie er fortan genannt wird, in die USA ausgewandert. Dort knüpft er enge Kontakte zu den lokalen Mafia-Familien, vor allem in Detroit. 1950 wird er jedoch ausgewiesen und nach Sizilien deportiert. Wie-

Felicia Impastato mit Ehemann und Sohn Giuseppe

Gaetano Badalamenti

der zuhause, nützt Don Tano seine in Amerika gemachten Erfahrungen, um die sizilianische Mafia zu modernisieren. So ist er einer der Protagonisten bei der Gründung der ersten „Kommission", der *cupola*, in Palermo. Gaetano Badalamenti ist aber nicht nur einflussreich, er ist auch reich. Im Gegensatz zu manch anderen Bossen verfügt der als Bauunternehmer tätige Mafia-Boss auch über ein beträchtliches legales Vermögen. Nicht zuletzt dank der Errichtung des Flughafens Punta Raisi vor den Toren der sizilianischen Hauptstadt, für die er viele Aufträge an Land zieht. Doch das ganz große Geld macht Badalamenti mit dem damals blühenden Rauschgifthandel, den er geschickt über den von ihm erbauten Flughafen abwickelt. Die Geschäfte gehen bestens und Anfang der 1970er-Jahre ist Don Tano am Höhepunkt seiner Macht. Für Badalamenti ist das aber nicht genug. Er streckt die Fühler nach der Politik aus. 1970 ist er in einen vereitelten neofaschistischen Staatsstreich, den sogenannten Golpe Borghese, verwickelt. Ein Jahr darauf gibt er den Auftrag zur Ermordung des damaligen Generalstaatsanwalts von Palermo, Pietro Scaglione. Es sind die Jahre der *strategia delle tensione*, der „Strategie der Spannung" und des Terrorismus in

Italien. Die Mafia will in der „bleiernen Zeit" der 1970er-Jahre Stärke beweisen.

Doch bald darauf fällt Don Tano innerhalb der Mafia in Ungnade. Man wirft ihm vor, sich im Alleingang an Drogengeldern bereichert zu haben. Doch in Wirklichkeit handelt es sich um einen Machtkampf zwischen Clans.

1978 wird Don Tano von seinen Rivalen entmachtet. Drei Jahre später flieht er aus Sizilien. Gerade rechtzeitig, um dem beginnenden Zweiten Mafia-Krieg zu entkommen, in dem viele seiner Familienmitglieder umgebracht werden. Aus der *mattanza*, wie das grausame Gemetzel genannt wird, werden die Corleoneser als eindeutige Sieger hervorgehen. Gaetano Badalamenti lässt sich nach seiner Flucht in Brasilien nieder und widmet sich ganz der Organisation des interkontinentalen Drogenschmuggels. Von São Paulo aus überschwemmt er die USA mit Rauschgift: mit Heroin aus Sizilien und Kokain aus Südamerika. 1984 wird er in Madrid verhaftet und in die USA ausgeliefert.

Als Gaetano Badalamenti 2004 in Massachusetts stirbt, nimmt er seine Geheimnisse mit ins Grab. Die letzten Tage seines Lebens verbringt der schwerkranke 81-jährige Mafioso in einer Krankenstation des Federal Bureau of Prisons, wohin er aus seiner Gefängniszelle in Fayrton überstellt worden ist. 20 Jahre war er zu diesem Zeitpunkt bereits hinter Gittern. Er war als einer der wichtigsten Drahtzieher der Pizza Connection zu 45 Jahren Haft verurteilt worden.

Seinem amerikanischen Richter hat Badalamenti auf die Frage, ob er zur Mafia gehöre, geantwortet: „Wenn ich ein Mitglied wäre, würde ich es Ihnen nicht sagen. Ich würde den Schwur einhalten."

In Italien war Badalamenti in zwei großen Prozessen angeklagt. Der erste betraf die Ermordung des investigativen Journalisten

Mino Pecorelli im Jahr 1979, der im Fall Aldo Moro recherchiert hatte. Pecorelli soll Berge von Beweismaterial zusammengestellt haben, das den gewaltsamen Tod des ehemaligen Ministerpräsidenten betraf. Aldo Moro wurde am 9. Mai 1978 im Kofferraum seines roten Renault 4 tot aufgefunden. 55 Tage zuvor war der christdemokratische Politiker, der für eine Aussöhnung mit der Kommunistischen Partei eintrat, entführt und in Geiselhaft genommen worden. Ganz Italien stand unter Schock. Spuren führten zu Gaetano Badalamenti und dem mehrmaligen Ministerpräsidenten Giulio Andreotti. Ein endloser Prozess begann. 2002 verhängten die Richter für beide eine Gefängnisstrafe von je 24 Jahren. Ein Jahr später wird das Urteil allerdings aufgehoben. Die Hintergründe der Ermordung Aldo Moros sind bis heute nicht geklärt.

Der zweite Prozess gegen Gaetano Badalamenti betrifft den gewaltsamen Tod von Giuseppe Impastato, dem ältesten Sohn von Felicia.

Felicias Konflikt mit ihrem Ehemann verschärft sich nochmals, als Giuseppe, von allen Peppino genannt, sich politisch zu engagieren beginnt. Nach der Ermordung seines Onkels Cesare ist der damals 15-Jährige zutiefst erschüttert. Er beginnt Zusammenhänge zu begreifen und geht langsam zur Welt seines Vaters und seines unmittelbaren Umfelds auf Distanz. „Sie sind also wirklich Verbrecher", sagt er eines Tages zu seiner Mutter.

Peppino reagiert mit Wut und Abscheu. Mit nur siebzehn Jahren tritt er der Italienischen Sozialistischen Partei der Proletarischen Einheit bei. Er lehnt sich gegen die mafiös-reaktionäre Stimmung in Cinisi auf. Zuhause bricht er mit seinem Vater. Dieser reagiert despotisch und wirft den 19-Jährigen aus dem Haus. Die Gräben in der Familie vertiefen sich weiter.

Peppino Impastato interessiert sich für Poesie, Ökologie und für Journalismus. Er gründet eine Zeitung, die allerdings schon bald beschlagnahmt wird, und scheut bei seinen Aufdeckungsartikeln nicht vor kräftigen Aussagen zurück. „Die Mafia, ein Haufen Scheiße", schreibt er eines Tages und wird damit in Cinisi zur Persona non grata.

Nach 1968 engagiert sich Peppino in der Kommunistischen Partei. In dieser Zeit führt er die Proteste der Bauern rund um Cinisi an, deren Felder für den Bau einer weiteren Piste des Flughafens enteignet worden sind. 1975 ruft der Journalist einen Kulturverein ins Leben, der großen Anklang bei den Jugendlichen seiner Region findet. Ihnen will er zeigen, dass es eine Alternative zur Mafia gibt. „Mama", sagt er zu seiner Mutter, die ihn mahnt, auf sich aufzupassen, „sie müssen verstehen lernen."

Mutter Felicia steht fest zu ihrem Sohn. Sie versorgt ihn mit Lebensmitteln, holt ihn nach Hause, wenn der Vater nicht da ist, und hat immer ein offenes Ohr für ihn. Die liebende Mutter steht zwischen zwei Fronten. Ihre Kräfte werden auf eine harte Probe gestellt. In diesen Jahren tritt sie nicht nur gegen die Verbindungen ihres Mannes auf, sie verteidigt vor allem ihren unerschrockenen Sohn, der Mafia-Verbrechen aufdeckt und sich mit den Mächtigen anlegt.

Der charismatische und intelligente Peppino lässt sich in seinem Kampf gegen das Böse von niemandem beirren. 1977 entdeckt der junge Journalist die Möglichkeiten des Radios für seine Zwecke und gründet einen kleinen Lokalsender, „Radio Aut", den er selbst finanziert. Jetzt nimmt er die Mafia mit allen Mitteln ins Visier. Er bekämpft sie mit Ironie, Hohn und Spott. „Onda pazza", „verrückte Welle", nennt er sein Programm. Rückmeldungen bestärken ihn, seine Arbeit fortzusetzen: Seine Sendungen werden gehört und von vielen angenommen.

Das Herzstück seines Senders sind die abendlichen Satiresendungen. Darin nimmt er die dunklen Vorgänge in der fiktiven Kleinstadt „Mafiopolis" aufs Korn. Peppino greift bei seinen Sketchen auf Vorlagen aus der Literatur und der Geschichte zurück. Besonders gern siedelt er seine Episoden im Wilden Westen an. Eine seiner Hauptfiguren ist das Bleichgesicht „Tano Seduto". In diesem „Meister der Flinte" ist für jeden unschwer Badalamenti – der big boss mit Amerika-Verbindungen – zu erkennen.

Im September desselben Jahres wird sein Vater von einem Auto angefahren und getötet. Ein Unfall, so die offizielle Version. Doch die Familie vermutet ein getarntes Attentat. Peppino weigert sich bei den Begräbnisfeierlichkeiten den kondolierenden Mafiosi die Hand zu geben. Eine schwere Beleidigung, die sie ihm nie vergeben.

Im Jahr darauf beschließt Peppino, für die Democrazia Proletaria bei den Kommunalwahlen zu kandidieren. Gleichzeitig bereitet er eine Ausstellung vor, die die Verwüstungen durch die Bauspekulation der Mafia aufzeigt. Die Wahlkampagne läuft auf Hochtouren, als eines Tages der zerfetzte Leichnam des 29-Jährigen aufgefunden wird.

Es ist der 9. Mai 1978: der Tag, an dem in Rom die zusammengekrümmte Leiche des DC-Politikers Aldo Moro in der Nähe der Parteizentralen der Democrazia Cristiana und der Kommunistischen Partei aufgefunden wird. Italien ist in Aufruhr – die Nachricht von der Ermordung eines Anti-Mafia-Aktivisten im tiefen Süden rangiert an diesem Tag nur unter „ferner liefen". „Linker Fanatiker wird auf Eisenbahngleisen von der eigenen Bombe zerrissen", schreibt die Mailänder Tageszeitung „Corriere della Sera".

I PIZZINI DELLA LEGALITÀ

Bei meinem Besuch in Cinisi zeigt mir Peppinos jüngerer Bruder Giovanni die Zeitungsausschnitte über dessen Tod. Von einem Terroranschlag, den Peppino ausführen wollte und bei dem er aus Versehen ums Leben gekommen war, ist in einigen die Rede. Vom Selbstmord eines linken Journalisten sprechen die anderen.

Giovanni erzählt über die leidvolle Geschichte seiner Familie und schenkt mir am Ende unseres Gespräches einen kleinen Notizblock. Es sind die „Pizzini der Legalität", wie sie in Anspielung an die Mafia-Zettelchen heißen, mit Texten von Mutter

Giuseppe „Peppino" Impastato

Felicia, die sie Jahre nach dem Tod Peppinos verfasst hat. 2011 sind sie veröffentlicht worden.

„Es regnete an dem Tag, als sie meinen Sohn ermordet haben", schreibt Felicia Impastato. „Wir sollten uns im Haus meiner Cousine treffen. Aber zu diesem Treffen ist es nie gekommen. Diese Bastarde haben ihn mit Gewalt verschleppt, bevor sie ihn umgebracht haben."

Wie sich viel später herausstellt, ist Peppino in der Nacht zum 9. Mai entführt und in einen kleinen Schuppen nahe der Eisenbahnlinie Palermo–Trapani geschleppt worden. Dort foltern ihn seine Peiniger. Sie schlagen ihn bewusstlos und binden ihm Dynamitstangen um den Leib. Dann bringen sie Peppino nach draußen, legen ihn auf die Schienen und sprengen ihn in die Luft. Die Reste seines Körpers werden im Umkreis von 300 Metern gefunden.

„Auf den Geleisen haben sie nur die Hände und die Füße gefunden. Mir hätte auch nur ein Finger genügt. Ich hätte ihn geküsst, um ihm noch einmal nahe zu sein, aber sie haben verhindert, dass ich hingehe", sagt die verzweifelte Mutter nach Jahren.

Die Ermittler verfolgen zwei Spuren: das fehlgeschlagene Terrorattentat und den Freitod. Mord schließen sie kategorisch aus. Felicia hingegen glaubt nie an diese Versionen. „Zwei Tage lang habe ich nicht sprechen können. Ich konnte nicht mehr schlafen und hatte Angst um meinen anderen Sohn." Dann gibt sich die kleine, zerbrechliche und doch so starke Frau einen Ruck. Sie macht es sich zur Lebensaufgabe, die Wahrheit ans Licht zu bringen. Für sie ist von Anfang an klar: Es war die Mafia und der Auftraggeber heißt Gaetano Badalamenti. Felicia überwindet ihre anfänglich „große Angst" spätestens als sie merkt, dass der Fall als der „eines Verrückten, eines Terroristen" archiviert werden soll. „Lass mich reden", sagt sie zu ihrem jüngsten Sohn

Giovanni, „ich bin alt, ich bin die Mutter, mit mir müssen sie anders umgehen als mit dir." Und Felicia redet: mit der Polizei, mit den Behörden, mit der Justiz. Diese radikale Entscheidung bringt ihr Ablehnung und Feindschaft ein. Die Verwandten ihres Mannes brechen jeden Kontakt zu ihr ab. „Sie sagten mir, ich solle aufpassen, nichts sagen und mich damit abfinden." Felicia spürt: Alle im Dorf kennen die Wahrheit, doch niemand hat den Mut und den Willen, sie auszusprechen.

Je mehr Warnungen sie bekommt, desto überzeugter ist sie, ihren Weg weitergehen zu müssen. Sie zieht sich nicht zurück, wie ihr die Verwandten befohlen haben. Im Gegenteil. Sie öffnet ihr Haus für all jene, die etwas über das Schicksal ihres Sohnes erfahren wollen. „Jedes Mal, wenn Journalisten kommen, spreche ich über meinen Sohn, denn sie müssen die Wahrheit erfahren." So führt sie die Revolution Peppinos weiter.

Felicia Impastato will Gerechtigkeit, nicht Rache. Die Mörder sollen einer irdischen, vom Gesetzgeber vorgesehenen Strafe zugeführt werden. Unermüdlich kämpft sie dafür, dass der Auftraggeber des brutalen Mordes an ihrem Sohn, Gaetano Badalamenti, zur Verantwortung gezogen wird. Es ist ein harter Weg voller Rückschläge. Felicias Vertrauen in die Justiz wird lange Jahre enttäuscht. Ende der 1980er-Jahre bekleidet der DC-Politiker Antonio Gava das Amt des Innenministers. „Gava", sagt Felicia Impastato, „wollte, dass ich ihm die Beweise bringe, dass mein Sohn von der Mafia ermordet worden ist. Ich habe ihm gesagt, die Beweise müssen die Ermittler bringen, falls sie den Mut dazu haben." Mehrfach wird das von ihr angestrengte Verfahren niedergeschlagen, mehrfach werden sie und Giovanni verleumdet. 1992 kommt es erneut zu einem Stillstand der Untersuchungen. Die Indizien reichen für eine Anklage nicht aus, heißt es.

Sie selbst verliert nie den Mut, nach der Wahrheit zu forschen.

Wie in einem riesigen Puzzle fügen Mutter und Sohn mit Hilfe von Menschenrechtsaktivisten Information an Information. Das Bild wird immer klarer. Immer mehr Details kommen ans Licht. So erfährt Felicia von einer bislang unbekannten Reise ihres Mannes in die USA. Dort musste Luigi dem Clan wegen der Aktionen seines Sohnes Rede und Antwort stehen. „Ich denke, die italo-amerikanische Mafia wollte Sicherheiten von ihm", schreibt Felicia. Luigi Impastato soll gesagt haben: „Wenn ihr meinen Sohn umbringen wollt, müsst ihr zuerst mich töten." Im Jahr darauf wird er das Opfer eines Verkehrsunfalles.

Nur der Hartnäckigkeit von Mutter und Bruder ist es zu verdanken, dass die Wahrheit letztlich doch ans Licht kommt. „Man muss sich nur vor Augen führen", sagt Felicia, „mein Sohn griff die Mafia in einem Ort an, der von der Mafia regiert wurde. Selbst die Kinder wissen bei uns, dass das in den 1970er-Jahren das Todesurteil bedeutete."

Fast ein Vierteljahrhundert dauert Felicias Kampf um Gerechtigkeit. Erst 24 Jahre nach dem feigen Attentat auf Peppino wird der gefürchtete Boss, Gaetano Badalamenti, am 11. April 2002 als Auftraggeber zu lebenslanger Haft verurteilt. Die 86-jährige Felicia spricht davon, „große Zufriedenheit" zu empfinden. Sie ist die zweite Frau in der Geschichte Siziliens, die als Nebenklägerin in einem Mafia-Prozess aufgetreten ist (nach Francesca Serio, der Mutter Salvatore Carnevales, eines Gewerkschaftsfunktionärs), und sie erlebt, wie die Mörder ihres Sohnes schuldig gesprochen werden.

Felicia Impastato hat durch ihre friedvolle, doch hartnäckige Art viel zu den Veränderungen in Sizilien beigetragen. Nach mehr als zwei Jahrzehnten großer Anfeindungen hat die parlamentarische Anti-Mafia-Kommission sich ihres Falles angenommen. Die Kommission überreichte Ende 2000 der Familie Impastato einen Bericht, in dem sie einstimmig die Schuld einzelner Richter und Polizeiangehöriger anerkennt. Diese hatten das Verfahren bewusst verschleppt.

Als die kleine Enkelin der bereits hochbetagten Felicia eines Tages in den Schriften der Großmutter den Satz „Die Mafia tötet, das Schweigen aber ebenso" liest, fragt sie, was das bedeute.

„Wenn die Menschen Angst haben, sagen sie nicht, was sie denken, und lügen", antwortet Felicia, „deswegen darf man keine Angst haben."

Den Menschen, die in ihr Haus kamen, um sich über den Fall Peppino Impastato zu informieren, gab sie mit: „Haltet immer den Kopf hoch und den Rücken gerade."

CAMORRA

MOLIS

KAMPA

• Caserta

Pomigliano d´Arco
•

NAPOLI
•
Ercolano
•

Ca
di ·
•

Foggia

APULIEN

BARI ●

EN

● Avellino

Salerno

POTENZA
●

BASILIKATA

»LADY CAMORRA«

MARIA LICCIARDI

Es ist der 14. Juni 2001. Ein ganz normaler Sommerabend. Oder zumindest hat es den Anschein.

Einige Kilometer außerhalb von Neapel ist ein Auto mit unbekanntem Ziel unterwegs. Zwei Motorräder tauchen im Rückspiegel auf und schicken sich an, das Fahrzeug zu überholen. Die Männer in Alltagskleidung fahren diszipliniert und gerade so schnell, dass sie beim Vorbeifahren einen Blick in das Innere des Wagens werfen können. Sie sehen drei Personen: einen Mann und zwei Frauen. Kurz darauf kreisen Sondereinheiten der Polizei das kleine Auto ein und zwingen es zum Anhalten. Sie haben gefunden, wonach sie seit zwei Jahren fieberhaft gesucht haben. Aus dem Auto steigt – völlig überrascht – Maria Licciardi. Sie gehört zu den dreißig meistgesuchten Verbrechern Italiens. Jetzt steht „Lady Camorra" leibhaftig vor den Polizisten, unter ihnen auch die beiden Kollegen in Zivil, und lässt sich die Handschellen ohne Protest anlegen. Ihren neuen Unterschlupf, zu dem sie gerade unterwegs war, wird die 50-Jährige nicht mehr zu Gesicht bekommen. Sie wird nach Neapel ins Gefängnis überstellt.

Die Nachricht von der Verhaftung Maria Licciardis erregt international Aufsehen. Die kleine, energische und sphinxhafte Frau ist eine echte Patin: ein Camorra-Boss mit Verbindungen rund um den Globus.

Maria Licciardi wächst in Secondigliano auf, einem heruntergekommenen Stadtteil mit großen sozialen Problemen an der nördlichen Peripherie Neapels. Viele Kinder brechen hier vorzeitig die Schulausbildung ab. Die Zahl der Arbeitslosen ist extrem hoch. Die Kriminalitätsrate liegt weit über dem Durchschnitt. In diesem Umfeld hat die Camorra leichtes Spiel. Sie dringt, wie es einige Beobachter formulierten, bis ins Knochenmark der Bewohner vor.

Secondigliano ist die Hausmacht der Familie Licciardi. Hier, in der „Bronx Neapels", war Marias Vater ein *guappo*, ein lokaler Boss, und hier hat auch ihr Bruder Gennaro Licciardi sein kriminelles Handwerk gelernt. Zuerst ist Gennaro, wegen seines Aussehens „der Affe" genannt, als *capozona* für die gefürchtete Giuliano-Familie tätig. Dann baut er innerhalb kürzester Zeit seinen eigenen Clan zu einer mächtigen Organisation aus. Der 1956 geborene „Affe" wird zum Protagonisten des organisierten Verbrechens. Bei seinen hochfliegenden Plänen kommen ihm üblicherweise nicht beeinflussbare Faktoren zugute. Wie Naturkatastrophen zum Beispiel.

Das schwere Erdbeben, das am 23. November 1980 den Süden Italiens und vor allem die Region Kampanien erschüttert, eröffnet der Camorra ungeahnte Möglichkeiten. Knapp 3000 Menschenleben, rund viermal so viele Verletzte und 300.000 Obdachlose fordert diese Naturkatastrophe, die in Italien als schwerste der vergangenen Jahrzehnte in die Geschichtsbücher eingeht. Doch die Camorra-Clans sind nicht an der Hilfe für die schwergeprüfte Bevölkerung interessiert, sie wollen vielmehr an den riesigen Geldmitteln teilhaben, die für die Erstversorgung und den Wiederaufbau zur Verfügung gestellt werden: 50.000 Milliarden Lire. Der Kampf um die Verteilung innerhalb der Gruppierungen beginnt noch in derselben Nacht. Im Gefängnis von Poggioreale, wo die Zellen wegen der Erdstöße geöffnet werden müssen, bricht ein blutiger Streit aus. Mitglieder der *Nuova Camorra Organizzata*, der NCO, und Camorristen anderer Gruppierungen geraten aneinander. Am Ende der gewalttätigen Auseinandersetzung gibt es drei Tote und acht Verletzte.

Der Konflikt zwischen der 1970 von Raffaele Cutolo gegründeten NCO, die in der Folge Neapel unterjocht, und der 1978 ins

Leben gerufenen *Nuova Famiglia*, der NF, gehört zu den brutalsten in der Geschichte Neapels. Er fordert zwischen 1981 und 1983 fast eintausend Menschenleben und endet mit dem Sieg der *Nuova Famiglia*.

In diesem hochexplosiven Umfeld sucht Gennaro Licciardi seinen Platz im Kartell der Macht. Licciardi ist nicht weniger blutrünstig als die anderen Bosse. Doch er hat vor allem eines im Sinn: Er will seine Geschäfte ungestört abwickeln und nicht zu viel Energie in Machtkämpfen verlieren. Dazu braucht der junge Boss aber Verbündete. Sein Ziel ist die Gründung einer neuen starken Gruppe. So entsteht die *Alleanza di Secondigliano*, eines der wichtigsten Bündnisse in der Geschichte der Camorra. Wie einer der *pentiti* Staatsanwalt Filippo Beatrice gegenüber Jahre später sagen wird: „Die *Alleanza di Secondigliano* ist ‚una cosa‘, unsere gemeinsame Sache, aber jeder macht seine eigenen Geschäfte, hat seine eigenen Leute, seine Beauftragten."

Die *Nuova Famiglia* ist mit der Gründung der *Alleanza* wieder gespalten. Das organisierte Verbrechen in Neapel ist in ständiger Veränderung.

Gennaro kommt als Gründervater der *Alleanza* eine besondere Rolle zu. Er wird von seinen Partnern als Chef des Bündnisses betrachtet. Seine ältere Schwester Maria ist von nun an immer an seiner Seite. 1992 wird Gennaro verhaftet. Als er zwei Jahre später mit nur 38 Jahren an einer Blutvergiftung im Gefängnis stirbt, verfügt er, dass Maria nach seinem Tod die Geschicke des Clans führt. Sie ist der Mensch, dem er am meisten vertraut. In ihre Hände legt er sein kriminelles Erbe.

Maria wird wegen ihrer Statur „la piccolina", „die Kleine", genannt. Sie wird als intelligent, zurückhaltend und scheu beschrieben. Ihre Worte setzt sie ruhig und gelassen. Ihr Blick aber, sagen die, die sie näher kennengelernt haben, ist eisig.

Maria ist dominant, und wenn sie einen Befehl erteilt, duldet sie keinen Widerspruch. Das Bild, das sich die Ermittler über Jahre vom weiblichen Boss machen, stammt aus dritter Hand. Es sind Kollaborateure, die Maria beschreiben. Sie tun dies mit Respekt vor einer Frau, die an den Schalthebeln des organisierten Verbrechens sitzt und ihr Imperium des Bösen mit eiserner Faust verwaltet.

Zu Lebzeiten ihres Bruders Gennaro scheut „la primula rossa" von Neapel – wie sie nach dem 1905 erschienenen Roman von Emma Orczy „Die scharlachrote Blume" ebenfalls genannt wird – die Öffentlichkeit. Sie nimmt zwar regelmäßig an den *summits* der Bosse teil, vermeidet jedoch geschickt, sichtbare Spuren zu hinterlassen. An dieser Linie hält sie auch nach ihrem Aufstieg im Clan fest. Maria geht es vorrangig um die Geschäfte, und die wickelt man besser ab, ohne ständig die Polizei auf den Fersen zu haben. Sie ist beinhart, wenn es um die lückenlose Kontrolle der illegalen Aktivitäten der Familie geht.

Maria ist das „Gehirn" des Clans, sagt Luigi Giuliano, der 2002 seine Zusammenarbeit mit der Justiz beginnt, „eine Frau mit tausend Facetten". Sie ist nach Aussagen Giulianos „der Angelpunkt für Wachstum und Ausdehnung des Clans". Schon als es darum ging, „die Mitglieder Cutolos in die *Nuova Famiglia* zu übernehmen, war es sie, die die einzelnen Familien kontaktierte und ihnen Geld schickte". Wie diese Übernahmen oft vonstattengingen, lässt eine Aussage Giulianos aus dem Jahr 2003 erahnen. Eines Tages, erinnert er sich, „wurden die Tapeten in einem der Zimmer von Maria Licciardis Wohnung ersetzt. Sie waren blutverschmiert. Ein Mitglied der Cutolo-Camorra war ermordet worden."

Der Licciardi-Clan – und damit die *Alleanza* – ist unter ihrer Führung in vielen Bereichen aktiv. Neapel entwickelt sich in diesen Jahren zum größten Drogenumschlagplatz Europas und dank eines neuen Paktes innerhalb der *Alleanza* kassiert Maria mit. Eine der Stärken des Bündnisses war genau die: Für jedes getätigte Geschäft ist ein prozentueller Anteil zu bezahlen. Wer immer das Rauschgift importiert oder verkauft, der Clan schneidet mit. Die Kassen füllen sich und die Kämpfe um Macht und Geld können so unter der Decke gehalten werden. Zumindest eine Zeitlang.

Doch Maria hat größere Pläne. Die üblichen Mafia-Domänen wie Drogen und Schutzgelderpressung sind ihr zu wenig. Sie will den Aktionskreis ihrer Familie territorial und inhaltlich erweitern. Dazu sind neue Geschäftsfelder nötig. Maria sondiert den Markt und entdeckt die Markenpiraterie.

Vor allem der Bekleidungssektor interessiert „Lady Camorra". Nicht die bereits praktizierte Produktfälschung mit einfachen Mitteln und in kleinen Auflagen, die überlässt sie anderen. Sie will diesen Geschäftszweig in großem Stil betreiben.

Maria Licciardi setzt die Idee um und verhilft ihrem Clan zu einer Monopolstellung in einem gänzlich neuen Bereich.

Das Bündnis von Secondigliano stellt nun Blousons her, oder richtiger, lässt sie herstellen. Es sind Jacken aus lederähnlichem Material. Sie waren nichts wert, erzählt Luigi Giuliano. „Einmal gekauft und ein wenig getragen, waren die Jacken zum Wegwerfen", erinnert sich der ehemalige Clan-Chef. Doch die Idee war für die Camorra Goldes wert. Der weltweite Vertrieb und Verkauf der Jacken „brachte Milliarden über Milliarden Lire ein, fast so viel wie das Drogengeschäft". Giuliano, der in jenen Jahren noch hochaktiv war, trug sich eine Zeitlang selbst mit der Absicht, in das „Lederjacken-Business" einzusteigen. Er reiste deshalb nach Paris, um einen dort tätigen, italienischstämmigen Geschäftsmann zu kontaktieren. Wieder zurück in Neapel erfuhr er, dass der Licciardi-Clan bereits Gespräche mit seiner Familie geführt hatte. Die Botschaft war eindeutig. Giuliani war dabei, eine schwere Gebietsverletzung zu begehen. Letztlich tat man das, was Maria Licciardi perfekt beherrschte: Man verhandelte und traf eine Vereinbarung. Der Giuliani-Clan versicherte, die Geschäfte nicht zu stören, dafür erhielt er als eine Art stiller Teilhaber eine festgelegte Quote.

DIE CHANCEN DER GLOBALEN ÖKONOMIE

Die neuen Camorristen zeichnen sich durch großen wirtschaftlichen Weitblick aus. Bereits Anfang der 1990er-Jahre entdecken sie die Vorteile der Globalisierung für ihre Zwecke.

Vom Staat fast unbeobachtet, nützen sie mit instinktsicherem Geschäftssinn die Chancen der weltumspannenden Ökonomie und bauen ihre Finanzmacht darauf auf.

Die Camorra des ausgehenden zwanzigsten Jahrhunderts ist wendig. Sie weiß: Wenn sie expandieren will, muss sie in der Lage sein, auf geopolitische Veränderungen zu reagieren. Wie eine Spinne lauert sie in ihrem Netz, um im richtigen Augenblick zuzuschlagen.

Der Fall der Berliner Mauer, und der daraus resultierende Zerfall der Sowjetunion, ist so ein Moment. Die Camorra greift an. Nicht mit Waffen, sondern mit den Strategien der Ökonomie. Sie will die neuen Märkte der postkommunistischen Staaten für sich erobern.

Maria Licciardi steigt groß in diese Geschäfte ein und schickt ihren jüngeren Bruder, Pietro, aus, um das Gebiet zu sondieren. Pietro übersiedelt dazu nach Prag. Von hier aus erkundet er die Lage in den Ländern des ehemaligen Ostblocks. Besonders konzentriert er sich auf die neuen Bundesländer im wiedervereinigten Deutschland. Die Geldmaschine wird angeworfen.

Die Palette der exportierten Geschäftstätigkeiten umfasst die „klassischen" Bereiche der Mafien wie den Drogenhandel und das Bauwesen sowie ganz neue Aktivitäten. Die Camorra spezialisiert sich auf den Transport von Giftmüll und städtischem Abfall. „Das Gold der Camorra" nennt die neapolitanische Aufdeckungsjournalistin Rosaria Capacchione 2008 daher ihr Buch über das Müllgeschäft, das Unsummen von Geld in die Kassen des organisierten Verbrechens fließen lässt.

Die neuen Territorien sind aber auch perfekte Absatzmärkte für die Produkte „Made in Naples", allen voran für hochwertige, aber gefälschte Markenkleidung. Das ist der Bereich, der die Familie Licciardi schon früher besonders interessiert hat.

Die Fälschung von Bekleidungsartikeln hat in Neapel Tradition. In der Zeit nach dem Zweiten Weltkrieg stellten kleine Betriebe im neapolitanischen Hinterland, die *magliari*, Stoffe und Kleidung her, die sie in Europa und Übersee verkauften. Ihre Produkte waren von schlechtester Qualität und mit freiem Auge als gefälscht zu erkennen. Doch sie waren extrem billig und entsprachen den Bedürfnissen ihrer Zeit. In den 1990er-Jahren verändert sich die Situation jedoch völlig. Und mit ihr die Produktion in Kampanien.

Die kleinen Fabriken, die überall auf Hochtouren arbeiten, produzieren nun Bekleidung, Schuhe und Taschen für große Modemarken. Sie tun dies weiter in Schwarzarbeit und zu niedrigen Preisen, aber die Artikel, die sie herstellen, zeichnen sich durch hochwertige Qualität aus. Das bleibt auch der *Alleanza di Secondigliano* nicht verborgen, die das neue Wissen und die damit verbundenen handwerklichen Fähigkeiten der Arbeiter für ihre Geschäfte nützen will. Wieder schickt Maria ihren Bruder Pietro aus, um die Geschäfte für den Clan einzufädeln. Er tritt mit den illegal arbeitenden Unternehmern in Kontakt und bietet ihnen Geld zu günstigen Zinsen an. Jenes Kapital, das sie brauchen, um die industriemäßige Produktion von Designermode in großem Stil aufzuziehen. Parallel dazu erwirbt der Clan rund um den Globus riesige Lager und richtet in den wichtigsten Städten edle Boutiquen ein. Die Waren, die dort verkauft werden, sind absolut hochwertig und: absolut gefälscht. Der Erfolg der Aktion übertrifft alle Erwartungen der Camorra. Sie macht mit Mode Geld auf allen Kontinenten. Francesco Forgione, von 2006 bis 2008 Präsident der parlamentarischen Anti-Mafia-Kommission, ortet die Secondiglianer in Europa unter anderem in Deutschland, Frankreich, Holland, Portugal, Spanien, der Tschechischen Republik und Österreich. Der Clan breitet sein Netzwerk aber auch in Argentinien, Brasilien, Kuba, Kanada, den USA und selbst in Südafrika aus.

Die von den Fälschungen betroffenen Marken – die meistkopierten waren Armani, Versace und Valentino – reagieren lange nicht. Einerseits, weil die Meinung vorherrschte, die massive Präsenz ihrer Namen auf dem Markt habe einen klaren Werbeeffekt, und andererseits, weil sie wohl Repressalien der Verbrecherorganisation fürchteten.

Und die Kunden? Die waren meist zufrieden und ignorierten die Herkunft ihrer Produkte.

Das Gleiche gilt auch für die CDs und die Filme, die in Form von Raubkopien die Märkte überschwemmten – und die Konten der Camorra anschwellen ließen.

Maria hat ihre Augen überall. Als Jugoslawien zerfällt und auf dem Balkan Krieg geführt wird, nützen sie und ihre Verbündeten die Situation erneut für sich. Diesmal sind es die zahllos vorhandenen Waffen, die ihnen Appetit machen und in großer Zahl angekauft werden. Mit dem Kriegsgerät holen sie auch Söldnerveteranen nach Neapel. Killer, bereit für den Einsatz im nächsten Camorra-Krieg.

Wo immer schneller Profit zu machen ist, sind die Clans dabei. Auch vom Schmuggel von Zigaretten, der nach dem Ende des Jugoslawienkrieges neu floriert, profitieren sie. Der ungekrönte König des Zigarettenschmuggels ist Costantino Sarno. Er hat auf dem Balkan beste Verbindungen in höchste Politikerkreise. Die von Albanien und Montenegro nach Apulien eingeschleusten Zigaretten bringen ihm einige Jahre lang auf dem internationalen Markt sehr viel Geld. Als Streitigkeiten zwischen zwei Clans auftauchen, tritt die *Alleanza* auch hier auf den Plan. Sie verlangt für die Wahrung des Friedens eine Abgabe: 10.000 Lire pro Zigarettenkiste. Das Angebot wird angenommen. Costantino Sarno kann ungehindert weitermachen. Die Streitigkeiten werden auf Eis gelegt. Zumindest vorerst.

Maria wird in diesen Jahren in ihrem Milieu als „die Königin" angesehen, als – wie Luigi Giuliano sagt – „Mutter der Camorra". Mit ihrer Anwesenheit schmückt man sich. Umso mehr, da sie sich rarmacht. Bei Familienfeierlichkeiten ist sie ein seltener, aber höchst angesehener Gast. Sie gilt als geheimnisvoll und charismatisch. Das fasziniert nicht nur die Presse, sondern auch die eigenen Reihen, egal ob Freund oder Feind.

Maria lässt nur wenige Menschen an sich heran. Der innere Kreis des weiblichen Bosses ist klein. Einer, dem sie blind vertraut, ist ihr Ehemann, Antonio Teghemie. Mit ihm bespricht sie alle wichtigen Entscheidungen, wie auch aus Abhörprotokollen der Justiz zu ersehen ist. Seinen Rat nimmt sie an. Doch die Kompetenzen sind klar verteilt. Sie ist der Boss und er ihr Finanzleiter.

Glaubt man den Aussagen verhafteter Camorristen, dann geschieht nichts ohne die Zustimmung Marias. Bei ihr laufen alle

Fäden zusammen und nur sie kennt Hintergründe und Umstände. Als einer ihrer Männer einen Raubüberfall auf eine der vielen Spielhöllen plant, pfeift sie ihn zurück. Das Geld, das dort „erwirtschaftet" wird, ist für den Lebensunterhalt inhaftierter Camorra-Mitglieder und ihrer Familien bestimmt. Etwas, das der junge Kriminelle nicht wissen konnte. Er erhält die Erlaubnis, ein anderes Lokal zu überfallen.

Maria wacht auch mit Argusaugen darüber, dass es bei Festnahmen von Camorristen durch die Polizei zu keiner Zusammenarbeit mit der Justiz kommt. Sie hat ihre Spitzel überall postiert. Sobald sie von „der Gefahr eines Verrats" in Kenntnis gesetzt wird, tritt sie selbst in Aktion. Wie im Fall eines Drogenbosses, der sich während eines Spitalaufenthaltes entschließt, die Seiten zu wechseln. Als Maria davon Wind bekommt, fährt sie zum Krankenhaus und fängt die Ehefrau des Dealers ab. Sie bedroht sie und schärft ihr ein, dass ihr Mann seine Meinung ändern müsse. Die Frau kann ihren Mann überzeugen. Er nimmt alles zurück und wird von der Krankenabteilung zurück ins Gefängnis gebracht.

Auch der unumstrittene Schmugglerboss von Neapel, Costantino Sarno, wird später von ihr mit viel Geld geködert. Ende der 1990er-Jahre entscheidet sich Sarno – nur wenige Tage nach seiner Festnahme – für die Kollaboration mit der Polizei. „Wenn du auf mein Angebot eingehst, hast du eine Versicherung für dein gesamtes Leben abgeschlossen", bläut Maria ihm ein. Sarno überdenkt die Angelegenheit und nimmt ihr Angebot an. Als Maria im Jänner 1998 an einem Checkpoint einer Polizeikontrolle unterzogen wird, hat sie 300 Millionen Lire bei sich. Eine erste Tranche für den wieder in die Reihen der Camorra eingetretenen Costantino Sarno, vermuten die Ermittler. Die Behörden können Maria Licciardi, gegen die bis zu diesem Zeitpunkt keine Anzeige vorliegt, aber nichts nachweisen. Sie müssen sie laufen lassen. Sie selbst erkennt jedoch die

Gefahr einer drohenden Verhaftung. Sie taucht unter und verschwindet spurlos.

Die Zahlungen an die Familie Sarno gehen aber weiter. Zehn Millionen Lire lässt sie monatlich an die Ehefrau überweisen. Das ist der Preis für das Schweigen des Mannes. Ein Preis, den die Clan-Chefin nicht allein bezahlen will. Aus einem abgehörten Telefonat geht hervor, dass sie beabsichtigt, die anfallenden Kosten mit einem anderen Boss zu teilen. „Er weiß wohl nicht, wem er es zu verdanken hat, nicht wegen Mordes angeklagt zu sein. Das liegt nur daran, weil Costantino schweigt."

Die zweite Hälfte der 1990er-Jahre sind dunkle Zeiten für die Stadt Neapel. Das Morden hat wieder begonnen. Ein mit äußerster Brutalität geführter Bandenkrieg zwischen der *Alleanza di Secondigliano* und dem Clan Giuliano-Sarno-Misso, der das Zentrum der Stadt beherrscht, bricht aus. Hunderte Menschen werden zwischen 1995 und 1999 mitten im Herzen Neapels ermordet. Selbst am helllichten Tag treten Killerkommandos auf den Plan. Sie erschießen ihre Opfer in Cafés, Autos und auf offener Straße. Immer wieder trifft es auch unschuldige Bürger. Menschen, die entweder von verirrten Kugeln getroffen oder verwechselt worden sind.

Für die Bürger Neapels ist dies ein harter Schlag. 1994 hat die Stadt den G7-Gipfel ausgerichtet. Sie hat Straßen und Plätze saniert sowie hart und erfolgreich an ihrem angekratzten Image gearbeitet. Doch genau zu dem Zeitpunkt, als die internationale Presse wieder beginnt, statt über das organisierte Verbrechen über die unglaubliche Schönheit des Golfs von Neapel zu schreiben, fällt die Stadt in finsterste Zeiten zurück.

Das Gemetzel beginnt mit einer Drogenlieferung aus der Türkei. Das Rauschgift, das von Istanbul kommend im Hafen der Stadt eintrifft, ist zu rein und zu stark, befindet Maria Licciardi. Es könnte zum Tod von Drogenabhängigen führen und die Taktik des Nicht-Auffallens gefährden. Der Lo-Russo-Clan, der ebenfalls der *Alleanza* beigetreten war, ist hingegen anderer Meinung. Das Heroin muss verkauft werden, insistiert er. Und es wird verkauft. Mit verheerenden Folgen. Allein in einem Monat werden elf Drogentote in der Stadt aufgefunden. In Neapel erhebt sich ein Sturm der Entrüstung. Die Medien des ganzen Landes berichten über die Vorfälle. Neapel ist in allen Schlagzeilen und die Polizei führt eine Razzia nach der anderen durch. Die *Alleanza* zerbricht und die Clans bekriegen einander erbitterter denn je.

Auch Maria Licciardi selbst gerät in die Schlagzeilen. Vorbei die Zeiten, in denen ihr Name nur Insidern bekannt war. Nun ändert sie ihre Strategie und mobilisiert ihre Truppen. Die Frau, die nicht an *summits*, bei denen Mordaufträge erteilt wurden, teilgenommen hatte, verteidigt nun die Vormachtstellung ihrer Familie, koste es, was es wolle.

1997 – mitten im Bandenkrieg – erleidet sie selbst einen schweren Verlust. Ihr zwanzigjähriger Neffe, Vincenzo, wird von einem rivalisierenden Clan ermordet. Angeblich aus Versehen. Vincenzo trägt bei einer Ausfahrt mit seinem Moped einen Helm und wird mit einem Killer verwechselt. Der kleine Prinz, „il principino", wie er von Maria genannt wurde, war der Liebling seiner Tante. Ihn hatte sie ausersehen, den Clan in Zukunft weiterzuführen. Dieser Traum nimmt nun ein jähes Ende. Doch die zutiefst getroffene Maria Licciardi leidet nicht stumm. Sie führt einen Rachefeldzug. In nur wenigen Tagen lässt sie 14 Personen ermorden.

Um ihren Vergeltungsschlag zu beschleunigen, greifen die Licciardis zu einem ungewöhnlichen Mittel. Sie schlagen an der Tür der Auferstehungskirche von Secondigliano eine Mitteilung

an: „la lista della ressurezione", die „Liste der Auferstehung".
Auf dem Blatt Papier sind die Namen all jener angeführt, die
für den Mord an Vincenzo verantwortlich gemacht werden. Die
Botschaft, die die pragmatische Handschrift Marias trägt, ist
klar: Die genannten Personen sind aufgefordert, sich der Familie zu stellen. Sollten sie das nicht tun, ist der Ball bei ihren Angehörigen. Dann sind diese gefordert, ihre Männer und Söhne
freiwillig dem Clan – und damit dem Tod – auszuliefern.
Das Morden geht weiter.
Ab 1998 führt Maria Licciardi die tödlichen Geschäfte im Untergrund weiter. *Pentiti* beschreiben sie nach dem Tod des
„principino" als verhärtet und noch erbarmungsloser. Sie berichten davon, dass sie die Frau eines gegnerischen Bosses allein deswegen ermorden ließ, weil sie einen heftigen Streit mit
ihr hatte. Während des lautstarken Wortwechsels soll die Frau
sie – wohl in Anspielung auf ihren Bruder Gennaro – als „Affe
im Dschungel" bezeichnet haben. Das war ihr Todesurteil.
Maria Licciardi wird seit ihrem Abtauchen in den Untergrund
fieberhaft von der Polizei gesucht. Sie ist die meistgesuchte
Frau Italiens.
Im Jahr 2000 glaubt die Polizei, endlich fündig geworden zu
sein. Sie hebt ein Gipfeltreffen der Camorra in einem Landhaus außerhalb eines Dorfes aus. 13 Bosse sind anwesend. Sie
besprechen, wie sie in die Hoffnungsmärkte mit Einrichtungs-
gegenständen und die Geschäfte mit Kinderbekleidung einsteigen können. Doch Maria ist nicht dabei.
Die Jagd nach dem weiblichen Boss wird intensiver. Wochen
nach der Razzia erhält die Polizei einen Tipp. Marias aktuel-
ler Unterschlupf wird verraten. In einer spektakulären Aktion
stürmen Sondereinsatztruppen ein baufälliges Gebäude in
Secondigliano, das Maria Licciardi als sichere Unterkunft be-

nützen soll. Dutzende Beamte sind im Einsatz. Hubschrauber kontrollieren großflächig das Gelände. Im obersten Stock des desolaten Hauses entdecken die verwunderten Einsatzkräfte eine komfortable Wohnung. Ein ausgeklügeltes System von Überwachungskameras zeigt jede Bewegung im Umfeld an. Die Böden der Wohnung sind aus Marmor, ein Klavier steht im Wohnraum und auf der Terrasse befindet sich ein Jacuzzi. Von Maria Licciardi fehlt aber auch diesmal jede Spur.

2001 geht Maria Licciardi den Fahndern endlich ins Netz. Nun kann ihr der Prozess gemacht werden. Die Anklage lautet: Zugehörigkeit zur Camorra. Das erstinstanzliche Urteil sieht zehn Jahre Haft vor. In letzter Instanz sind es nur mehr acht Jahre. Aufgrund ihrer Gefährlichkeit gehört sie zu den wenigen Frauen, auf die *articolo 41bis* des italienischen Strafvollzugsgesetzes angewendet wird. Der Kern dieser für Mafia-Angehörige verschärften Haftbedingungen ist die beinahe totale Isolation der Häftlinge. Der Sinn der Bestimmungen liegt darin, dass eine Weiterführung der Mafia-Geschäfte aus dem Gefängnis heraus verhindert werden soll. Maria Licciardi wird in die Haftanstalt von L'Aquila gebracht. Am 6. April 2009, in der Nacht des großen Erdbebens in den Abruzzen, müssen 80 Häftlinge evakuiert werden. Eine von ihnen ist Maria Licciardi.

DER SIEGESZUG EINES ERFOLGSMODELLS

Der militärische Flügel des Licciardi-Clans ist mit der Inhaftierung seines Bosses und vieler anderer Mitglieder besiegt. Die wirtschaftlichen Aktivitäten der Familie gehen aber weiter. 2004 führen die Ermittlungen des Anti-Mafia-Staatsanwaltes Filippo Beatrice zu einer Welle von Festnahmen. Auch Maria

Licciardi wird erneut angeklagt. Gegenstand der Untersuchungen sind diesmal die *magliari*, die Fälscher, die Europa und die USA mit Produkten aller Art beliefern. „Die *affiliati*, die in den USA, vor allem in New York und Kalifornien, tätig waren", sagt Filippo Beatrice im Gespräch, „verfügten über ein Netz, das ihnen Rechtsbeistand garantierte und viele ihrer Aktivitäten deckte. Unsere Ermittlungen haben gezeigt, dass die Clans etliche Polizisten auf ihrer Gehaltsliste hatten. Nur so konnten sie in Ruhe ihre Arbeit verrichten. Wir haben dies auch dem FBI mitgeteilt."

Im Zuge der Erhebungen, so der Staatsanwalt, habe sich die wahre Größe des wirtschaftlichen Imperiums der *Alleanza di Secondigliano* gezeigt. Sie hat, von „den osteuropäischen Ländern ausgehend, die vorher mehr oder minder autonom arbeitenden Fälscher unter ihre Kontrolle gebracht". Die Arme des Clans reichten sogar bis nach Australien, wo die heimischen Sicherheitskräfte mehrere Camorra-Niederlassungen ausheben konnten.

Neben Bekleidung, Lederwaren und Fotoapparaten – gefälschte Canon – belieferte der Clan die Welt auch mit Bohrern. Genauer gesagt, mit gefälschten Bosch-Bohrgeräten, denn auch das war eine Spezialität der *Alleanza*. Maria Licciardi und ihre Verbündeten erkannten schon früh den enormen Marktwert der Bosch-Produkte, die besonders in den USA reißenden Absatz fanden, und bauten sie nach. Sie ließen in Hongkong arbeiten und erzeugten wie bereits im Bereich der Alta Moda idente, aber letztlich gefälschte Geräte. Ähnlich gingen sie bei anderen Produkten und Marken der Heimwerkerpalette und von Werkzeugherstellern, wie auch Hilti, vor.

Der Gerichtsprozess über die Produktfälschungen wurde von der nationalen Konsumentenschutzorganisation als „größter,

Maria Licciardis Bruder Vincenzo bei der Verhaftung

der jemals in Europa zum Thema Markenfälschungen stattgefunden hat", bezeichnet. Allein innerhalb von zwei Jahren fanden 60 Verhandlungen statt. Mehr als zehn Personen waren angeklagt. Alle gehörten sie der *Alleanza di Secondigliano* an. Der finanzielle Wert dieses kriminellen Netzwerks wurde auf mehr als eine Milliarde Euro geschätzt. Rund 100 Unternehmen, die meisten davon ins Ausland ausgelagert, waren involviert. In den Prozessakten ist von „der Existenz einer weltweiten Struktur" zu lesen, „die wie eine Schatten-Holding durch *affiliati* des Vertrauens – kriminelle neapolitanische Organisationen wie vor allem die *Alleanza di Secondigliano* – direkt verwaltet wird". Die Handelstätigkeiten im Ausland, im Speziellen im Bekleidungsbereich, hatten jedoch eine doppelte Funktion. Sie dienten dazu, große Gewinne zu machen, wurden aber auch gleichzeitig genützt, den Drogenhandel zu kaschieren.

Auch in Deutschland und Österreich ist ermittelt worden. In Österreich ging es vor allem um die „Lederjacken-Fälscher". Im September 1999 gab es dazu in Wien einige Verurteilungen. Mehrere *magliari* wurden für schuldig befunden, Lederjacken per Auto oder Flugzeug nach Österreich gebracht und verkauft zu haben. Jede Jacke kostete 130 Schilling, der Gesamtwert betrug eine halbe Million. Ein Großteil der Ware konnte beschlagnahmt werden.

Im Rahmen der Untersuchungen deckte die italienische Justiz ein weiteres Geschäftsfeld auf. Der Licciardi-Clan war auch groß in den Immobilienmarkt eingestiegen und konnte jahrelang in dieser Branche tätig sein. Hunderte Häuser, Wohnungen und Geschäftslokale waren über ein raffiniert ausgeklügeltes Strohmänner-System dem Zugriff und den Kontrollen der Behörden entzogen. So konnten große Mengen an Schwarzgeld gewaschen werden.

Plakat zu „La sfida", einem Film von Francesco Rosi, der auf der Lebensgeschichte von Pasquale Simonetti und Assunta „Pupetta" Maresca basiert

Razzia in Secondigliano, der „Bronx Neapels"
und Heimat des Camorra-Clans der Licciardi

MAFIA
DAY
mafia e
PIERSANTI MATTARELLA
MAURO DE MAURO
MARIO FRANCESE
GAETANO COSTA
CESARE TERRANOVA
BEPPE ALFANO
PIPPO FAVA
PIO LA TORRE
FRANCESCO FORTUGNO
LIBERO GRASSI
PEPPINO IMPASTATO
100...1000...
come loro per non

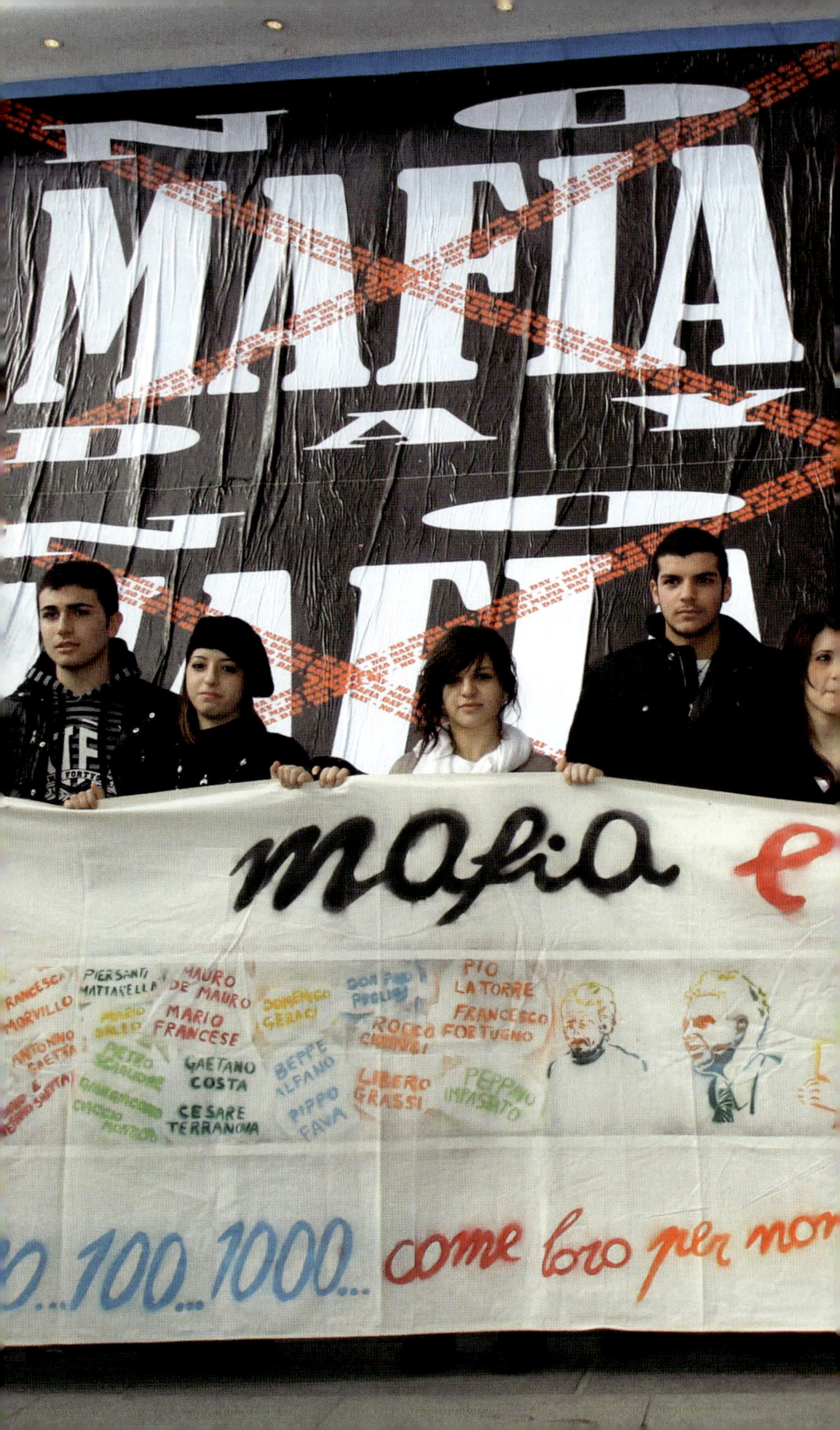

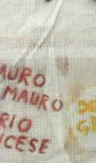

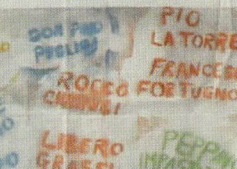

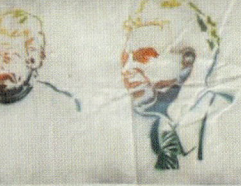

Jänner 2010: Anti-Mafia-Demonstration in Rosarno nach gewalttätigen Auseinandersetzungen zwischen Einheimischen und illegalen Arbeitsimmigranten

Gioia Tauro, größter Containerhafen des Mittelmeeres und Einfallstor für den internationalen Drogenhandel

Polizisten helfen einem Einwanderer, der bei Zusammenstößen zwischen Migranten und Einheimischen im Jänner 2010 in Rosarno von einem Mafia-Mitglied niedergeschlagen worden war

Jänner 2014: Ermittlungsbeamte untersuchen in Cassano sullo Ionio (Kalabrien) ein ausgebranntes Auto, in dem drei verbrannte Leichen gefunden wurden; darunter ein dreijähriges Kind, das rivalisierenden 'Ndrangheta-Gangs zum Opfer gefallen sein dürfte

Im Visier der Mafia: Staatsanwalt Nino Di Matteo untersucht einen möglichen Pakt zwischen der Cosa Nostra und dem Staat in den 1990er-Jahren

Noch etwas entdeckten die Ermittler im Rahmen des „Fälscher-prozesses". Große Summen reingewaschenen Geldes kamen über die Schweiz und mittels „Money Transfer" wieder zurück nach Italien. Die Gelder wurden in komplizierten Transaktionen mehrfach überwiesen, bis sie bei den eigentlichen Adressaten anlangten. Das kostete zwar mehr Gebühren als die Abwicklung über Bankkonten, dafür waren die Geldflüsse aber nur schwer nachweisbar.

Das Jahr 2008 bringt einen weiteren Rückschlag für die Licciardi-Familie. Marias Bruder Vincenzo wird verhaftet. Fünf Jahre später spürt die Polizei ihren Mann Antonio Teghemie auf. Im Oktober 2013 greift die Exekutive in Marano bei Neapel zu. Die Einsatzkräfte finden Antonio Teghemie unter einer Treppe versteckt. Eine Flucht ist diesmal nicht mehr möglich. In der Hosentasche hat er 3500 Euro, wohl um sich bis ins nächste Versteck durchschlagen zu können. Daraus wird nun nichts mehr. Während des Zugriffs befindet sich auch Antonios Frau Maria im Haus. Zu diesem Zeitpunkt ist Maria Licciardi bereits auf freiem Fuß. Und sie ist es bis heute.

Das letzte Kapitel des Clans ist noch nicht geschrieben.

PUPETTA –
DAS PÜPPCHEN

ASSUNTA MARESCA

Wir schreiben das Jahr 1951. Pomigliano d'Arco bereitet sich auf eine von vielen heiß erwartete Veranstaltung vor. Die kleine Stadt am Fuße des Vesuvs richtet einen Schönheitswettbewerb aus.

Es ist gerade ein Jahr vergangen, seit eine inzwischen berühmte Neapolitanerin in Salsomaggiore Terme an der Miss-Italia-Wahl teilgenommen hat. Die kurvige 16-Jährige hat zwar nicht gewonnen, wurde jedoch mit dem eigens für sie geschaffenen Titel „Miss Eleganza" ausgezeichnet. Doch nicht dieser Preis wird das Schicksal der blutjungen Sofia Villani Scicolone bestimmen. Es ist die Begegnung mit Carlo Ponti, einem wichtigen Filmproduzenten. Er bietet ihr einen Sieben-Jahres-Vertrag – und später einen Ehering – an. Sie ändert nun ihren Namen: Sophia Loren ist geboren und der Weg nach Hollywood vorgezeichnet.

Wohl mehr als eine der jungen Teilnehmerinnen in Pomigliano d'Arco wird diese Art von Bilderbuchkarriere vor Augen gehabt haben. Immerhin hatte noch eine damals schon international berühmte Schauspielerin ihre Erfolgsserie mit einem Schönheitswettbewerb begonnen: Gina Lollobrigida. Auch Luigina, wie sie damals noch hieß, trat 1947 zur Wahl der Miss Italia an und sicherte sich so ihren Platz im Scheinwerferlicht.

Der Laufsteg von Pomigliano d'Arco wird zwar keinen Filmstar und keine nationale Miss hervorbringen. Er wird dennoch immer wieder Eingang in die Gazetten finden.

Das Defilee der jungen Miss-Anwärterinnen läuft unter den anfeuernden Rufen der anwesenden Verwandten und Freunde ab. Allgemeiner Jubel kommt aber erst auf, als Assunta Maresca die Bühne betritt. Die 16-Jährige, die wegen ihrer puppenähnlichen Gesichtszüge seit ihrer Kindheit „Pupetta" genannt wird, ist eine typische Schönheit des Südens. Ihre Haare und Augen sind wie die eines schwarzen Panthers, ihr Teint ist gebräunt, berichten die lokalen Medien entzückt. Als sich die Schöne mit dem sanften Gesicht unter den anfeuernden Rufen über den Laufsteg wiegt, bleibt vielen der männlichen Anwesenden vor Begeisterung der Mund offen. Besonders einer lässt das Mädchen nicht mehr aus den Augen: Pasquale Simonetti, ein junger, aufstrebender Boss. Pupettas Sex-Appeal gefällt ihm. Ihr Nachname macht sie noch zusätzlich interessant. Pupetta stammt aus einer polizeibekannten Camorra-Familie, die ihr Reich in Castellammare di Stabia hat. Der Clan Maresca gibt in der kleinen Küstenstadt am Golf von Neapel den Ton an. Vater Alberto ist von den Behörden „als große Gefahr für die öffentliche Sicherheit" eingestuft und immer wieder in Polizeigewahrsam genommen worden. Pupettas Bruder steht an Gewalttätigkeit dem Familienoberhaupt um nichts nach. „I lampatielli" nennen die Einwohner von Castellammare die Männer der gefürchteten Camorra-Familie, denn sie haben den Ruf, ihre Messer genauso schnell zu zücken „wie der Gesetzlose Sundance Kid seine Pistole".

An diesem Abend bleiben Messer und Pistolen aber ungezückt. Alle haben nur Augen für Pupetta: Sie wird einstimmig zur Schönheitskönigin des Jahres gewählt.

Hinter dem puppenhaften Aussehen der jungen Frau verbirgt sich ein wilder und unbeherrschter Charakter. Schon als Schülerin wird sie wegen schwerer Körperverletzung angeklagt und nur deswegen nicht verurteilt, weil das Opfer, eine Schulkollegin, sich plötzlich an nichts mehr erinnern kann. Pupetta hat den Ruf, fordernd und unnachgiebig zu sein. Sie ist stolz auf ihre Herkunft und weiß, dass sie die Erbin eines kleinen, gewinnbringenden Reiches ist. Ihre Familie beherrscht einen Teil des lokalen Obst- und Gemüsemarktes. Wer Pupetta erobert, sichert sich auch dazu den Zugang.

Auch Pasquale Simonetti, wegen seiner Größe und seiner kräftigen Statur als „Berg" beschrieben und „Pascalone" – der große Pasquale – genannt, ist im Marktgeschäft tätig. Pascalone hat zuerst beim Schmuggel von Zigaretten mitgemischt. Nach einer Haftstrafe verschreibt er sich jedoch den ruhigeren Geschäften mit den Feldfrüchten, dem Gold des neapolitanischen Hinterlandes. Der aufstrebende Boss ist gefürchtet und wird von seinesgleichen respektiert. Etliche Anekdoten ranken sich um den starken Pascalone. So soll der als forsch bekannte Mann den Mut gehabt haben, den berühmtberüchtigten US-amerikanischen Mafia-Boss Lucky Luciano zu ohrfeigen, weil dieser sich geweigert habe, mit ihm auf der Pferderennbahn von Agnano zu wetten. Diese Geschichte ist zwar nicht verbürgt, zeigt aber, dass mit Pascalone nicht zu spaßen ist. Der 1926 geborene Pasquale Simonetti geht unbeirrbar seinen Weg. Anfang der 1950er-Jahre spielt er bereits eine wichtige Rolle in Neapel. Pascalone ist ein *presidente dei prezzi*, ein Preispräsident.

EINE MÖRDERIN ALS VOLKSHELDIN

Neapel hat im Zweiten Weltkrieg schwer gelitten. Deutsche wie Amerikaner schlugen mit großer Brutalität zu. Weite Teile der Stadt wurden durch die US-amerikanischen Bombenangriffe im Jahr 1943 zerstört. Die außerhalb gelegenen Industrieanlagen wurden zusätzlich von den abrückenden deutschen Truppen dem Erdboden gleichgemacht. Neapel war dadurch von seinem Umfeld abgeschnitten. Eine schwere Hungerkatastrophe war die Folge, die für die Menschen in der Stadt Tod und Verzweiflung brachte. Nicht einmal Brot und Pasta gab es, da selbst die

Getreidelieferungen die Stadt nicht mehr erreichen konnten. Unvorstellbare Szenen spielten sich ab. Hollywoodregisseur John Huston, der in den Kriegsjahren in der 5. US-Armee unter General Mark W. Clark diente, beschrieb Neapel als „gottlose Stadt. Die hungernden und verzweifelten Menschen sind bereit, alles zu tun, um zu überleben." Es war die Zeit der *signorine* – Frauen, die sich für ihre Familie prostituierten – und der *sciuscià* – Kinder, die als Schuhputzer der Soldaten ein paar Münzen verdienten und gestohlene Zigaretten verkauften. Der Schmuggel aller nur erdenklichen Waren begann zu blühen. Jahrelang beherrschte der Schwarzmarkt den Alltag und bereitete den Boden für neue kriminelle Machenschaften.

In den ersten Nachkriegsjahren setzt die Region Kampanien verstärkt auf den Sektor Landwirtschaft und dabei vor allem auf den Obst- und Gemüseanbau. Rund ein Drittel der landesweiten Produktion stammt allein aus der süditalienischen Region. Als Umschlagplatz für die Waren dient die Stadt Neapel. Um der großen Nachfrage gerecht werden zu können, entsteht am Corso Novara im belebten Hauptbahnhofsviertel eine Art landwirtschaftliche Börse. Dieses Großmarktgelände unter freiem Himmel ist das Reich des Preispräsidenten. Dessen selbsterklärte Rolle ist die eines „Vermittlers". Er vermittelt zwischen Bauern, Transportfirmen und Abnehmern. Damit diktiert er die Marktbedingungen sowie die Preise. Der Preispräsident entscheidet, wer als Geschäftspartner akzeptiert wird, und er treibt bewusst die Preise Schritt für Schritt in die Höhe. Wer diese Funktion innehat, nimmt Anfang der 1950er-Jahre eine Top-Position in der Camorra ein.

Pasquale Simonetti gelingt es in kürzester Zeit, seine beiden Konkurrenten, Alfredo Maisto und Antonio Esposito, auszuschalten. Pascalone wird der alleinige Preispräsident und damit

Herr über einen Geschäftsbereich, der im Jahr rund 30 Milliarden Lire umsetzt. Bei jeder Aktion kassiert er mit.

Die selbstbewusste Pupetta verliebt sich in den stattlichen und erfolgreichen Mann und er in sie. Auch Pupettas Familie ist mit der Verbindung einverstanden und so wird 1954 die Verlobung gefeiert. Als Datum wird das Fest der Madonna von Pompeji gewählt, das für den Maresca-Clan eine ganz besondere Bedeutung hat. Denn es war an einem Madonnengedenktag, als Pupettas Vater Alberto eine bilderbuchartige Flucht aus dem Gefängnis gelang. Alberto band einige Leintücher zusammen und seilte sich vom Fenster der Latrine ab. Dann lief er nach Hause und versteckte sich in seinen eigenen vier Wänden. Seitdem organisierte Mutter Maresca jedes Jahr ein großes Fest mit rund einhundert Gästen, musikalischer Umrahmung und Feuerwerk zu Ehren der Madonna. Nun vertraut sie der Madonna auch das Glück ihrer Tochter an.

Ein Jahr später, am 17. April 1955, feiert das Paar Hochzeit. Pascalone bittet seinen Erzrivalen Antonio Esposito, Trauzeuge zu sein. Diesmal sind es mehr als fünfhundert geladene Gäste, die

Hochzeit von Assunta „Pupetta" Maresca und Pasquale Simonetti

das junge Paar feiern. Ein opulentes Mahl lädt im Ristorante Panoramico zu ausufernden kulinarischen Freuden ein. Bis tief in die Nacht wird getrunken, gelacht und gesungen. Gegen Ende der Hochzeitsfeierlichkeiten steht ein junger Mann, Gaetano Orlando, auf und stimmt ein neapolitanisches Volkslied an. Drei Monate später erschießt Gaetano den jungen Ehemann auf offener Straße. Sein Auftraggeber ist Pascalones Trauzeuge.

Pascalone, der mitten auf dem Corso Novara von mehreren Schüssen getroffen wird, stirbt im Krankenhaus in den Armen seiner herbeigeeilten Frau. Ihr soll er noch mit letzter Kraft ins Ohr geflüstert haben, wer für die fürchterliche Tat verantwortlich ist: Antonio Esposito.

Die 20-jährige, schwangere Witwe zeigt Antonio Esposito bei der Polizei an. Sie erzählt, dass ihr Mann einen Monat zuvor an einer Besprechung mit mehreren Geschäftspartnern teilgenommen hat. Es ging um die inzwischen schlechter gehenden Geschäfte am Obst- und Gemüsemarkt. Die Diskussionen dürften hitzig gewesen sein, glaubt Pupetta, besonders zwischen den beiden Rivalen Pascalone und Antonio.

Die Ermittlungen der Polizei kommen trotz des von ihr genannten Namens nicht so recht in Schwung. Am darauffolgenden 4. Oktober verlässt Pupetta in tiefschwarze Trauerkleidung gehüllt ihre Wohnung. In die Handtasche steckt sie die Pistole ihres ermordeten Mannes. Das Gesicht ist von einem schwarzen Trauerschleier bedeckt. Dann lässt sie sich zum Großmarkt am Corso Novara fahren. Hier ist ihr Mann ermordet worden. Hier hofft sie Antonio Esposito zu finden. Pupetta muss nicht lange warten. Bald taucht der Bandenchef auf. Selbstsicher wie immer, aber bar jeglicher Ahnung, welche Gefahr auf ihn lauert. Pupetta tötet Esposito mit mehreren Schüssen und flieht. Eine Woche später wird sie verhaftet.

Una giovane donna spara tra la folla sul presunto assassino di suo marito

Elegante, con un tailleur nero, scende da un'auto e chiama un uomo – Questi si gira ed è colpito in pieno petto, fa fuoco a sua volta, poi muore – La vedova omicida è riuscita a fuggire

Maria Maresca Simonetti, la vedova napoletana omicida (Tel.)

(Nostro servizio particolare)

Napoli, 4 ottobre.

A mezzogiorno in punto i passanti che affollavano via Novara presso la stazione centrale hanno assistito atterriti ad un dramma fulmineo: una giovane e bella signora, elegantemente vestita con un tailleur nero su cui spiccava una grossa broche di brillanti, scendeva da una « 1100 » blu, occupata nella parte anteriore da due uomini e, avvicinatasi ad un signore, che con una breve parola percorreva il marciapiede, nel punto esatto dove il corso forma angolo con via Palermo, lo chiamava per nome. Poi, in un baleno, aperta la borsa, impugnava una pistola, e gli sparava contro sei visto a pochi passi tutta la scena, riconoscendo perfettamente la sparatrice. Una perlustrazione compiuta poco dopo nelle strade laterali ha fatto trovare a terra l'arma, una pistola calibro 12 buttata via dalla donna durante la fuga.

Il morto è Antonio Esposito, sposato, con due figli, facoltoso commerciante di 88 anni, da Pomigliano d'Arco, un vicino comune vesuviano. La donna che lo ha ucciso è Maria Maresca, una bellissima giovane di 23 anni, figlia di un agiato industriale di Castellammare e vedova di Pasquale Simonetti, meglio noto con il soprannome di «Pascalone e' Nola», un temibilissimo pregiudicato di quelle campagne, che il 16 il mandante del delitto era stato Antonio Esposito (oggi ucciso), cui la concorrenza del rivale causava gravi danni.

Ecco perché, secondo il punto fatto stasera dalla « Mobile » la Maresca, nota per il suo violento carattere, ha organizzato la vendetta: voleva essere lei a colpire di suo pugno l'uomo che, secondo il proprio convincimento, aveva predisposto e organizzato l'assassinio di suo marito. Con questo scopo la giovane vedova, mentre i due suoi complici sono rimasti nella « 1100 », evidentemente pronti a darle man forte se occorreva e pronti a condurla via, è scesa dall'auto ed ha affrontato l'Esposito, quasi nello stesso punto in cui era caduto il suo sposo, « Pascalone e' Nola ».

Fino a tarda notte, nonostante tutte le ricerche, la Maresca è rimasta introvabile. La « 1100 » blu su cui essa viaggiava è sfuggita ai posti di blocco istituiti ovunque dalla polizia e dai carabinieri.

L'accaduto ha causato vivissima impressione, sia perché contiene la sanguinosa catena di vendette in una vicenda che ha già avuto una forte eco nella provincia di Napoli, sia per la notorietà dei suoi protagonisti. Maria Maresca, molto ammirata per la sua non comune bellezza, era stata eletta nel '53 « Miss Rovigliano », una elegante spiaggia presso Torre Annunziata. Il 27 aprile del '55 aveva sposato il Simonetti nella basilica di Santa Maria di Pozzano presso Castellammare con nozze di eccezionale fasto, fra cui un sontuoso banchetto di cinquecento coperti cui partecipavano, in segno di onore verso il Simonetti, i principali esponenti della delinquenza campana, alcuni dei quali (come « il re del mercato nero delle sigarette », Cutolo Di Somma) dalla questura di Napoli recentemente « ammoniti » o assegnati al confino di polizia.

Crescenzo Guarino

Due soldati periscono in un camion che ribalta

Belluno, 4 ottobre.

Una tremenda avventura hanno vissuto un ufficiale e sette soldati del gruppo Sbarramenti Cadore, di stanza a Santo Stefano, che viaggiavano su un autocarro del Comando diretti verso la località Bus de Valle. Purtroppo si sono dovuti registrare due morti e due feriti.

I morti sono i fanti Giovanni Brustolin di Giuseppe, da Cittadella di Padova, e Arrigo Salvadori di Aldo, da Lendinara di Rovigo, entrambi ventiduenni. I feriti: Francesco Devetak da Savogna d'Isonzo (Udine) che guidava l'automezzo e Rinaldo Agostini di Giovanni, da Pionca (Padova). Il primo è ricoverato all'ospedale di Auronzo con prognosi riservata; il secondo se la caverà, salvo complicazioni, in una ventina di giorni.

Non si conoscono ancora le cause che hanno provocato il tragico fatto. Accertamenti sono in corso da parte dei carabinieri e dell'autorità militare. Si sa soltanto che l'autocarro ha sbandato ed è finito contro un muretto che costeggia l'arteria. Abbattutolo, il pesante mezzo si è rovesciato di fianco precipitando sul greto.

Denuncia contro la moglie del padre di Anna Caglio

Milano, 4 ottobre.

Dopo la querela presentata contro di lei dalla figliastra Anna Maria, la signora Nella Melillo, seconda moglie del notaio Attilio Moneta, Caglio, è stata oggi denunciata dal marito, dal quale vive separata. La signora Melillo è accusata di aver venuta meno agli obblighi di assistenza familiare ed è invitata a restituire alcuni assegni per l'ammontare di circa sei milioni, frutto della vendita di alcuni immobili che il notaio le aveva intestato.

Die Nachricht von der jungen, verzweifelten Witwe, die aus Liebe gemordet hat, verbreitet sich wie ein Lauffeuer. Pupetta, die – so sehen es ihre Anhänger – ihren geliebten Mann gerächt hat, ja rächen musste, wird zur Volksheldin. Halb Neapel ist aufseiten der jungen Frau und will einen Freispruch für den schönen Racheengel, der an antike Tragödien erinnert. Die Gerichtsverhandlungen werden von der begeisterten Fangemeinde wie ein Heimspiel des SSC Napoli gestürmt. Selbst nach der Verlegung des Prozesses in größere Räumlichkeiten reicht der

Platz nicht aus. Pupetta inspiriert Bänkelsänger und lockt Journalisten aus vielen Ländern an. Auch die Richter können eine gewisse Sympathie für die junge Mörderin nicht verhehlen. Am Ende verurteilen sie die Witwe Simonettis aber zu 18 Jahren Haft, die später jedoch reduziert werden. Ihr Sohn, Pasquale junior, wird nur wenige Wochen nach ihrer Verhaftung, Ende Jänner 1956, im Gefängnis geboren.

Zu Ostern 1965 kommt Pupetta nach einer Herabsetzung des Strafmaßes nach fast zehn Jahren Gefängnis in ihre Heimatstadt Castellammare di Stabia zurück, wo sie triumphal empfangen wird. Ihre Popularität ist ungebrochen, die lokale Macht ihrer Familie weiterhin aufrecht. Zwei Jahre später versucht sie sich als Schauspielerin. Sie verkörpert die Hauptrolle in einem drittklassigen, von ihrem eigenen Leben inspirierten Film. „Verbrechen in Posilippo" ist jedoch ein Flop und Pupetta widmet sich ab nun der Mode. Sie eröffnet zwei Bekleidungsgeschäfte in Neapel. In dieser Zeit tritt der sechs Jahre jüngere Umberto Ammaturo in ihr Leben und mit ihm die Camorra neuen Stils.

DER KÖNIG DES KOKAINS

Umberto Ammaturo beginnt wie viele andere seine kriminelle Karriere mit dem Schmuggel von Zigaretten und verdient sich dabei ein kleines Vermögen. Doch schon bald ist ihm Neapel zu eng. Die Camorra der Obst- und Gemüsemärkte ist längst von der Realität überholt, der illegale Handel mit Tabakwaren ebenso. Ammaturo sucht neue Geschäftsmöglichkeiten. Er will Geld verdienen. Richtig viel Geld. So steigt er in den 1970er-Jahren in den Rauschgifthandel ein. Um die bestmögliche Abwicklung seiner Geschäfte zu garantieren, übersiedelt Ammaturo nach Peru. Er schlägt sein Hauptquartier in Lima auf und verhandelt direkt mit den Kokainbauern. Von ihnen kauft er die begehrte Kokainpaste, die er anschließend raffinieren lässt. Die so gewonnene Droge ist nun für den Export bereit und wird in die großen europäischen Städte geliefert. Innerhalb kurzer Zeit ist Ammaturo einer der größten Kokainhersteller der Welt und ein schwerreicher Mann.

Die Verbindung zwischen der glorifizierten Rachegöttin und dem Gangsterboss, der dem französischen Schauspieler Jean-Paul Belmondo zum Verwechseln ähnlich sieht, dauert – mit Höhen und Tiefen – rund zwanzig Jahre. Zwei Kinder gehen aus ihr hervor, die Zwillinge Roberto und Antonella, doch das junge Paar kämpft schon bald mit Schwierigkeiten. Der kriminelle Lebenswandel der beiden wirkt sich negativ auf das junge Glück aus. Pupetta und Umberto landen immer wieder im Gefängnis. Die gemeinsame Zeit ist beschränkt und die anfängliche Leidenschaft beginnt zu erkalten.

Als im Jänner 1974 Pupettas erstgeborener Sohn Pasquale spurlos verschwindet, fällt der Verdacht auf Ammaturo, der nie ein gutes Verhältnis zu dem jungen Mann gehabt hat. Die Polizei kann Pupettas Lebensgefährten aber nichts nachweisen, und so wird er 1975 aus Mangel an Beweisen freigesprochen. Das Verhältnis Pupettas zu Umberto verschlechtert sich weiter, doch sie glaubt nie wirklich an seine Verwicklung in diesen Fall. Sie bleibt an seiner Seite. Der Leichnam des jungen Simonetti wird nie aufgefunden.

Im selben Jahr, in dem Pupettas Sohn verschwindet, steht Ammaturo auch wegen eines anderen Deliktes vor Gericht. Zum ersten Mal wird ihm vorgeworfen, im internationalen Drogengeschäft tätig zu sein. Als Komplizin wird eine in Neapel tätige

Diplomatin aus Panama genannt. Sie stellte Ammaturo Diplo-
matenkoffer für den Drogentransport zur Verfügung.

Mit diesem Fall beginnt eine lange Geschichte von Gefäng-
nisaufenthalten und -ausbrüchen. Ammaturo wird als äußerst
klug und gerissen beschrieben. Er kennt und nützt alle nur
möglichen Schliche. So weiß er von der dubiosen Rolle des
Gerichtspsychiaters Aldo Semerari, der gegen entsprechende
Bezahlung inhaftierte Camorra-Bosse für psychisch krank erklärt. Auch Ammaturo kauft sich von Semerari ein ärztliches
Attest und wird mit der Diagnose „schizophrene Störung mit
verschiedenartigen Halluzinationen" von der Haftanstalt in die
gerichtspsychiatrische Abteilung von Aversa überstellt. Es ist
unter den Häftlingen ein offenes Geheimnis, dass die Geschäfte vom Krankenhaus viel besser als vom Gefängnis aus weiter-
geführt werden können. Dort gehen „falsche Verrückte" ohne
Probleme aus und ein. Ein ideales Terrain für die Aktivitäten
der Camorra-Bosse.

1982 wird Ammaturo mit seiner Lebensgefährtin Pupetta wieder einmal verhaftet. Beide werden des Mordes an Aldo Semerari beschuldigt. Der bekannte Psychiater war im März aus einem Hotel in Neapel verschwunden, in dem er seit einiger Zeit
logiert hatte. Knapp eine Woche nach seinem Verschwinden
meldete ein Passant der Polizei eine eigenartige rote Flüssigkeit, die aus einem geparkten Fiat 128 rann. Die herbeigeru-
fenen Carabinieri machten eine schreckliche Entdeckung. Auf
dem Fahrersitz lag ein Plastiksack mit dem abgesägten Kopf
eines Mannes. Sein Körper lag hingegen im Kofferraum des
Fahrzeugs. Der Tote wird als Aldo Semerari identifiziert. Der
Verdacht, das schreckliche Verbrechen begangen zu haben,
fällt augenblicklich auf Umberto Ammaturo und Pupetta. Beide
werden jedoch mangels Beweisen freigesprochen und der Fall

bleibt ungelöst. Erst im Mai 2010 wird der inzwischen mit der Justiz kollaborierende Ammaturo in einem Interview mit der Tageszeitung „La Repubblica" bekennen: „Ich habe ihm selbst den Kopf abgeschnitten. Denn er war ein Verräter." Der Verrat lag darin, auch für seinen Rivalen auf dem Drogenmarkt, Raffaele Cutolo, ein falsches Gutachten ausgestellt zu haben, obwohl Semerari von Ammaturo viel Geld bekommen hatte.

Die frühen 1980er-Jahre bedeuten Krieg zwischen der „Neuen Organisierten Camorra" Raffaele Cutolos und der „Neuen Familie". Pupetta nimmt während ihrer Beziehung mit Umberto Ammaturo innerhalb der Camorra eine klare Position ein. Die allgemeine Verblüffung ist groß, als sie im Februar 1982 eine Pressekonferenz einberuft, in der sie Cutolo und dessen Organisation offen bedroht: „Wenn man unter *Nuova Famiglia* diejenigen versteht, die sich gegen die Übermacht der *Nuova Camorra Organizzata* zur Wehr setzen, dann betrachte ich mich als Mitglied der *Nuova Famiglia*." Die ungewöhnliche Pressekonferenz ist nicht nur völlig überlaufen, sie hat auch ein juristisches Nachspiel. Pupetta wird verhaftet und angeklagt, der Camorra anzugehören. Sie hat sich faktisch selbst geoutet. Allerdings dauert es vier Jahre, bis das Gericht zur Überzeugung gelangt, dass Pupetta Maresca tatsächlich ein Mitglied der *Nuova Famiglia* ist. Nach diesem Urteil wird ihr Vermögen beschlagnahmt. Eine ihrer Villen ist heute Sitz des Sozialprojektes „Casa di Alice". In einer kleinen Schneiderei arbeiten dort Einwanderinnen aus Afrika. Sie entwerfen Modelle und stellen die Kleidungsstücke auch her.

Pupetta wird mehrmals angeklagt. So soll sie in einen weiteren Mordfall verwickelt sein. Der Staatsanwalt plädiert auf lebenslangen Freiheitsentzug, doch auch diesmal wird sie mangels Beweisen freigesprochen. Sogar die Anklagen, von einer Bank

Geld erpresst sowie Drogen gehandelt zu haben, laufen ins Leere. Pupetta wird nie verurteilt.

Ihre Beziehung zu Ammaturo geht in diesen Jahren in die Brüche. Der Drogenboss flieht nach Südamerika, wo er für einige Zeit in einer brasilianischen Haftanstalt eingesperrt wird. 1990 entkommt er dank einer spektakulären und risikolosen Flucht. Keine Schießerei, kein Ausheben von Tunnels: „Der König des Kokains" geht einfach erhobenen Hauptes beim Haupteingang des Gefängnisses von Brasilia hinaus. Er hatte das Wachpersonal mit viel Geld bestochen. So öffneten sie seine Zellentür und organisierten den Rest. Draußen wartet ein Hubschrauber, der den prominenten Gefangenen in Sicherheit bringt: nach Peru, wo er sich unter einem neuen Namen eine neue luxuriöse Existenz aufbaut. Ammaturo heiratet wieder. 1993 wird der international gesuchte Verbrecher im Kreise seiner unwissenden Familie von der Polizei gestellt und nach Italien ausgeliefert.

Als Pupetta von seiner neuen Frau erfährt, ist Ammaturo für sie abgeschrieben. „Umberto ist für mich gestorben", erklärt sie, „er ist nur mehr der Vater meiner Kinder, die ihn respektieren, wie es ihre Pflicht ist."

Der Justiz-Kollaborateur Ammaturo lebt heute mit einer neuen Existenz an einem unbekannten Ort.

Pupetta tritt nur mehr selten in der Öffentlichkeit auf. So wie 2013, als ihr Leben wieder einmal für das Fernsehen verfilmt worden ist.

LA CASTELLANA – DIE SCHLOSSHERRIN

ROSETTA CUTOLO

Sein wahres Ausmaß zeigt sich am besten aus der Luft. Sein historisches Gewicht beim Studium der Geschichtsbücher. Die siedeln die Grundsteinlegung des imposanten Kastells bereits in den grauen Vorzeiten der Langobardenherrschaft an. Offiziell erwähnt wird es hingegen erstmals in der Zeit des Investiturstreites. Papst Gregor VII. soll auf seiner Flucht vor Kaiser Heinrich IV. hier Unterschlupf gefunden haben. Das ungeschriebene Gästebuch weist Fürsten und Gelehrte auf und der Ruf der Schlossanlage dringt bis nach Florenz. 1567 erwirbt die mächtige Familie Medici den ausgedehnten Besitz. Mehr als drei Jahrhunderte später wird eine verarmte Nachfahrin, Maria Capece Minutolo Lancillotti, den Besitz für die geradezu lächerliche Summe von 270 Millionen Lire veräußern. Die neue Herrin auf dem Renaissance-Schloss heißt nun Rosetta Cutolo. Die Bewohner des Ortes Ottaviano, in dem sie 1937 geboren worden ist, nennen Donna Rosetta ab nun ehrfürchtig „la castellana", „die Schlossherrin". Doch nicht die legendären 365 Zimmer der Residenz samt angeschlossenem Park sind es, die der Bevölkerung am Fuße des Vesuvs angstvollen Respekt einflößen: Es ist vielmehr ihr blutgetränkter Nachname. Rosetta ist

Das Kastell der Medici in Ottaviano

die Schwester von „o' professore". So nennen seine Anhänger Rosettas vier Jahre jüngeren Bruder Raffaele, den Gründer der *Nuova Camorra Organizzata*.

Rosetta und Raffaele stammen aus einer Landarbeiterfamilie. Vater Michele schuftet auf den Feldern eines Großgrundbesitzers, der ihn ausbeutet und schikaniert. Um sich besser vor dessen Übergriffen schützen zu können, begibt sich Michele unter Schutz und Schirm des lokalen Bosses Alfredo Maisto. Maisto, einer der Herren über den Schwarzmarkt in Neapel und Gegenspieler von Pupetta Marescas Ehemann Pascalone, wird dadurch auch zur Schlüsselfigur im Leben Raffaeles. Der Boss nimmt den Jungen unter seine kriminellen Fittiche und lehrt ihn den Umgang mit Waffen. Schon als Jugendlicher wird er Zeuge eines Mordes auf dem Marktgelände von Aversa. Unstimmigkeiten mit einem Viehhändler sollen Auslöser für die Tat gewesen sein. Maisto ließ kurzen Prozess mit ihm machen. Die Waffe für den Mord wurde Raffaele zur Aufbewahrung anvertraut.

Wie viele seiner Generation verlässt Raffaele die Schule nach nur fünf Jahren Unterricht. Ab diesem Zeitpunkt ist das Leben sein Lehrmeister. Im neapolitanischen Hinterland dieser Zeit heißen die Fächer Armut, soziale Missstände und Gewalt. Die staatlichen Institutionen glänzen hingegen oft durch Abwesenheit oder zeichnen sich durch mangelnde Durchsetzungskraft aus. Ein tödlicher Kreislauf und der ideale Nährboden für die Camorra.

Der heranwachsende Raffaele schlägt sich einstweilen mit Hilfsarbeiten und Botendiensten durch, doch insgeheim schmiedet er schon bald ehrgeizige Pläne. Er will hoch hinaus und die Geschichte seiner Familie ganz neu schreiben. Raffaele ist 21 Jahre alt, als er seinen ersten Mord begeht.

Rosetta steht ihrem jüngeren Bruder von Anfang an zur Seite. Die Frau mit den „occhi di ghiaccio", dem eisigen Blick, ist bereit, alles für ihn zu tun. Er ist ihr Idol. Ihm zuliebe verzichtet sie sogar darauf, zu heiraten und eine eigene Familie zu gründen. Sie wird Hirn und Hand der *Nuova Camorra Organizzata*. Raffaele Cutolo lässt Staub und Schmutz der heimatlichen Felder rasch hinter sich und schafft sich eine ganz neue Identität. Er setzt sich eine goldumrandete Brille auf, die ihm ein professorales Aussehen verleiht, trägt nur mehr teure Markenkleidung und pflegt sanfte Umgangsformen. Der Mann hinter dieser gewollt bürgerlichen Maske kennt jedoch keine Gnade. Cutolos Verbrechen füllen Aktenschränke. Viele Male wird das Urteil „lebenslänglich" über ihn verhängt werden. Fast sein gesamtes Leben wird er in Haftanstalten und in gerichtspsychiatrischen Abteilungen verbringen. Seine kriminellen Ziele hat er trotzdem umgesetzt.

Schon Anfang der 1960er-Jahre wird Raffaele Cutolo erstmals inhaftiert. Im Gefängnis reift auch seine Vision einer neuen Camorra heran.

Raffaele Cutolo, Begründer der „Nuova Camorra Organizzata"

Die Macht der Legenden

Um den Beginn des organisierten Verbrechens in Neapel ranken sich zahlreiche Mythen. Eine dieser Legenden führt die Geschichte der Camorra auf eine spanische Bruderschaft aus dem frühen fünfzehnten Jahrhundert zurück. Rund einhundert Jahre später sollen die spanischen Eroberer diese Ideen nach Neapel importiert haben. Während dieser Ursprung sowie die Bedeutung des Namens Camorra nicht gesichert sind, hält ein anderes Ereignis jeglicher Überprüfung stand. 1842 – Neapel wird inzwischen von Bourbonen regiert – wird ein Statut mit 26 Paragrafen niedergeschrieben. Dieser Akt ist die Geburtsstunde der *Bella Società Riformata*. Im ersten Artikel des Regelwerks heißt es: „Die Ehrbare Gesellschaft des Schweigens, mit anderem Namen die ‚Schöne Reformierte Gesellschaft' der Camorra, schließt alle beherzten Männer zusammen, auf dass sie sich unter besonderen Umständen in moralischer und materieller Hinsicht gegenseitig helfen können." Mitglied der Organisation kann faktisch jeder gottesfürchtige Mann werden, der die Führung der Gesellschaft bedingungslos anerkennt. So entsteht eine private Parallelmacht mit eigener Justiz, eigenem Sicherheitssystem und eigener Rechtsprechung. Artikel 24 legt auch das eigene „Steuersystem" dar: „Die eingetriebenen Gelder sind an die Oberhäupter der Gesellschaft abzuführen. Ein Viertel davon steht dem Großmeister zu, der Rest geht in die gemeinsame Kasse der Gesellschaft und wird auf das Gewissenhafteste unter den aktiven, den arbeitsunfähigen und denjenigen Mitgliedern verteilt, welche die Laune der Regierung ins Gefängnis gebracht hat."

1860 schlägt für die „Schöne Reformierte Gesellschaft" eine

Glücksstunde. Am 7. September betreten Giuseppe Garibaldi und seine Truppen von Sizilien kommend Neapel. Die Eroberung erfolgt ohne Gegenwehr und der letzte Bourbonenherrscher flieht aus der Stadt. Die Gebiete Neapels werden in das neue Königreich Italien eingegliedert. Für die reibungslose Einnahme Neapels hat der Polizeichef der Stadt und spätere Innenminister, Liborio Romano, gesorgt. Er hatte im Vorfeld mit der Camorra paktiert. Romano übertrug ihr, um die umstürzlerischen Zwecke zu unterstützen, die Polizeigewalt und machte eine Reihe von *capicamorra* zu Kommissaren und Polizeiinspektoren. Die einfachen Camorristen, die *piciotti*, gliederte er hingegen in die Stadtwache ein. Bald nach dem Ende des Bourbonenreiches beginnt der neue Staat seine Helfer aber – mit wechselndem Erfolg – zu unterdrücken. Am 25. Mai 1915, zwei Tage nach dem Eintritt Italiens in den Ersten Weltkrieg, wird die *Bella Società Riformata* formal von ihren eigenen *capi* aufgelöst. Die übergeordnete Struktur verschwindet, die einzelnen Gruppen bleiben jedoch bestehen und werden einander bekämpfen.

Das auf den Krieg folgende faschistische Regime bedeutet für die Camorra Verfolgung und Unterdrückung. Doch wie in Palermo unter dem „Eisernen Präfekten" Cesare Mori sind auch hier manche gleicher. Einige Camorristen entscheiden sich daher für die Zusammenarbeit mit den faschistischen Truppen. Und ebenso wie zur gleichen Zeit in Sizilien wählen viele Bosse das Exil in den USA. In New York treffen dann Mafiosi und Camorristen aufeinander.

Die Camorra wird im Laufe der Geschichte oft totgesagt. In Wirklichkeit wechselt sie nur ihre Geschäftsfelder und ihren Einflussbereich. So wie am Ende des neunzehnten Jahrhunderts. Damals eröffnet die Erweiterung des Wahlrechts der

Camorra einen neuen und bis heute aktiven Geschäftszweig. Neben Erpressungen widmet sie sich nun hauptsächlich dem Kauf von Wählerstimmen.

Raffaele Cutolo will die auch nach dem Zweiten Weltkrieg horizontal gegliederte Camorra – angeführt von einem einzigen Superboss – zu neuer Blüte führen. Die neue Struktur soll an das Modell des neunzehnten Jahrhunderts anschließen und gleichzeitig auf der Höhe der wirtschaftlichen Anforderungen ihrer Zeit sein. Am 24. Oktober 1970 – am Tag des Erzengels Raphael – gründet Raffaele Cutolo die NCO, die *Nuova Camorra Organizzata*. Er schafft – nach dem Vorbild der kalabrischen 'Ndrangheta und zu seiner eigenen Ehre – eine pyramidale und paramilitärische Struktur, an deren Spitze er sich selbst stellt. *Vangelo*, Evangelium, nennt er den obersten Boss, der alle Gewalt in seinen Händen vereint. Jeder, der aufgenommen wird, muss sich dem *vangelo* mit Haut und Haar unterwerfen. Cutolo untermauert seine Idee mit alten Legenden, zu denen er neue hinzufügt. Er datiert den ursprünglichen Beginn der Camorra mit dem Jahr 1771 und erfindet ein eigenes Initiationsritual. Der aufzunehmende Camorrist muss am Ende des Ritus folgende Formel sprechen: „Ich schwöre der *Nuova Camorra Organizzata*, die 1970 am 24. Oktober im Medici-Schloss von Ottaviano entstanden ist, bei meinem Herzen treu zu sein, so wie die *Nuova Camorra Organizzata* mir treu sein wird."

Die graue Eminenz des Clans

Statthalterin im Hauptquartier der NCO ist Raffaeles Schwester. Vom Schloss aus lenkt Rosetta das immer größer werdende Heer der „Cutolianer", denn Cutolo sucht keine handverlesenen Mitglieder, er will Masse. Rekrutiert werden die neuen Camorristen vor allem in den überfüllten Gefängnissen. Doch auch in den Elendsvierteln sind viele junge Männer von der Gestalt und den Ideen des größenwahnsinnigen „professore" fasziniert. Im Seidenmantel erteilt er aus dem Gefängnis heraus Mordaufträge und widmet sich zugleich dem Studium der Poesie. Die NCO verspricht nicht nur einen fixen finanziellen Anteil für jedes Verbrechen, sie verheißt auch Ansehen. Bis zu 7000 Soldaten, schreibt der Historiker Francesco Barbagallo, umfasst diese Privatarmee Cutolos.

Den Überblick über Cutolos paramilitärischen Apparat hat Rosetta. Sie notiert jedes Mitglied fein säuberlich in einem Notizbuch. Diese hochbrisante Liste wird für fremde Augen unsichtbar in einer kleinen Nische des Schlosses aufbewahrt, über die ein großes Gemälde gehängt wird. Rosetta führt als Graue Eminenz des Clans auch die Wirtschaftsbücher der Organisation, die vom Glücksspiel bis zum Drogenhandel alle kriminellen Felder abdeckt. Darin erfasst sie die Eingänge aus Schutzgelderpressungen sowie die Ausgaben für die Familien von inhaftierten Mitgliedern. Nach den Plänen Cutolos sollen aus dem Gefängnis entlassene *affiliati* Rosetta als Dank *un fiore* zukommen lassen. Keine Blumen, sondern Geld, das sie verwaltet.

Als kalt und mit scharfem Verstand ausgestattet, so wird Rosetta in jenen Jahren beschrieben. Eine Patin, die Gewalt über Leben und Tod hat. Eine übermächtige und gefährliche Frau, die das Licht der Öffentlichkeit scheut. Tatsächlich gibt sie nur ein einziges Mal ein Interview. Rosetta Cutolo öffnet dafür dem Mafia-Experten Giuseppe Marrazzo die Schlosstore.

Die Aufnahmen zeigen eine nicht mehr ganz junge Frau im Kreise einer fiktiven Familie. Wie auf einem alten Ölbild sitzt Rosetta an einem großen Tisch, neben und hinter ihr sind Kinder, Frauen und Männer wie Requisiten drapiert. Das graue Haar streng zurückgekämmt, gibt sie ihr ungeschminktes Gesicht preis. Das fast bis zum Hals geschlossene, dunkle und dezent

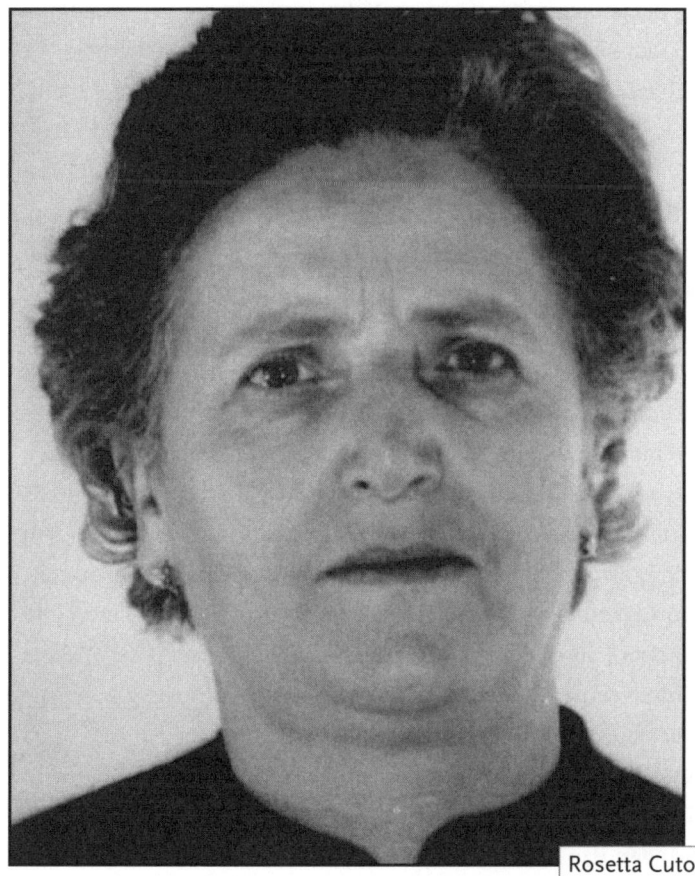

Rosetta Cutolo

gemusterte Kleid verleiht ihr eher das Aussehen einer distinguierten Schlossherrin als das eines Camorra-Bosses. Antike, kleine Ohrringe und eine schmale Goldkette um den Hals runden dieses Bild ab. Mit warmer und herzlicher Stimme antwortet sie auf die Fragen des Journalisten. Ob sie im Namen ihres Bruders Kontakt zu den anderen halte? Rosetta lächelt: „Ich bin seine Schwester. Kontakte habe ich keine. Zu niemandem. Aber ich kümmere mich seit zwanzig Jahren um meinen Bruder. Und er tut nur Gutes und Schönes." Rosetta beschreibt ihren Bruder in neapolitanisch gefärbtem Italienisch blumig als Wohltäter, an den sich Menschen in Not spontan wenden. Menschen, die Schutz, Hilfe oder einen Arbeitsplatz brauchen. „Er sorgt dafür, dass die Person dann Arbeit findet, dass ihr geholfen wird." Und die Gelder für die Gefangenen, will der Reporter wissen. Damit habe sie nichts zu tun, versichert sie immer freundlich lächelnd, dafür sorgen die einzelnen Familien. Alles sei legal und vor allem menschlich, denn es handle sich dabei um eine Art Versicherung zur Unterstützung der jeweiligen Familienmitglieder.

Donna Rosetta zieht mit geschickter Hand die Fäden. Ihr Bruder Raffaele befindet sich nur kurze Zeit seines Lebens in Freiheit. 1970 wird er nach sieben Jahren Haft entlassen, doch der Oberste Gerichtshof bestätigt bald darauf das vorliegende Urteil. Bereits im Frühjahr des folgenden Jahres befindet sich der inzwischen untergetauchte Cutolo wieder im Gefängnis. Dort erkauft er sich ein falsches psychiatrisches Gutachten und lässt sich für „geistig krank" erklären. Durch das Attest erreicht Cutolo seine Verlegung in das Gefängnis für geistig abnorme Rechtsbrecher in Aversa. Von hier bricht er im Februar 1978 aus. Eine Explosion erschüttert das Gebäude. Das Tor wird aufgesprengt und der Verbrecher kann fliehen. Die Ermittler bringen das Attentat in Zusammenhang mit dem Besuch seiner Schwester am Tag zuvor. Ein Jahr später wird Cutolo wieder verhaftet und sitzt seither unter den für Mafia-Mitglieder vorgesehenen strengen Haftbedingungen im Gefängnis.

Rosetta entkommt 1981 nur knapp dem Zugriff der Polizei. Als die Sondereinheiten in das Schloss eindringen, geht gerade ein Camorra-Gipfeltreffen zu Ende. Alle wichtigen Vertreter der Organisation haben teilgenommen, doch die Polizisten hofften vor allem Cutolos Schwester festnehmen zu können. Rosetta gelingt es zu entkommen, die Einheiten beschlagnahmen jedoch viele für die Ermittler wertvolle Unterlagen, darunter auch das berühmte Notizbuch.

Von nun an lebt und wirkt Rosetta im Untergrund. Eng an ihrer Seite bleiben Francesco Violento, der Butler und Chauffeur der Familie, sowie Vincenzo Casillo, Cutolos Stellvertreter. Casillo ist eine der Schlüsselfiguren der NCO, obwohl oder gerade weil er eine untypische Figur auf dem Schachbrett Cutolos ist. Er ist Unternehmer und kein offizielles Clanmitglied. Casillo ist berechnend, skrupellos und verfügt über beste Beziehungen zu Wirtschaftskreisen, Geheimdiensten und Politik. Bald gilt er deshalb als der „Richelieu" der Organisation. Er und die NCO tauchen in etlichen Kriminalfällen der Republik Italien auf.

Casillo sowie Raffaele und Rosetta Cutolo sollen 1982 eine zentrale Rolle bei der Entführung des christdemokratischen Politikers Ciro Cirillo durch die Roten Brigaden gespielt haben. Aufgrund ihrer Vermittlung soll es zur Freilassung des Politikers gekommen sein. Die Umstände sind aber bis heute nicht geklärt. Casillo soll laut Aussagen von Kronzeugen auch in die Ermordung Roberto Calvis verwickelt gewesen sein. Der Fall des 1982 in London unter der Blackfriars Bridge aufgefundenen „Bankiers Gottes" ist aber ebenfalls noch offen. Cutolos Stellvertreter gerät bald darauf selbst auf eine Abschussliste.

1983 stirbt Casillo in Rom bei einem Attentat. Sein Auto wird in die Luft gesprengt. Einige Medien munkeln, er sei Rosetta zu gefährlich geworden. Doch auch hier ist das letzte Wort noch nicht gesprochen.

Der Mann, der Rosetta neben ihrem Bruder jedoch am nächsten steht, ist ein Geistlicher: Don Giuseppe Romano, der „Seelsorger ihres Vertrauens", Freund und Begleiter. Der Priester steht ihr in den ersten Jahren der Flucht bei und ermöglicht Donna Rosetta damit, ihre Aktivitäten ungehindert weiterzuführen. Don Giuseppe dient auch als Chauffeur, wenn sie zu Camorra-Treffen muss. Mehrmals bringt er Donna Rosetta nach Rom. Immer wieder sollen sie in Latium Unterschlupf gefunden haben. Sein Priesterkleid schützt ihn – und damit seine weibliche Begleitung – vor unliebsamen Polizeikontrollen. Rosetta kann somit sicher und unerkannt reisen.

Seine Beziehung zur „Schlossherrin" bleibt auch der Justiz nicht verborgen und eines Tages muss er sich wegen „Begünstigung" verantworten. Er wird festgenommen und nach Macerata verbannt. Als er zurück nach Neapel kommt, scheint Gras über die Sache gewachsen zu sein. Der Priester, ein promovierter Biologe, nimmt seine Tätigkeit wieder auf. Im Jänner 1986 wird er auf dem Weg zur Messe von zwei Auftragskillern mit acht Schüssen schwer verletzt. Nach einer Notoperation und vier Tagen im Krankenhaus stirbt Giuseppe Romano.

Die Jahre der Flucht werden ohne ihren Begleiter einsam für Donna Rosetta. Gleichzeitig wird die NCO in einem blutigen Konflikt mit der *Nuova Famiglia* aufgerieben. Rosetta flieht vor den gegnerischen Clans und der Polizei. 1990 sind ihr die Anti-Camorra-Einheiten wieder knapp auf den Fersen. Zweimal entkommt sie – einmal aus einem Kloster und ein anderes Mal aus dem Haus eines befreundeten Camorristen. Rosetta hat

Angst. Ihr Bruder beginnt, mit den Behörden ihre Festnahme zu verhandeln. Seine Schwester, versichert er, will sich ergeben, allerdings unter der Bedingung, in einen Hochsicherheitstrakt zu kommen. Die Verhandlungen, an denen auch die Geheimdienste teilgenommen haben sollen, tragen Früchte. Rosetta Cutolo wird am 8. Februar 1993 verhaftet. Als die Polizei im Morgengrauen kommt, wartet sie bereits mit gepackten Koffern auf sie. Die „Schlossherrin", deren Kastell 1991 beschlagnahmt worden ist, scheint erleichtert. Die Jagd hat ein Ende.

1999 wird sie aus der Haft entlassen. Donna Rosetta kehrt nach Ottaviano zurück. Die Hoffnung, sie würde sich in den Kreis der *pentiti* einreihen, ist unerfüllt geblieben. Weder sie noch ihr Bruder haben die Geheimnisse der Familie preisgegeben.

Das berühmte Renaissanceschloss der Medici wurde öffentlichen Zwecken zugeführt. Heute ist es der Sitz des Amtes *Parco Nazionale del Vesuvio*.

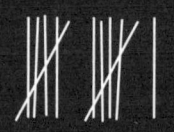

INCHIESTA »CUPIDO« - AKTE »CUPIDO«

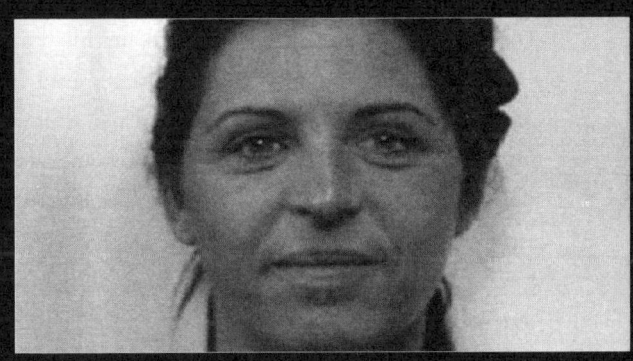

ANTONELLA MADONNA

Die Begegnung am Strand von Torre del Greco ist flüchtig, doch es funkt sofort. Mehr als Liebe scheint es Leidenschaft auf den ersten Blick zu sein. Eine schnelle und heiße Affäre sollte es werden, mehr nicht. Dem Herzen kann man nicht befehlen, sagt jedoch eine italienische Redewendung, und so kommen die 28-Jährige und der kaum ältere Mann nicht mehr voneinander los. Es entwickelt sich eine Liebesaffäre. Eine geheime Affäre, denn Antonella Madonna ist seit vielen Jahren verheiratet. Das Liebespaar trifft sich daher nur heimlich an wechselnden Orten. Fernab von unerwünschten Augen und Ohren. Auch an diesem Tag im Herbst 2012, der Antonellas Leben für immer verändern wird, haben sich die beiden in einem Liebesnest verabredet. Die Wahl ist auf ein Hotel in Terzigno gefallen, einem Ort in der Nähe von Neapel. Doch die Ruhe täuscht. Antonella und ihr Seemann bleiben diesmal nicht allein. Plötzlich taucht der jüngere Bruder ihres Mannes mit vier weiteren Familienmitgliedern auf. Die Gruppe dringt in das Hotelzimmer ein und ertappt das Paar in flagranti. Die jungen Männer werden handgreiflich und verprügeln Antonella und ihren Geliebten. Vor allem die Frau bekommt die Wut des Schlägertrupps zu spüren. Erbarmungslos schlagen die fünf Männer auf sie ein. Die Attacke auf das junge Liebespaar ist aber nicht primär der rasenden Eifersucht eines betrogenen Ehemannes zuzuschreiben. Antonella ist nicht nur eine Ehefrau, die fremdgeht, Antonella ist mit einem Boss verheiratet, oder genauer, sie ist zu diesem Zeitpunkt selbst der Boss. Ihr Mann Natale Dantese büßt eine Haftstrafe ab.

Frauen haben in den Reihen der Camorra mehr Möglichkeiten als in der Cosa Nostra mit ihrem viel rigideren Regelwerk. Sie haben mehr Mitspracherechte und größere Freiheiten. Die sizilianische Soziologin Alessandra Dino schreibt „von Rollen, die ein deutlicheres Profil haben und die sich als Vorreiterrollen bezeichnen lassen". Frauen seien in der Geschichte der Camorra immer wieder „mit Befehlsfunktionen ausgestattet" worden und „haben führende Positionen übernommen". Antonella hat eine solche Funktion inne und sie bekleidet diese Rolle mit großer Entschlossenheit. Doch jetzt scheint sie den Bogen überspannt zu haben. Eine Patin, die ihren Mann betrügt? Das ist zu viel für den Clan aus Ercolano.

Antonella Madonna, 1984 geboren, wird durch ihre Heirat mit Natale Dantese Mitglied des Ascione-Papale-Clans. Diese Camorra-Organisation kämpft rund ein Jahrzehnt mit den gegnerischen Familien Birra-Iacomino um die Herrschaft in und um Ercolano.

Ercolano, wie Pompeji berühmt für seine antiken römischen Ausgrabungsstätten, ist immer wieder Schauplatz bewaffneter Auseinandersetzungen. Die rivalisierenden Clans verbreiten in den Gassen der Kleinstadt Angst und Schrecken. Ungeniert treten die Bosse auch in der Öffentlichkeit bewaffnet auf. Eigene Schutztruppen begleiten sie bei ihren Kontrollgängen durch die Stadtviertel. Heftige Schusswechsel zwischen den Rivalen gehören lange Zeit zum Alltag. Allein zwischen Frühjahr 2007 und Herbst 2008 sind 18 Personen im Zuge dieser Fehde ermordet worden.

Leidtragende dieser brutalen Machtkämpfe ist einmal mehr die Bevölkerung, die auch finanziell zwischen die Fronten gerät. Immer wieder kommt es vor, dass Geschäftsleute Schutzgelder an beide Clans entrichten müssen, wollen sie nicht um Leib und Leben fürchten. Juweliere, Autohändler und Bauunternehmer werden doppelt zur Kasse gebeten und dadurch oft an den Rand des Ruins getrieben.

Antonellas drei Jahre älterer Ehemann, Natale Dantese, steigt zum Chef des Ascione-Papale-Clans auf, „einer Organisation, die nicht nur Verbrechen durchführt, sondern deren Ziel es ist, ihr Gebiet zur Gänze zu beherrschen", wie es der Untersuchungsrichter in der Begründung eines Haftbefehls für Clanmitglieder formuliert. Diese Kontrolle wird „mittels Einschüchterungsmethoden und oft auch durch Waffengewalt erreicht".

Dem kriminellen Kartell, das aus mehreren Familien besteht, wird von der Justiz eine lange Liste von Verbrechen vorgeworfen: Erpressung, Schutzgeldeinhebung, die Einflussnahme auf die Vergabe öffentlicher Aufträge, aber auch Drogenhandel, die Kontrolle über den illegalen Glücksspielmarkt sowie der Schmuggel von Tabakwaren. Die daraus resultierenden „großen Einnahmen werden einerseits in weitere illegale Aktivitäten investiert, werden aber andererseits auch für den Aufbau legaler Unternehmen verwendet. Auch im Ausland." Der Clan stellt daher – kommen die Ankläger zum Schluss – nicht nur „eine Gefahr für die öffentliche Ordnung dar, sondern er gefährdet auch die Bedingungen, die den freien Markt und die wirtschaftlichen Initiativen garantieren".

„Ein Echter Boss"

Am 8. März 2010 geht Natale Dantese der Polizei ins Netz. Der 28-jährige Boss kommt wegen Zugehörigkeit zur Camorra sowie illegalen Waffenbesitzes und Anstiftung zur Korruption hinter Gitter. Dantese gilt als besonders gefährlich, sodass die verschärften Haftbedingungen des *articolo 41bis* auf ihn angewendet werden. Die 25-jährige Antonella tritt in die Fußstapfen ihres Mannes. Sie übernimmt „eine führende Rolle bei den kriminellen Machenschaften des Clans", bestätigt Staatsanwalt Filippo Beatrice beim Interview in Neapel. „Das ging nicht nur aus Abhöraktionen hervor, das haben auch einige Justiz-Kollaborateure bestätigt."
Antonella wird nach der Verhaftung Natales dessen wichtigste

Ansprechpartnerin. Der Mutter seiner Kinder überträgt er die Verwaltung der Einnahmen des Clans. Antonella lässt die Schutzgelder bei den Unternehmern und Geschäftsleuten der Stadt eintreiben und kontrolliert einen Teil des riesigen Kokainhandels in Kampanien. Ihre Aufgabe ist es außerdem, die Häftlinge und deren Familien zu betreuen. „Du musst dich an sie wenden, sie leitet den Clan", erklärt ein Mitglied seiner Frau, nicht wissend, dass die Polizei das Gespräch mitschneidet. Antonella führt genau Buch. Einmal pro Woche zahlt sie die Beträge an die Familien der inhaftierten Camorristen aus. Unabhängig davon kommt der Clan für die Anwaltshonorare auf. Wer sich rechtlich gut betreut fühlt, läuft nicht zur Justiz über, ist der Clan überzeugt und lässt sich den juristischen Beistand auch einiges kosten. Denn nichts fürchtet der Clan mehr als „singende Mitglieder".

Antonella agiert anfangs ausschließlich nach den Anweisungen ihres Ehemannes, wächst aber rasch in die kriminellen Aufgabenfelder ihrer neuen Position hinein und handelt auch eigenständig. Sie verleiht Geld zu Wucherzinsen an Frauen, die ihrerseits Spielhöhlen betreiben, und schlichtet Streitigkeiten zwischen den *affiliati*. Antonella scheint die Macht zu genießen und scheut auch vor Gewalt nicht zurück. Sie entscheidet, wie gegen säumige Geschäftsleute vorgegangen wird und welche Methoden eingesetzt werden. „Antonella Madonna ist gefährlich", bestätigt Filippo Beatrice. „Ein echter Boss."

Die Clanmitglieder nennen Antonella mit einem typischen Ausdruck des Respekts schon bald ehrfurchtsvoll „a zia", „die Tante". Sie schätzen die Unerschrockenheit der Frau, die trotz ihres jungen Alters die Zügel der kriminellen Vereinigung fest in Händen hält. Antonella wiederum fühlt sich wie ein Fisch im Wasser. Je mehr Zeit verstreicht, desto größer werden ihre Machtbefugnisse, denn der Polizei gelingt es immer wieder, bedeutende Mitglieder hinter Gitter zu bringen. Antonella füllt das Machtvakuum der sich lichtenden Reihen problemlos aus. Sie agiert sicher und angstfrei. Geld wird ganz ungeniert unter freiem Himmel übergeben. Prügel und Vergeltungsaktionen werden angeordnet. Der weibliche Boss steht an Härte und Brutalität keinem Mann nach. Ihr Aufstieg löst eine Art Machtrausch in ihr aus. Sie fühlt sich unverwundbar.

Die Hochachtung, die der Frau an der Spitze des Clans entgegengebracht wird, schlägt ins Gegenteil um, als Gerüchte über ihre Liebesaffäre auftauchen. Ausgelöst wird der Verdacht ausgerechnet von ihrer eigenen Tochter. Das Mädchen empfindet die Mutter verändert und teilt ihre Eindrücke der Großmutter väterlicherseits mit. Bei der schrillen augenblicklich sämtliche Alarmglocken. Sie beruft den Familienrat ein, um über das weitere Vorgehen zu entscheiden. Schwiegermutter und Schwäger sind empört. Sollte sich der Verdacht erhärten, wäre dies eine unverzeihliche Schmach, die nicht nur Natale Danteses Ruf schädigen, sondern das Ansehen des gesamten Clans ruinieren würde. Die Familie schickt ihre Spitzel aus, und innerhalb kürzester Zeit wird der Verdacht zur Gewissheit. Antonella betrügt ihren Mann.

Zuerst setzt der Clan Antonellas unmittelbares Umfeld unter Druck. Ihre Freundinnen werden in Angst versetzt. Ihnen wird unter Androhung von Repressalien jeder Kontakt zu Antonella verboten. Antonellas Vater erhält Morddrohungen. Einige Getreue Danteses dringen in sein Haus ein. Sie zwingen den Mann, im Garten ein großes Loch auszuheben. Dies sei die Grube für seinen Leichnam, schärfen sie ihm ein, falls seine Tochter nicht aufhört, ihren Boss zu entehren.

Der Boss selbst erfährt im Gefängnis vom Betrug seiner Ehefrau und beschwichtigt im ersten Augenblick. Er tut dies nicht aus Verständnis, sondern aus Kalkül. Natale Dantese kennt seine Frau. Er weiß, dass sie unberechenbar und hart im Nehmen ist. Er fürchtet, sie könnte sich ihrerseits am Clan rächen. Doch inzwischen ist es zu spät. Für seine Brüder gibt es kein Zurück mehr. Antonella muss bestraft werden.

Die jungen Männer lauern dem Liebhaber der Schwägerin auf. Sie bedrohen den Matrosen aus Torre del Greco, der nichts mit dem organisierten Verbrechen zu tun hat, und zwingen ihn, die Details der Affäre preiszugeben. Antonellas Liebhaber willigt unter Todesangst ein, bei ihrem Rachefeldzug gegen die untreue Frau mitzumachen. Er muss Ort und Zeit des nächsten Rendezvous bekannt geben. Den Rest würden sie selbst übernehmen. Die Schmutzwäsche muss innerhalb der Familie gewaschen werden, so will es Natale Dantese.

Die verliebte Patin geht in die Falle. Statt leidenschaftlicher Umarmungen warten jedoch Drohungen und Schläge auf sie. Antonella weiß trotz der schweren Körperverletzungen, dass dies erst der Anfang ist. Die Camorra kennt weder Verzeihen noch Gnade. Ab nun ist sie vogelfrei und ihrer Macht beraubt. Selbst ihre Kinder werden ihr von der Schwiegermutter weggenommen. Als Ehebrecherin hat sie in den Augen der Familie jedes Recht auf sie verloren. Die Familie ihres Mannes reißt die Kinder an sich.

DIE ZENSUR DER MAFIA

Die junge Frau hat Todesangst. Sie ist isoliert, vom eigenen Clan ausgestoßen. In ihrer Einsamkeit sieht Antonella nur einen einzigen Ausweg: Sie muss sich der Polizei anvertrauen. Antonella Madonna überlegt nicht lange und wird die erste Lady Camorra, die mit der Justiz kollaboriert.

Antonella Madonna beginnt zu erzählen. Sie tischt Fakten um Fakten auf, und schon bald werden Anfang Dezember des Jahres 2012 wichtige Exponenten des Clans Ascione-Papale verhaftet. Ein erfolgreicher Schlag für die Anti-Mafia-Behörden rund um Neapel. Der Fall wird von den regionalen Medien sofort groß aufgegriffen. Doch nicht nur die verbrecherischen Aktivitäten finden Eingang in die Berichterstattung, auch die Geschichte des ehelichen Fehltritts wird mit jeder Menge echter oder sensationslüstern ausgeschmückter Details abgehandelt. Sie stößt auf großes Interesse. „Der gehörnte Boss" – so oder ähnlich lauten die diversen Titel, die den Herausgebern reißenden Absatz garantieren, den Clanmitgliedern jedoch die Zornesadern anschwellen lassen. Sie wissen: Die Geschichte „der Verräterin" darf in und um Ercolano nicht bekannt werden. Danteses Gefolgsmänner erlauben keine zusätzliche Schmähung ihres Bosses.

Wieder wird beraten. Und wieder hat man bald eine Lösung zur Hand. Das Ziel der Blitzaktion sind die Kioske und Verkaufsstellen von Zeitungen. Im Morgengrauen des 7. Dezember rücken die Schlägertrupps der Camorra aus und „empfehlen" den Besitzern, sämtliche Zeitungen, die über den Fall berichten, aus dem Verkehr zu ziehen. Die Zeitungen würden heute nicht erscheinen oder seien bereits verkauft, so die ausgegebene Losung, mit der die Verkäufer das Fehlen der Blätter begründen sollen. Keiner wagt es, sich zu widersetzen. Wie von Zauberhand verschwinden sämtliche Ausgaben und mit ihnen die in Italien üblichen Ankündigungsplakate. Die Zensur funktioniert. Die Familie gewinnt Zeit. Gerade so viel, um ihre Version in Umlauf zu bringen. Doch die Aktion ist auch ein Machtspiel, denn wieder einmal zeigt der Clan, wer in der Stadt tatsächlich das Sagen hat.

Der Versuch, die öffentliche Meinung zu manipulieren und den Vertrieb von Zeitungen zu unterbinden, wird jedoch publik und erweist sich als kein Einzelfall. Die Vorkommnisse in Ercolano bringen eine weitere Episode ans Tageslicht. Ein Jahr zuvor wurde von einem anderen Clan in Castellammare sogar die Fernsehredaktion eines Regionalblattes gestürmt. Die Zeitung hatte über einen *pentito* der Familie berichtet und damit die Wut der Camorra auf sich gezogen. Die TV-Presseschau wurde daraufhin mittels Gewalt von den Camorristen unterbrochen. Medienbeobachter schlagen nach dem Vorfall in Ercolano Alarm. Die Organisation *Ossigeno per l'informazione* veröffentlicht die Zahlen des laufenden Jahres. Allein von Jänner bis Anfang Dezember 2012 sind 301 Journalisten von Mitgliedern einer der Mafien bedroht worden. In 43 Fällen sind italienweit sogar ganze Redaktionen ins Visier des organisierten Verbrechens geraten. Die Palette der Bedrohungen reicht von heftigen Einschüchterungen bis hin zu Rechtsstreitigkeiten. Die finanzkräftigen Clans schicken ihre Anwälte vor und klagen Journalisten und Redaktionen. Ein probates Mittel, um vor allem junge Einzelkämpfer in die Knie zu zwingen. Im ersten Halbjahr 2014 beläuft sich die Zahl der bedrohten Journalisten auf 290, die Dunkelziffer ist laut *Ossigeno per l'informazione* aber zehnmal so hoch.

Ob Antonella Madonna auch über diese Problematik vor der Justiz ausgesagt hat, ist nicht bekannt. Die Prozesse zu den „Cupido" getauften Ermittlungen sind nicht abgeschlossen. Viele Akten sind noch immer geheim. Sicher ist jedoch, dass die zu drei Jahren Haft verurteilte Antonella ihre sechsmonatige Probezeit als Justiz-Kollaborateurin bestanden hat. Sie ist nun in die offizielle Liste aufgenommen und trägt mit ihren Aussagen wesentlich zu den jüngsten Fahndungserfolgen der Polizei am Golf von Neapel bei.

'NDRANGHETA

PALERMO

Messina •

R

SIZILIEN

KATA

Spezzano
Albanese

Torretta

KALABRIEN

CATANZARO

osarno
a Tauro

ia

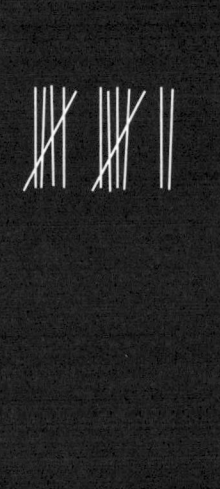

LA POSTINA DEL CLAN –
DIE POSTBOTIN DES CLANS

GIUSY PESCE

Die alte Frau kneift die Augen zusammen. Sie beugt den Kopf leicht nach vorne. Das, was sie jetzt zu sagen hat, sagt sie lieber ohne Worte. Giuseppa Bonarrigo schaut ihrem Enkel Francesco Pesce mit festem Blick ins Gesicht und hebt die rechte Hand. Sie legt den Zeigefinger an die Kehle und fährt schnell von einer Seite zur anderen. Das ist das Todesurteil für ihre Enkeltochter Giuseppina. Für die Umsetzung des kaltblütigen Mordes hat sie Francesco, Giuseppinas Bruder, ausgewählt.

Die Überwachungskameras im Gefängnis von Reggio Calabria halten diese unmissverständliche Geste fest. Die 90-jährige Frau mit dem schwarzen Kopftuch zeigt keinerlei Emotion. Sie ist überzeugt, dass dies die einzig richtige Entscheidung ist. Ihre abtrünnige und ehebrecherische Enkelin gehört eliminiert.

Francesco, den die alte Frau an diesem schönen Maitag 2011 in der Haftanstalt besucht, lässt jedoch Zweifel durchblicken. Die Lage sei noch nicht geklärt. Giusy, wie sie genannt wird, werde alles widerrufen und in den Schoß der Familie zurückkehren.

Das ist zumindest das Ansinnen der Familie. Und tatsächlich hat Giusy einen Monat zuvor, am 2. April, einen Brief an das Gericht geschrieben. Darin erklärt sie, ihre gerade begonnene Kollaboration mit der Justiz zu beenden. Die Richter und Staatsanwälte beschuldigt sie, Zwang auf sie ausgeübt zu haben. Sie nimmt alles zurück, schreibt sie, was sie unter dem Druck der Behörden ausgesagt hat. Wenige Tage vor dem Besuch der Großmutter im Gefängnis erscheint Giusys Schreiben in einer lokalen kalabrischen Zeitung. „Zur Kronzeugin gezwungen" lautet der Titel. Der Brief wird durch einen Kommentar des Chefredakteurs ergänzt. Darin kritisiert der Journalist die Justiz vernichtend und stellt somit die „Ehre" der Familie Pesce wieder her.

Für Giusy Pesce sind das die alles entscheidenden Wochen ihres Lebens. Die 30-jährige Mutter von drei Kindern hat Angst. Todesangst. Sie will nicht nach Hause zurück. Sie will nicht mehr nach Rosarno.

Der Heimatort der Familie Pesce gerät im Jänner 2010 in die internationalen Schlagzeilen. Auch ich beschäftige mich mit den Vorfällen in der Kleinstadt am Fuße des Aspromonte-Gebirges, die bis zu diesem Zeitpunkt außerhalb Kalabriens nur wenigen bekannt ist. In diesen Wintertagen kommt es in Rosarno jedoch zu heftigen Krawallen. Auslöser der Unruhen sind Schüsse, die auf afrikanische Tagelöhner abgegeben werden. Heckenschützen lauern der Gruppe auf, die gerade auf dem Heimweg von der Feldarbeit ist. Einige Männer werden bei dem Überfall verletzt. Angst und Wut ergreifen die rund 5000 Erntehelfer aus Afrika, die unter erbärmlichen Verhältnissen hier im südlichsten Teil Kalabriens leben. Einige schreien laut nach Vergeltung, schlagen Auslagen ein und beschädigen Autos. Doch das Schlimmste steht erst bevor. Eine rassistische Hetzkampagne heizt das Klima in Rosarno zusätzlich auf. Der darauffolgende Rachefeldzug der Einheimischen gerät zu einer regelrechten Menschenjagd. Siebzig Afrikaner werden dabei verletzt, werden niedergeschlagen, verprügelt, angeschossen. Wer kann, flieht.

Die Lebensumstände der Arbeiter, die im Zuge der Ausschreitungen bekannt werden, zeichnen ein düsteres Bild. Die illegalen Tagelöhner werden wie Sklaven gehalten und müssen täglich mindestens zwölf Stunden arbeiten. Als Tageslohn erhalten sie rund 20 Euro. Wer aufmuckt, bekommt Prügel und fällt aus dem System, findet keinen Job mehr. Doch selbst von den Ärmsten der Armen verlangt die kalabrische Mafia ihren Anteil. Rund ein Viertel ihres Hungerlohnes müssen die Afrikaner der 'Ndrangheta als Schutzgeld abgeben. Denn Rosarno ist eine Hochburg der kalabrischen Mafia. Die Kriminalitätsrate der Stadt ist eine der höchsten Italiens. Zweimal, 1992 und 2008, ist die Stadtgemeinde bereits wegen mafiöser Unterwanderung per Dekret des Staatspräsidenten aufgelöst und unter Sonderverwaltung gestellt worden.

Zwei große Clans dominieren seit Jahrzehnten den 15.000-Seelen-Ort: die Familien Pesce und Bellocco, zwei der mächtigsten 'Ndrangheta-Gruppierungen. Beide zusammen, sagt Mafia-Jäger Michele Prestipino im Gespräch, bilden die *società* von Rosarno, die sich aus *locali*, kleineren Einheiten der 'Ndrangheta, zusammensetzt. Rund um die großen Familien kreisen satellitenähnlich weniger bedeutende Clans. Zusammen bilden sie ein dichtes Netz, das streng hierarchisch organisiert ist. Wichtiger als jedes andere Bündnis ist für die 'Ndrangheta die Blutsverwandtschaft. Die kleinste Zelle des organisierten Verbrechens in Kalabrien, die *'Ndrina*, bildet sich um eine Familie, an deren Spitze der *capobastone* steht. Diese Struktur ist das Geheimnis ihres kriminellen Erfolges. Sie hat sie gefährlicher als die anderen Mafien gemacht und zahlenmäßig stärker.

Die 'Ndrangheta wächst, denn die engen Blutsbande werden durch eine geschickte Heiratspolitik verstärkt. Auch zwischen den Familien Pesce und Bellocco. Allein in Rosarno, sagt Michele Prestipino, „leben rund 300 *affiliati*. Rechnet man all die Verwandten oder Freunde dazu, dann sieht man, dass sie in sämtlichen Bereichen des Alltags präsent sind: in der öffentlichen Verwaltung, in der Wirtschaft, in den Schulen, ja bis hin zu den Sicherheitskräften. Sie könnten sogar ohne Gewalt „regieren", denn sie sind einfach viele. Für den Staat und die Behörden, unterstreicht der Staatsanwalt, „ist es daher äußerst schwierig, dieses Phänomen zu bekämpfen". Die 'Ndrangheta ist durch die engen familiären Beziehungen und die von ihr lückenlos ausgeübte soziale Kontrolle noch viel schwerer zu knacken als andere Organisationen. Die eigene Familie verrät man nicht, lautet der Grundgedanke.

In diesem Umfeld wächst die am 29. September 1979 geborene Giusy auf. Von klein auf wird ihr eingetrichtert, dass sie eine „Pesce" ist. Dieser Nachname ist wie ein Korsett. Er ist ein Programm, aus dem es kein Entrinnen gibt. Giusys Kindheits- und Jugendjahre gleichen denen anderer Mädchen aus ländlichen Mafia-Familien. Mehr als ein Pflichtschulabschluss ist von den Eltern nicht vorgesehen, eine frühe Ehe hingegen schon. „Meinen Mann habe ich mit dreizehn Jahren kennengelernt", sagt sie während einer Vernehmung, „er war damals schon 20. Das erste Mal haben wir uns auf dem Friedhof gesehen. Das war am Allerheiligen-Tag. Er hat mich angeschaut und begonnen mich zu umwerben." Giusy besucht gerade die letzte Klasse der *scuola media* und das Werben des jungen Mannes bleibt auch Giusys Cousin, Francesco, nicht verborgen. Er benimmt sich, obwohl nur ein Jahr älter als das Mädchen, bereits wie ein Clan-Chef und scheint alles und alle unter Kontrolle zu haben. Der „Kronprinz" und das spätere Haupt der *cosca* setzt Giusys Vater Salvatore von seinen Beobachtungen in Kenntnis und verlangt von ihm, dass er ein Machtwort spricht. „Sperr sie im Haus ein, oder es passiert etwas", droht der Halbwüchsige, der regelmäßig die Verehrer seiner Cousinen verprügelt. Sein Onkel gehorcht und stellt die Tochter vor die Wahl: Entweder sie verzichtet auf ein Wiedersehen mit dem jungen Mann oder die Verbindung muss offiziell bekannt gemacht werden. So beschließen beide Familien die Verlobung. Giusy und Rocco Palaia sind nun ein Paar und das Mädchen wird getreu den familiären Gepflogenheiten zuhause unter Verschluss gehalten. Sie ist nur 14 Jahre alt, als sie – um dem Gefängnis im eigenen Haus zu entkommen – in die *fuitina* einwilligt. Damit ist ihr Weg vorgezeichnet. Sie heiratet Rocco und bringt mit fünfzehn Jahren ihre erste Tochter, Angela, zur Welt. Die Freude über das Baby wird jedoch durch den gewalttätigen Ehemann getrübt. Rocco Palaia landet außerdem immer wieder im Gefängnis. Die Anklagen lauten auf Drogenhandel, illegalen Waffenbesitz und Zugehörigkeit zu einer Mafia-Vereinigung. Sechs Jahre nach Angelas Geburt wird Gaetano geboren, elf Jahre später Elisa.

Es sind schwierige Jahre für Giusy. „Jedes Mal, wenn mein Mann verhaftet wurde, war ich allein mit den kleinen Kindern. Das war der Grund, warum mein Vater einen Supermarkt eröffnet hat. Dort konnte ich als Kassiererin und als Verkäuferin arbeiten." Doch der Supermarkt geht in Konkurs und Giusy findet in der obstverarbeitenden Industrie ihres Schwiegervaters einen Platz als Arbeiterin.

Giusy fühlt sich als Außenseiterin. Ihr Vater wird von seinen mächtigen Brüdern dominiert. Sie haben Salvatore den Spitznamen „u babbu", „der Depp", verpasst, weil er in ihren Augen zu schwach ist und seine illegalen Einkünfte oft glücklos investiert. „U babbu", das schwarze Schaf der Familie, spielt daher eine Nebenrolle in der *cosca* und muss sogar vor seinem Neffen kuschen, der bald zum absoluten Boss aufrücken wird.

Diese Haltung wirkt sich auch auf das Leben der jungen Frau aus. Sie kämpft trotz des Reichtums des Clans mit finanziellen Problemen. „Meine Kinder waren nicht wie die anderen Kinder. Sie hatten keine besondere Markenkleidung, sie hatten keinen Luxus, sie hatten nur das, was wir uns in unserer Lage erlauben konnten."

Die Arbeit in der Fabrik des Schwiegervaters bringt für Giusy jedoch eine unerwartete Wende. Hier lernt sie 2010 einen Arbeiter kennen. Giusy verliebt sich in den jungen Mann, der sie freundlich behandelt, sie zum Gefängnis begleitet, wenn sie ihren Bruder besucht, sie zur Schule fährt, um die Kinder abzuholen. Giusy fühlt sich erstmals geschätzt und geliebt. Die Beziehung bleibt jedoch nur für kurze Zeit geheim. Ihr allgegenwärtiger und inzwischen übermächtiger Cousin Francesco spioniert auch diesmal hinter ihr her. Er schickt seine Spitzel aus und informiert die Familie über den Ehebruch. Giusy weiß: „Wer bei uns einen Verrat begeht und die Familie entehrt, wird mit dem Tod bestraft." Das gilt auch für Seitensprünge in der Ehe. Die Vollstreckung des Todesurteiles fällt jedoch nicht auf den Ehemann, die Aufgabe trifft vielmehr die Kernfamilie der Frau. Denn sie ist es, die in den Augen der 'Ndranghetisten entehrt wird, und so kann nur der eigene Vater, der Bruder oder sogar der Sohn die Schmach mit Blut reinwaschen. Im Falle Giusys fällt das Los auf den eigenen Bruder.

Die junge Frau entgeht ihrem Schicksal allein durch einen Zufall. Sie wird im Rahmen eines groß angelegten Polizeieinsatzes verhaftet. Am 28. April 2010 rücken die Sondereinheiten in Rosarno ein. Die Ordnungskräfte retten damit Giusy das Leben.

DAS RECHT AUF EIN ANDERES LEBEN

Anfang des Jahres 2010 trägt der Gesetzgeber der Gefährlichkeit der kalabrischen Mafia Rechnung. Im Februar wird erstmals der Begriff 'Ndrangheta in *articolo 416bis* aufgenommen, in dem bis dahin nur die Cosa Nostra und die Camorra als mafiöse Vereinigungen angeführt wurden. Lange Zeit konnte sich die 'Ndrangheta daher im Schatten des erbitterten Kampfes gegen die sizilianische Mafia fast unbeachtet entwickeln. Die

Datenbanken des italienischen Innenministeriums weisen 2014 für die kalabrische Mafia 166 Gruppen mit insgesamt 4883 *affiliati* aus. Experten bezeichnen die 'Ndrangheta gerne als „liquide Mafia"; einerseits, weil ihr „Jahresumsatz" auf rund 45 Milliarden Euro geschätzt wird, und andererseits, weil sie wie eine gallertartige Flüssigkeit die Gesellschaft durchdringt. Allein in der Provinz Reggio Calabria sollen mehr als 70 *cosche tätig* sein. Viele sind auch außerhalb Italiens aktiv, in Deutschland, der Schweiz und zahlreichen anderen Ländern.

Hunderte Verhaftungen werden allein im Jahr 2010 italienweit durchgeführt. Auch gegen den großen Pesce-Clan laufen umfassende Ermittlungen. Am 28. April werden 40 Personen im Rahmen der groß angelegten Operation „All Inside" verhaftet. Die gemeinsame Aktion von Carabinieri, Finanzpolizei, Staats- und Gefängnispolizei sowie Anti-Mafia-Behörde ist auch wirtschaftlich gesehen ein harter Schlag für die *cosca*. Innerhalb nur weniger Monate werden – zwischen Kalabrien, Mailand und Como – Güter im Wert von rund 200 Millionen Euro beschlagnahmt. „Das waren Häuser und Grundstücke",

Giusy Pesce nach einer Gerichtsverhandlung im April 2011

sagt Michele Prestipino, der eine führende Rolle bei „All Inside" innehat. „Wir ließen aber auch eine Radiostation beschlagnahmen, die flüchtigen Mafiosi als Sprachrohr diente, sowie Wertpapiere und viele Transportunternehmen."

Francesco, der junge Boss, entkommt der Polizei bei ihrer Razzia Ende April. Giusy hingegen wird verhaftet. Die Ankläger werfen ihr vor, gegen den Mafia-Paragrafen *416bis* verstoßen zu haben. Sie habe als „Postbotin" für den inhaftierten Vater und ihren ebenfalls eingesperrten Bruder fungiert. Außerdem seien Besitztümer der Familie unter ihrem Namen registriert worden und illegale Gelder durch ihre Hände geflossen. Der bisher unbescholtenen 30-Jährigen droht nun eine längere Gefängnisstrafe. Auch wenn die Justiz ihr keine Kapitalverbrechen anlastet, gilt sie doch als gefährliche Mitwisserin innerhalb einer als äußerst skrupellos angesehenen 'Ndrangheta-Familie.

Giusys Kinder sind bei ihrer Verhaftung fünfzehn, neun und vier Jahre alt. Die junge Mutter, die noch nie einen Tag ohne sie verbracht hat, muss sie nun allein zurücklassen, denn auch ihr Ehemann Rocco ist im Gefängnis. Sie bittet ihre Schwägerin und ihren Schwiegervater um Hilfe. Dieser verspricht, für die Enkel aufzukommen. Giusy selbst ist überzeugt, bald wieder zuhause zu sein. Doch sie irrt. Die Haft wird bestätigt, ein von ihr gestellter Antrag auf Enthaftung wird abgelehnt. Sie bleibt hinter Gittern.

Die junge Frau ist tief verzweifelt und versucht sich das Leben zu nehmen. Sie sitzt in der Falle, scheint nicht nach vorne und nicht zurück zu können. Sie weiß, dass draußen in der Freiheit das Todesurteil der Familie über ihrem Kopf schwebt, doch da draußen sind auch ihre Kinder. Im Gefängnis hingegen wird sie fast verrückt. Alles ist neu und unerträglich. „Vier Monate habe ich die Zelle mit der Großmutter meines

Cousins Francesco geteilt. Sie sagte mir, ich müsse auf die Abhörgeräte achtgeben und dürfe mit niemandem aus Kalabrien sprechen, weil wir gefilmt werden könnten."

Sechs Monate nach ihrer Festnahme findet sie für sich einen Ausweg. Am 14. Oktober 2010 bittet sie mit jener Staatsanwältin sprechen zu können, die ihre Verhaftung beantragt hat: Alessandra Cerreti. „Ich habe nach Ihnen verlangt, weil ich mit dieser Anklage nichts zu tun habe", beginnt Giusy das Gespräch unter Tränen. „Ich fühle mich als Opfer dieser familiären Umstände, mit denen ich nichts zu tun habe." „Sie wollen also mit der Justiz zusammenarbeiten?", fragt die Staatsanwältin überrascht. „Ja", antwortet Giusy. Eine mutige Entscheidung, unterstreicht Alessandra Cerreti und weist sie darauf hin, dass eine Rücknahme „sehr gefährlich sein kann". Sie erklärt ihr auch, dass es ab sofort ein absolutes Verbot gebe. „Sie dürfen mit niemandem Kontakt haben, weder telefonisch noch brieflich. Sie dürfen auch keine anderen Kollaborateure treffen. Ausgenommen mit meiner ausdrücklichen Genehmigung." Alle Aussagen gegenüber den Justizbehörden unterliegen der strengsten Geheimhaltung.

Doch Giusy ist fest entschlossen zusammenzuarbeiten. „Ich tue das wegen meiner Kinder, sie dürfen nicht das Leben führen, das ich gehabt habe."

Innerhalb von 180 Tagen muss Giusy nun alles erzählen, was sie weiß, um „die Rekonstruktion der Fakten und deren Umstände zu ermöglichen", sowie alles mitteilen, „was die Gefährdung der öffentlichen Sicherheit betrifft". Giusy verpflichtet sich, die handelnden Personen zu nennen sowie ihre eigenen Besitzverhältnisse offenzulegen, egal ob es sich um Güter aus „legaler oder illegaler Herkunft" handelt. So sieht es das Protokoll des Zeugenschutzprogrammes vor.

Giusy gesteht, als Botin für Vater und Bruder sowie als „Strohmann" für ihre Familie tätig gewesen zu sein. Sie spricht über die Einhebung von Schutzgeldern und sie benennt, als die Beamten ihr ein Fotoalbum vorlegen, ein Familienmitglied nach dem anderen. Die Mauer des Schweigens ist gebrochen.

„Ich gebe zu, dass es eine *cosca* Pesce gibt, die von Francesco Pesce angeführt wird", gibt Giusy zu Protokoll und löst damit eine nie dagewesene Lawine aus.

Francesco lernt schon als Jugendlicher, seinen zu lebenslanger Haft verurteilten Vater zu vertreten. Auf ihn beruft er sich, wenn er von den anderen Familienmitgliedern Geld und Respekt einfordert. Falls eines von beiden fehlt, zögert er nicht zuzuschlagen. Francesco ist gewalttätig und selbstherrlich. Zu leicht reizbar, findet selbst der eigene Vater, der ihn immer wieder zurückpfeift. Hier in Rosarno geht es um etwas ganz anderes, versucht er ihm einzutrichtern. Hier muss das Territorium nicht mehr erkämpft werden, hier geht es um die Geschäfte. Die Familie scheffelt Geld, und das soll nicht gefährdet werden.

Seit Jahrzehnten kontrolliert die Familie mit ihren Verbündeten, den Belloccos, in der Ebene rund um Rosarno den Obstmarkt. Die fruchtbaren Böden sind ideal für große Plantagen, auf denen auch heute noch Zitronen, Orangen und Kiwis angebaut werden. Die 'Ndrangheta verdient überall mit, sei es direkt oder indirekt. Den ganz großen wirtschaftlichen Sprung nach vorne machen die Familien jedoch mit der Inbetriebnahme des Hafens von Gioia Tauro, der nur wenige Kilometer von Rosarno entfernt ist. Die Familien der Kleinstadt sind von Anfang an dabei, bestätigt mir Michele Prestipino. Gioia Tauro ist der größte Containerhafen des Mittelmeers und somit ein Tor, „durch das Kokain aus den Herstellerländern nach Europa kommt, um dann auf dem ganzen Kontinent verteilt zu werden". Schon 2006 vermutete die Polizei, dass rund 80 Prozent des kolumbianischen Kokains über den kalabrischen Hafen Eingang nach Europa finden. Gioia Tauro wird für die 'Ndrangheta zur Goldgrube. „Wir haben in allen Bereichen des Hafens, von der Verwaltung bis zum operativen Geschäft, eine starke Präsenz von Familienmitgliedern feststellen können. Ganz besonders wichtig ist das Transportwesen, denn die Container müssen ja an ihre Destination gebracht werden. Das kann in Norditalien wie in Sizilien oder Apulien sein. Sie legen also weite Wegstrecken zurück. Viele der im Hafen tätigen Unternehmen, große wie kleine, sind auf die Familien aus Rosarno zurückzuführen, vor allem auf die Familie Pesce." Denn eines sei klar, die 'Ndrangheta ist „einer der ganz großen *player* im internationalen Drogenhandel. Sie verfügt über die notwendige Logistik."

Francesco Pesce nimmt den Rat seines Vaters an. Er wird zwar nicht weniger gewalttätig, aber er übernimmt mit festen Zügeln die Geschäfte und baut sie gewinnbringend aus. Der junge Boss reißt alles an sich und bestimmt, wer mitarbeiten darf und wer nicht. Er ist besessen von der Idee, Geld machen zu können. Und er ist süchtig nach Sex. Der verheiratete Hüter der innerfamiliären Jungfräulichkeit hält sich einen regelrechten Harem. Das ändert sich auch nicht, als er nach der Razzia im April 2010 untertaucht. Francesco lässt sich junge Frauen bringen, wo immer er ist. Die Legende sagt, er habe jede Nacht eine andere Geliebte bei sich. Oft mit der Zustimmung der Eltern der Mädchen, die aus Angst oder auch aus Kalkül einverstanden sind. „Operation Kalif" nennt die Justiz die Ermittlungen rund um die Spitze des Pesce-Clans. Oberstes Ziel ist es, den jungen Boss zu finden.

Giusy Pesce liefert den Behörden viele interessante Details und macht bisher unbekannte Zusammenhänge transparent. Sie erzählt von ihrer Großmutter, deren Haus für Zusammenkünfte diente. Sie berichtet von der Angst der alten Frau, ausspioniert zu werden. Die Familie habe sich einen „Wanzendetektor" zugelegt, mit dem sie nach Hausdurchsuchungen die Räumlichkeiten auf versteckte Sender und Kameras absuchte. Sie spricht von der „gemeinsamen Kasse", die für die Anwaltskosten der inhaftierten Mitglieder sowie zur Unterstützung ihrer Familien angelegt worden ist und argwöhnisch von der Großmutter verwaltet wurde. Ein Topf, der sich regelmäßig mit Schutzgeldern füllt. Jeder, der nach Rosarno kommt, muss bezahlen. Selbst die chinesischen Betreiber von Geschäften und Restaurants entrichten ihre Abgaben an die Familie Pesce. Und Giusy erzählt von den kolportierten Bunkern, die den flüchtigen 'Ndranghetisten als Versteck dienen. „Ich kenne all diese Dinge sehr gut. Da ich in meiner Familie lebte, sog ich all das mit der Luft, die ich atmete, auf. Alle wussten darüber Bescheid."

Giusy erzählt auch vom inneren Aufbau, dem Organigramm der 'Ndrangheta. „Ich habe gehört, wie mein Bruder und mein Mann darüber sprachen. Es gibt Hierarchien und verschiedene Stufen, die man erklimmt, indem man Verbrechen begeht. Wer die größeren kriminellen Fähigkeiten besitzt, steigt höher hinauf. Mein Bruder sagte, er habe die *santa*, also einen oberen Rang, erreicht." Eines Tages findet Giusy auch eine Art „Parteibüchlein" der 'Ndrangheta. „Es gehörte meinem Mann. Es ging darin um den Aufbau der 'Ndrangheta. Das Büchlein lag in einer Lade der Vitrine in der Wohnküche."

Wenige Wochen nach dem Beginn ihrer Zusammenarbeit Mitte Oktober 2010 verlässt Giusy das Gefängnis und wird im Rahmen des Zeugenschutzprogrammes an einen geheimen Ort gebracht. Fast gleichzeitig schlägt die Polizei nochmals zu und verhaftet dank Giusys Hilfe weitere 24 Personen. Jetzt können auch die Kinder wieder zu ihrer Mutter. Die erste Zeit ist schwierig. Weihnachten steht bald vor der Tür. Vor allem Giusys älteste Tochter, Angela, kommt mit der neuen Situation nicht zurecht. Sie vermisst ihr Zuhause und nimmt Kontakt mit der Familie in Rosarno auf. Das 15-jährige Mädchen wird von der Tante unter Druck gesetzt und macht der Mutter schwere Vorwürfe. Angela will nach Hause und versucht die Mutter zur Umkehr zu bewegen. Sie möge ihre Kollaboration mit der Justiz beenden. Giusys Mutterliebe wird auf eine harte Probe gestellt. Im darauffolgenden Frühjahr leidet sie schwer unter der Einsamkeit, die das Zeugenschutzprogramm mit sich bringt. Gleichzeitig wird sie über ihre Tochter mit Botschaften überhäuft. Ihr Schwiegervater bietet an, für sie und die Kinder zu sorgen, ihre Schwägerin lässt ausrichten, sie werden mit Sehnsucht erwartet. Selbst ihr Ehemann versichert seiner Tochter, er möchte mit Giusy seinen Lebensabend verbringen. Angela sagt ihr immer wieder: „Mama, alle verzeihen dir."

Die Familie ihres Mannes engagiert einen Anwalt für Giusy. Er verfasst – wie sie später erklären wird – auch den Brief, in dem sie am 2. April 2011 das Gericht beschuldigt, Zwang auf sie ausgeübt zu haben. Sie unterschreibt aus Angst, setzt ihre Gespräche mit der Staatsanwaltschaft jedoch fort.

Nur zwei Wochen später werden Angela Ferraro, Giusys Mutter, und ihre Schwester Marina aufgrund ihrer Aussagen verhaftet. „Die Ferraros sind eine mafiöse Familie, die mit der Familie Pesce eng verbunden ist", hat Giusy in einer der vielen Vernehmungen erklärt. Jetzt stehen die Zeichen auf Sturm.

Der Anwalt übergibt ihren Brief der Zeitung, die geliebte Großmutter fordert ihren Kopf, und ihr Bruder kann sich ihre Ermordung schon bald darauf durchaus vorstellen. Der Rest der Familie macht ihr ebenfalls das Leben zur Hölle. Er droht, falls sie nicht alles widerrufe, ihr die Kinder zu entreißen. Giusy wählt einen Kompromiss: Sie verweigert die vom Gesetzgeber vorgesehene Unterzeichnung der Protokolle, bleibt aber bei ihren Aussagen. Die Folgen sind trotzdem schwerwiegend. Das Zeugenschutzprogramm muss unterbrochen werden. Das Gericht wägt ab, ob sie zurück ins Gefängnis muss oder unter Hausarrest gestellt wird. Die Familie besteht auf ihrer Rückkehr nach Kalabrien. Wieder fühlt sich Giusy wie ein gehetztes Tier in der Falle. Doch diesmal sieht sie den einzigen Ausweg in der Flucht. Gemeinsam mit der jüngeren Tochter Eli und ihrem Lebensgefährten Domenico fährt sie Richtung Norditalien. Die Polizei spürt sie jedoch auf, und Giusy wird in die römische Haftanstalt Rebibbia gebracht. Drei Wochen verbringt sie, von Scham und Zweifeln geplagt, im Gefängnis, dann bittet sie schriftlich um eine Wiederaufnahme der Gespräche. Diesmal für immer. Im Sommer wird sie wieder offiziell in den Kreis der Justiz-Kollaborateure aufgenommen.

Diesmal sind die Kinder nicht bei ihr, und sie hat sich geschworen, dem Druck der Familie zu widerstehen. Giusy lernt die Briefe ihrer Tochter zu interpretieren, die ihrem Zorn freien Lauf lässt. „Mama, ich bin total sauer auf Dich, ich bin zornig über das, was Du machst. Was hat das für einen Sinn, zweimal denselben Fehler zu begehen", schreibt die 15-jährige Angela. „Das, was Du tust, machst Du für Dich, nicht für uns. Du tust uns nur weh. Du spuckst in die Suppe, die Du gegessen hast. Was haben sie Dir versprochen? Ist das, was sie Dir versprochen haben, wichtiger als Deine Familie und unser Glück?"

Als Giusy einige Tage später einen weiteren Brief in einem ganz anderen Tonfall erhält, weiß sie, dass ihre Tochter von der Familie als Sprachrohr missbraucht worden ist. „Ciao cara mamma", schreibt Angela diesmal, „ich möchte bei Dir sein.

Mich interessiert nicht, was die Leute über Dich denken. Du hast mich geboren, Mamma, Du bist mein Leben. Es tut mir so leid, dass Du allein in einer Zelle bist. Ich möchte bei Dir sein. Mammina, ti amo." Später erfährt Giusy, dass ihre eigene Mutter sie verabscheut und Angela gegen sie aufhetzt. „Du musst ihr sagen, dass sie für dich tot ist", fordert Angela Ferraro ihre Enkelin auf. „Du musst ihr sagen, dass sie für dich nicht mehr existiert." Lass sie allein, hämmert sie dem Mädchen ein, und „wenn sie dich anruft, antworte nicht mehr". Giusys Mutter zeigt Verachtung für die kollaborierende Tochter und beansprucht für sich – anders als die Verräterin –, die Gefängnisstrafe erhobenen Hauptes anzunehmen.

Doch Giusy lässt sich jetzt nicht mehr einschüchtern. Sie setzt die Gespräche, gestärkt durch die Zuneigung ihrer Tochter, fort.

DER BOSS IM BUNKER

Am 9. August 2011 gelingt den Sicherheitskräften der Coup, auf den sie seit eineinhalb Jahren hoffen. Francesco Pesce, Jahrgang 1978 und vom Innenministerium in die Liste der gefährlichsten flüchtigen Mafiosi aufgenommen, wird verhaftet. Carabinieri und andere Spezialeinheiten heben das Versteck des *capocosca* auf. Es ist ein unterirdischer Betonbunker, der sich im Hof eines Firmengeländes im Industriegebiet von Rosarno befindet. Filmaufnahmen der Carabinieri zeigen ein rund 40 Quadratmeter großes Apartment, das aus einem Schlafraum samt Miniküche und Badezimmer besteht. Eine steile Holztreppe führt nach oben. Die Zugangstür ist nur über eine Fernbedienung zu aktivieren. Die Beamten finden ein System von

Überwachungskameras, auch eine Klimaanlage, ein Fernseher und ein Internetanschluss gehören zur Grundausstattung des Bunkers. Im Schlafzimmer liegt ein Stapel Tageszeitungen, in der Küche gibt es Wein und Champagner. Auf dem Tisch befinden sich Francescos Unterlagen. Einige *pizzini* kann er verbrennen, einen versteckt er am eigenen Leib. Er wird bald darauf entdeckt und enthält für die Ermittler äußerst wertvolle Hinweise über seine engsten Mitarbeiter.

Zugang zum Bunker verschaffen sich die Sondereinheiten ohne großes Aufsehen. Sie öffnen die Falltür mit einer Fernbedienung. Der sonst so wenig zimperliche Boss ist zu Tode erschrocken. Er hat Angst, erschossen zu werden, und weigert sich, nach oben zu gehen. Er selbst sei unbewaffnet, versichert er mehrmals. Die Familie Pesce sei anders, sie brauche sich nicht zu bewaffnen. Als die Polizei ihn letztlich abführt, hat er sich erfangen. „Jetzt bin ich wer", sagt er lächelnd in die Kamera.

Wie Carmela Iuculano versucht auch Giusy Pesce trotz aller Widrigkeiten ihre Ehe und damit die Familie für ihre Kinder zu retten. Kurz nach Wiederaufnahme der Zusammenarbeit mit den Behörden schreibt sie ihrem Ehemann und schlägt ihm eine gemeinsame Zukunft vor. Doch auch in ihrem Fall kommt es nicht dazu. Rocco Palaia stellt die 'Ndrangheta über die eigene Familie.

Giusy widmet sich jetzt umso mehr ihrer neuen Aufgabe. Sie gräbt tief in ihrem Gedächtnis. Je mehr sie erzählt, desto leichter steigen Erinnerungen in ihr hoch. Erinnerungen an Erzählungen, Anspielungen und Erlebnisse. Sie holt viele Facetten ihrer Familie hervor. Vom Fußballklub, den der Vater gründet und den ihr Bruder Francesco mit erpresstem Geld weiterbetreibt, bis hin zu ungeklärten Mordfällen.

30 Jahre sind vergangen, seit eine Cousine ihres Vaters ver-

schwunden ist. Am 20. März 1981 erscheint der Ehemann der Frau bei der Polizei und macht eine Vermisstenanzeige. Anunziata taucht nicht mehr auf. Doch nicht nur die Person verschwindet, auch ihr Name wird nicht mehr ausgesprochen, die Familie streicht sie einfach aus dem Gedächtnis. Erst Ende der 1990er-Jahre erwähnt ein Kronzeuge den Fall aus Rosarno. Die Frau soll ihren Mann betrogen haben – und zwar für einen Mafioso auf die schlimmste Art und Weise, die er sich vorstellen kann: mit einem Carabiniere. 1999 wird Anunziata Pesce offiziell für tot erklärt, wirklich Licht ins Dunkel bringt jedoch erst Giusy. Sie kennt das grauenvolle Geheimnis der Familie.

Sobald Anunziatas Familie von ihrer Liebesbeziehung erfuhr, verhängte sie das Todesurteil über die junge Frau. Ausgeführt musste die Tat von ihren Brüdern werden. Giusy erinnert sich, gehört zu haben, dass sie sich weigerten, aber die *capi* blieben hart. Die Mörder müssen aus dem engsten Familienkreis kommen. Eines Tages wird Anunziata von ihrem älteren Bruder und ihrem Cousin – dem Vater des heutigen Bosses Francesco – abgeholt und aufs Land gebracht. Die beiden Männer verbinden ihr die Augen und töten sie. Der Leichnam der jungen Frau wird heimlich auf den Friedhof gebracht und mit Wissen des Totengräbers in der Grabkapelle der Familie Pesce verscharrt. Damit war die junge Frau für immer spurlos verschwunden. Ihr Schicksal wird erst drei Jahrzehnte später publik.

Giusy wird die wichtigste Zeugin in den Ermittlungen gegen die eigene Familie, gegen die 'Ndrangheta von Rosarno und ihre Zweigstellen im Norden Italiens.

Im September 2011 sagt sie erstmals in einer Gerichtsverhandlung aus. Die junge Frau, die wieder an einem unbekannten Ort lebt, wird mittels Video zugeschaltet. Sie selbst hat diesen

Wunsch geäußert. Sie will ihrer Familie mit offenem Visier begegnen, weil sie die Wahrheit sagt. Giusy weicht davon nicht ab, auch wenn am Ende der Verhandlung bekannt wird, dass ihr Ehemann sie weiter bedroht.

Zwei Jahre dauert der Prozess rund um den Ermittlungsstrang „All Inside", dann fällen die Richter in erster Instanz ein Urteil. 17 Tage haben sie am Ende im Gerichtsbunker von Palmi beraten, bevor sie 40 Verurteilungen aussprechen. 21 Personen werden freigesprochen, zwei Fälle sind bereits verjährt. Insgesamt verhängt das Gericht 521 Jahre Haft. Auch zwei Carabinieri waren angeklagt. Sie standen der Spitze der *cosca* zur Verfügung und erhalten nun schwere Haftstrafen. Unter den Verurteilten sind insgesamt 14 Männer und Frauen mit dem Nachnamen Pesce. Auch Giusys Mutter, Angela Ferraro, ist dabei. 13 Jahre und fünf Monate Freiheitsentzug lautet ihr Urteil. Rocco Palaia, Giusys Ehemann, wird zu 21 Jahren und zwei Monaten Haft verurteilt. Großmutter Giuseppa Bonarrigo fasst ein Jahr und acht Monate aus.

Ermittlungen und Prozesse gehen jedoch weiter. Im Mai 2014 werden weitere 16 Mitglieder des Pesce-Clans verurteilt. Auch Ileana Bellocco, die 24-jährige Frau von Giuseppe Pesce, erhält zwölf Jahre Freiheitsentzug. Die Ehe von Ileana und Giuseppe sollte die beiden großen Clans noch enger verbinden und faktisch unangreifbar machen. Jetzt sitzt das Ehepaar im Gefängnis. Bei den Urteilsverlesungen kommt es im Gerichtssaal von Palmi zu tumultartigen Szenen. Die anwesenden Verwandten schreien laut, einige von ihnen fallen in Ohnmacht. Am Tag darauf protestiert eine Gruppe Frauen vor dem Gerichtsgebäude der kalabrischen Stadt gegen die Verurteilung des Pesce-Clans. Auf Transparenten steht zu lesen: „Ungerechtes Urteil" und „Wir verlangen Gerechtigkeit".

Doch der Gang der Justiz lässt sich nicht mehr stoppen. Im August 2014 gelingt der Polizei ein weiterer Schlag gegen die *cosche* aus Rosarno. Sie verhaftet erneut zwei Dutzend Personen. Eine ganze Reihe von Haftbefehlen betrifft diesmal Mitglieder der Familie Bellocco. Die Schlinge um die beiden Clans zieht sich immer weiter zu. Giusy Pesce lebt heute weiterhin versteckt an einem unbekannten Ort. Ihre Kinder sind bei ihr. Die beiden Töchter waren nach ihrer Wiederaufnahme der Kollaboration von der Schwägerin aus dem Haus gejagt worden. Um ihren Sohn Gaetano musste die Mutter kämpfen. Die Familie beanspruchte den Buben für sich. Er müsse nach den richtigen Prinzipien erzogen werden, als ganzer Mann, der später in der Lage sei, die Tradition der Familie weiterzuführen. Doch genau dagegen lehnt sich Giusy Pesce auf. Meine Kinder haben ein Recht auf ein anderes Leben, hat sie immer wieder betont. Dank ihrer Hartnäckigkeit ist eine der gefährlichsten Gruppierungen der 'Ndrangheta stark dezimiert: ihre eigene Familie.

STRUKTUR DER 'NDRANGHETA
laut Operazione Crimine, Sommer 2010

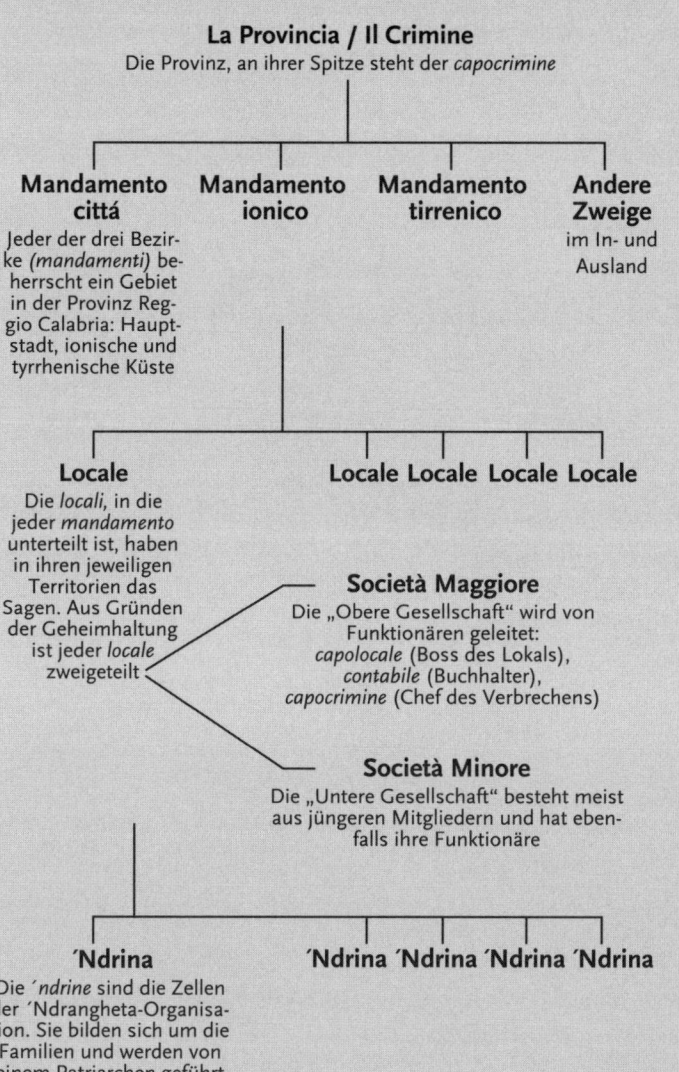

La Provincia / Il Crimine
Die Provinz, an ihrer Spitze steht der *capocrimine*

Mandamento città
Jeder der drei Bezirke *(mandamenti)* beherrscht ein Gebiet in der Provinz Reggio Calabria: Hauptstadt, ionische und tyrrhenische Küste

Mandamento ionico

Mandamento tirrenico

Andere Zweige
im In- und Ausland

Locale
Die *locali*, in die jeder *mandamento* unterteilt ist, haben in ihren jeweiligen Territorien das Sagen. Aus Gründen der Geheimhaltung ist jeder *locale* zweigeteilt

Locale Locale Locale Locale

Società Maggiore
Die „Obere Gesellschaft" wird von Funktionären geleitet: *capolocale* (Boss des Lokals), *contabile* (Buchhalter), *capocrimine* (Chef des Verbrechens)

Società Minore
Die „Untere Gesellschaft" besteht meist aus jüngeren Mitgliedern und hat ebenfalls ihre Funktionäre

'Ndrina
Die *'ndrine* sind die Zellen der 'Ndrangheta-Organisation. Sie bilden sich um die Familien und werden von einem Patriarchen geführt

'Ndrina 'Ndrina 'Ndrina 'Ndrina

LA VITTIMA -
DAS OPFER

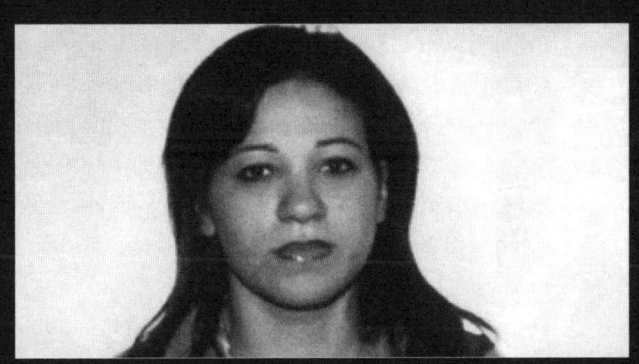

MARIA CONCETTA CACCIOLA

Der Grund für ihren Besuch auf der Polizeiwache in Rosarno ist ein ganz banaler: Es geht um das Moped ihres minderjährigen Sohnes. Maria Concetta Cacciola ist aufgefordert, einige bürokratische Formalitäten zu erledigen. Doch als sie den Beamten gegenübersitzt, fasst sie ganz spontan einen Entschluss. Sie beginnt zu reden. Aber nicht über das gestohlene Zweirad ihres Sohnes, sondern über sich selbst. Hektisch erzählt sie einige Details aus ihrem Leben. Bruchstückhaft reißt sie ihre Probleme und Sorgen an. Es ist ein Hilfeschrei, den Maria von sich gibt, denn sie hat Angst um ihr Leben. Selbst ein längeres Verweilen auf der Polizeistation könnte ihr gefährlich werden. Schon ruft die Mutter sie mehrmals an und fragt, warum es so lange dauere. Maria Concetta Cacciola verabschiedet sich hastig von den Beamten und kehrt nach Hause zurück.

Es ist der 11. Mai 2011.

Die Polizeibeamten nehmen die spontanen Äußerungen ernst. Sehr ernst sogar. Denn Maria ist die Nichte des mächtigen 'Ndrangheta-Bosses Gregorio Bellocco, der gemeinsam mit dem Pesce-Clan nicht nur die Ebene von Gioia Tauro beherrscht, sondern kriminelle Verbindungen in viele Länder hat: von Frankreich bis Griechenland, von Österreich und Deutschland bis in den Libanon. Marias Vater, Michele, blickt auf eine lange Mafia-Karriere zurück. Oftmals saß das Familienoberhaupt, der *capobastone*, im Gefängnis, und sein Sohn Giuseppe scheint wild entschlossen, dem Vater in nichts nachzustehen. Im Gegenteil. Getreu den Prinzipien der 'Ndrangheta versteht sich ein Sohn nicht nur als devoter Nachfahre seines Erzeugers, er ist gleichzeitig auch der direkte Nachfolger des allmächtigen *capobastone*, der später seine Befugnisse auf ihn überträgt. Vater und Sohn sind so faktisch ident. Giuseppe ist sogar besonders ehrgeizig. Er strebt an, in der Organisation weiter aufzusteigen.

Trotz seines jungen Alters weist Giuseppes Justizakte bereits eine lange Reihe von Anklagepunkten auf: Zugehörigkeit zur Mafia, Waffenhandel, Geldwäsche und Wucher. Ihn fürchtet Maria mehr als alle anderen.

Vier Tage später laden die Beamten die junge Frau erneut vor. Der offizielle Weg ist die einzige Möglichkeit, um mit ihr in Kontakt zu treten. Maria kommt pünktlich und setzt ihre Aussage fort. Diesmal in geordneter Form. Maria Concetta Cacciola, geboren am 30. September 1980, Ehefrau von Salvatore Figliuzzi, Mutter von drei Kindern, unbescholten, nehmen die Polizisten für das Protokoll auf. Maria ist seit ihrem sechzehnten Lebensjahr verheiratet. Die Ehe hat ihr kein Glück gebracht. Ihr Mann wollte in erster Linie in eine angesehene 'Ndrangheta-Familie einheiraten und sich so den Respekt Gleichgesinnter erwerben. Hochzeiten erfolgen in der kalabrischen Mafia nach dynastischen Prinzipien. Ehen werden geschlossen, um Territorien und Machtbefugnisse zu erweitern. Sie werden arrangiert oder erzwungen. Gefühle spielen dabei keine Rolle. So kommt es neben der typischen *fuitina* auch immer wieder zu regelrechten Entführungen. Die „Auserwählte" wird verschleppt und an einem abgelegenen Ort vergewaltigt. Die schwer bewaffneten Freunde des Mannes überwachen den Akt, um später die Entjungferung zu bezeugen. Nun ist der Vater gezwungen, so sehen es die rigiden Regeln vor, seine „unreine" Tochter zu verheiraten.

Auch Salvatore hat Maria nie geliebt, das gibt er ihr bald nach der Eheschließung zu verstehen. Die von ihm organisierte *fuitina* war ein wohlüberlegter Schachzug. Maria hatte eingewilligt. Sie war zu jung, um die Tragweite einer Ehe erahnen zu können.

An diesem Tag im Mai erzählt Maria den Beamten von ihrem

gewalttätigen Ehemann, der nicht einmal davor zurückschreck-
te, sie bei einem Streit mit der Pistole zu bedrohen. Acht Jahre
dauert das Zusammenleben unter einem Dach, dann landet
Salvatore im Jahr 2005 mit Gregorio Bellocco und rund 20
weiteren *affiliati* des Clans wegen Mafia-Zugehörigkeit hinter
Gittern. Seitdem lebt Maria mit ihren drei Kindern wieder im
Haus der Eltern. Ein selbständiges Leben ohne Ehemann an der
Seite ist in ihren Kreisen absolut unmöglich. Maria spricht daher von ihrer eigenen Familie, die kein Verständnis für sie hat
und die sie auf Schritt und Tritt überwacht. „Bis dass der Tod
euch scheidet", hat ihr der Vater eingeschärft, als sie sich wegen
der Gewalt in ihrer Ehe einmal zu ihm geflüchtet hatte, und
das gilt jetzt erst recht, wenn der Ehemann im Gefängnis sitzt.
Maria trägt schwer an der Isolation und fühlt sich wie in einem Kerker, gibt sie den Beamten zu verstehen. Sie dürfe ohne
die Begleitung einer erwachsenen Person aus ihrer Familie das
Haus nicht verlassen, ihr fehle die Luft zum Atmen.
Doch Maria ist nicht gekommen, um sich über ihre Lebensumstände zu beklagen. Der wahre Grund für ihre Aussagen
ist ein anderer. Er heißt Pasquale und ist Marias große Liebe.
Auf ihn möchte sie nicht verzichten müssen. Die 30-jährige
Frau spricht von einem Verhältnis, einem nach wie vor plato-
nischen Verhältnis, wie sie näher erläutert. In einer Familie
wie der ihren reicht das jedoch aus, um das Recht auf Leben
zu verwirken. Maria fürchtet um ihren Geliebten und um sich
selbst. Mehrfach hat sie an eine Flucht zu ihrer Freundin nach
Norditalien gedacht, regelmäßig verwirft sie jedoch den Gedan-
ken. Sie möchte niemanden miteinbeziehen, um niemanden
zu gefährden. Und dann quält sie vor allem eine Sorge: Was
wird aus meinen Kindern?, sagt sie immer wieder, wohl in der
Hoffnung, eine Antwort zu finden. Maria weiß um den Ent-

schluss ihrer Cousine Giusy Pesce, mit der Justiz zusammenzuarbeiten, und so hofft auch sie auf die Polizei. Die Beamten
schlagen ihr einen Plan vor.
Die Polizei geht vorsichtig vor. Sie ist sich der Gefahr, in der
die junge Frau schwebt, bewusst. Die 'Ndrangheta, lange Zeit
unterschätzt, ist inzwischen die gefährlichste und weltweit am
besten vernetzte Mafia des Landes und als einzige auf allen fünf
Kontinenten vertreten.

VOM ASPROMONTE IN DIE WELT

International aufmerksam wurde man auf die kriminelle Organisation 1973 durch den Fall John Paul Getty III. Der Enkel des
gleichnamigen US-amerikanischen Ölmagnaten lebte in Rom
und war dort am 10. Juli verschwunden. Einige Tage danach
tauchte ein Erpresserbrief mit einer Lösegeldforderung von 17
Millionen Dollar auf. John Pauls Großvater, der damals zu den
reichsten Männern der Welt zählte, weigerte sich jedoch zu zahlen. Da griffen die Entführer zu einem drastischen Mittel. Sie
schnitten dem 16-Jährigen, den sie in einer Höhle im Aspro-
monte-Gebirge gefangen hielten, ein Ohr ab und schickten es
an die Redaktion der römischen Tageszeitung „Il Messaggero".
Erst nach der Drohung, den Jungen „in kleinen Stücken" zu-
rückzugeben, sollen ein paar Millionen Dollar geflossen sein.
John Paul Getty III. wurde nach 158 Tagen Geiselhaft freigelas-
sen. Von den psychischen Folgen hat er sich bis zu seinem Tod
2011 nie erholt.
Die 'Ndrangheta stieg mit der Verschleppung Gettys jedoch
groß in das „Entführungsgeschäft" ein. Bis in die 1990er-Jahre
kidnappte sie Menschen und erpresste Geld von deren Angehö-

rigen. Mit den ersten Millionen aus Lösegeldern kaufte sich die kriminelle Organisation in den Drogenhandel ein, der damals von der Cosa Nostra beherrscht wurde und der ihr bis heute die größten Profite einbringt.

Die kalabrische Mafia gilt als besonders grausam und ihr „Moralkodex" ist noch strikter als der der Schwesterorganisationen. Der strenge familiäre Zusammenhalt und die absolute Schweigepflicht lassen keinen Spielraum. Der Name selbst geht, wie die meisten Experten meinen, auf das griechische *andros* zurück und steht für die „Gesellschaft der ehrenwerten Männer". Das daraus resultierende kalabrische Wort *ndrino* bezeichnet einen „aufrechten Mann, der seinen Rücken nicht beugt". Als Symbol einer 'Ndrangheta-Zelle wurde der in sechs Elemente unterteilte Baum der Erkenntnis gewählt: Der Stamm entspricht dem *capobastone*, der Macht über Leben und Tod der *affiliati* hat; Äste, Zweige und Zweiglein stehen für verschiedene Ränge; die Blüten für die jungen Ehrenmänner und die Blätter für die Verräter, deren Schicksal es ist, zu Boden zu fallen.

Frauen haben in diesem familiären Kontext eine zentrale Rolle inne. In den Anfängen der 'Ndrangheta – nach der Einigung Italiens im 19. Jahrhundert – schlüpften Frauen oft in Männerkleidung und nahmen an den kriminellen Handlungen ihrer Familien teil. Später verlagerte sich ihr Aktionsradius in die eigenen vier Wände. In ihren Händen lag – und liegt – es, die eigenen Kinder getreu den Prinzipien des organisierten Verbrechens zu erziehen. Frauen wurden im Laufe der Geschichte aber auch eingesetzt, schreibt der 'Ndrangheta-Experte Enzo Ciconte, um Fehden zwischen verfeindeten Gruppen zu beenden. Normalerweise endete dieser Kampf, wenn eine Familie alle ihre Männer verloren hatte. Die 'Ndrangheta setzte aber bald verstärkt auf eine zweite Möglichkeit: Der blutige Konflikt konnte durch die

Schließung einer Ehe zwischen den Familien beendet werden. Das Blut, das die Jungfrau in der Hochzeitsnacht vergießt, galt als Kompensation für den bereits bisher im Kampf verlorenen Lebenssaft. Ein neuer Pakt war geschlossen.

Maria lebt wie viele andere Frauen ihrer Generation den Zwiespalt zwischen diesen absolut gesetzten archaischen Regeln und der Realität des 21. Jahrhunderts. Die junge Frau ist zwar komplett isoliert, findet aber mithilfe ihres Smartphones und durch Social Media Zugang zur Welt. Um aus ihrer absoluten Einsamkeit zu entkommen, beginnt Maria zu chatten. Unter ihrem Nickname „Nemi" lernt sie „Prinz 484" kennen. Beide unterhalten sich regelmäßig auf Facebook, werden Freunde und kommen sich virtuell so nahe, dass sie beschließen, ihre Telefonnummern auszutauschen. „Prinz 484" entpuppt sich als ein junger Mann aus Reggio Calabria, der in Deutschland arbeitet. Die beiden hören sich einige Wochen lang fast täglich, da beschließt Maria, ihm die Wahrheit zu erzählen – dass sie verheiratet ist und Mutter von drei Kindern.

Rund zwei Jahre dauern diese Kontakte, als plötzlich im Juni 2010 im Hause Cacciola einige anonyme Briefe eintreffen: Maria habe ein außereheliches Verhältnis. Vater und Bruder schäumen vor Wut und stellen sie zur Rede. Die junge Frau hat aber keine Absicht, etwas zu verbergen. Sie gesteht nicht nur ihre „virtuelle" Beziehung, sie teilt ihnen auch mit, sich von ihrem ungeliebten Ehemann, der seit Jahren im Gefängnis ist, trennen zu wollen. Als Antwort schlagen die beiden Männer sie krankenhausreif. Drei Monate laboriert sie an einer gebrochenen Rippe, Prellungen und Hämatomen, die von einem mit der Familie eng verbundenen Arzt in ihrem Elternhaus behandelt werden. Als Maria wieder gesundet, wird sie noch strenger bewacht als vorher. Den Kontakt zu Pasquale hält sie nun über

SMS aufrecht. Maria erzählt ihm von ihrem inhaftierten Ehemann und davon, dass sie einer mächtigen 'Ndrangheta-Familie angehört. Pasquale rät ihr dringend, sich der Polizei anzuvertrauen und so schnell wie möglich das Elternhaus zu verlassen. Er macht sich große Sorgen, sie sei in Lebensgefahr.

In diesem emotional angespannten Zustand beschließt sie, mit der Justiz zusammenzuarbeiten. Noch hat die Familie keine Beweise für ihre Beziehung in Händen. Maria hat aber Angst, Vater und Bruder könnten die Identität ihres Geliebten entdecken. Das wäre das Ende. Die Beamten beschließen, rasch zu handeln, und legen ihr einen provisorischen Plan vor. Sie soll, da unverdächtig und unbescholten, als „Zeugin der Justiz" in ein Schutzprogramm aufgenommen werden. In der Nacht zwischen dem 29. und dem 30. Mai 2011 wird sie von Sondereinheiten in einer geheimen Aktion aus Rosarno weggebracht.

Ihre Kinder muss Maria zurücklassen. Sie tut dies schweren Herzens und vertraut sie ihrer über alles geliebten Mutter an. Ihr hinterlässt sie einen Abschiedsbrief. „Nur Du kannst mich verstehen", schreibt sie flehentlich und bittet die Mutter, den Kindern all das zu geben, was sie nicht mehr imstande ist zu tun. „Meine Kinder sind das Schönste, was ich habe. Ich ersuche Dich daher inständig, mache bei ihnen nicht den gleichen Fehler wie bei mir. Gib ihnen Raum! Ich habe geheiratet, weil ich glaubte, ein wenig Freiheit zu erhalten, habe einen Mann geheiratet, der mich nicht liebte und den ich nicht liebe. Sperr die Kinder nicht ein", schreibt Maria und bittet ihre Mutter um Vergebung. „Dort, wo ich hingehe, werde ich Frieden finde. Sucht mich nicht."

Die Sicherheitsbeamten bringen Maria zuerst nach Cassano sullo Ionio. Wer dort der jungen Frau begegnet, erinnert sich später an eine offene, herzliche und gut gelaunte Person. Marias Plan ist es, physisch und psychisch zu Kräften zu kommen, um dann gestärkt mit ihren Kindern in Kontakt zu treten. Drei Wochen später verlässt Maria Süditalien. Sie wird nach Bozen gebracht und Ende Juni an einen geheimen Ort in Genua.

Maria ist nun seit einem Monat von zu Hause fort und die Sehnsucht nach den Kindern ist jetzt, weit weg von Rosarno, übergroß. Die junge Frau, die von den Ermittlern als sehr entschlossen und klar denkend beschrieben wird, hält der Versuchung – und den aufkommenden Zweifeln – aber nicht stand. Sie ist noch nicht so weit. Am 2. August ruft sie spontan ihre geliebte Mutter an und verrät ihr, überglücklich, sie endlich wiederzuhören, ihren Aufenthaltsort.

Kaum ist das Telefonat beendet, springen Michele Cacciola und seine Frau Anna Rosalba Lazzaro ins Auto und fahren nach Genua. Noch am Abend desselben Tages treten sie den Weg zurück nach Rosarno an. Maria ist bei ihnen.

Schon nach wenigen Kilometern erkennt Maria jedoch, dass sie einen Fehler gemacht hat. Die Eltern machen ihr vor allem Vorwürfe. Sie halten ihr vor, mit der Polizei zusammenzuarbeiten, und sie wollen wissen, was sie den Behörden alles erzählt hat. Maria hält mit der Wahrheit nicht hinter dem Berg. Sie spricht offen über die von ihr aufgezeigten Verbrechen, viel habe sie im Laufe der Zeit im Hause der Eltern mitbekommen, sogar bis hin zum Mord. Das Ehepaar Cacciola ist entsetzt und hochgradig nervös. Die Eltern kennen die Folgen von Giusy Pesces Kollaboration und haben gesehen, wie deren Familienmitglieder, Mutter und Schwester inbegriffen, einer nach dem anderen hinter Gittern landen. Die Stimmung im Auto ist zum Zerreißen angespannt.

Die drei im Mercedes wissen nicht, dass die Polizei mithört. Eine Überwachung dank im Auto versteckter Sender macht es möglich, und so registrieren die Ermittler, wie Marias Vater plötzlich die Tonart ändert. „Du bist Blut von meinem Blut", versichert er seiner

Tochter. Maria erkennt, dass auch er ein Gefangener des Systems ist. Sie spürt seine Zuneigung, sieht aber gleichzeitig, dass die Bindung an die Werte der 'Ndrangheta – vor allem „Ehre" und „Schweigepflicht" – stärker als seine Vaterliebe ist. Die junge Frau ist alarmiert. Als Eltern und Tochter abends erschöpft eine Pause in Reggio Emilia einlegen, ruft Maria die für ihren Schutz zuständige Polizeieinheit an und bittet sie, sie abzuholen. Maria kann nach Genua zurückkehren. Ihre Eltern sind hingegen gezwungen, am nächsten Tag alleine weiterzureisen. Im Auto hat das Ehepaar nur ein Thema: Wie können sie ihre Tochter dazu bewegen, ihre Aussagen zu widerrufen sowie das Schutzprogramm zu verlassen. Sie sind zuversichtlich, denn sie haben Marias Schwachpunkt entdeckt. Sie hat Sehnsucht nach ihren Kindern und nach den Eltern. So ist es nicht auszuschließen, dass sie noch einmal nachgeben wird.

Der Plan der Eltern steht schnell fest. Mit zuckersüßen Versprechungen soll die Tochter ins Nest zurückgeholt werden. Als sich Maria telefonisch meldet, legt die Mutter gekonnt die Netze aus. Alles würde sich zum Guten wenden, die Tochter könne wählen, wo sie wohnen möchte, auch sie selbst – ist auf dem Mitschnitt zu hören – ist bereit, gemeinsam mit Maria ein neues Leben zu beginnen, falls die Tochter es möchte. Doch auf das Zuckerbrot folgt die Peitsche. Maria müsse endlich gehorchen. Alles sei möglich, aber nur, wenn die Tochter sich sofort an den Anwalt der Familie wende. „Nur er kann das lösen, du verstehst nichts", schaltet sich auch der Vater ein. Mutter und Tochter werden im Laufe des Gespräches immer nervöser. „Mama, es reicht ... basta, basta", ist Maria erschöpft zu hören. Anna Rosalba gibt aber nicht auf und bringt die eigenen Enkelkinder ins Spiel. „Wir bringen sie zu dir. Wenn du nicht hierher zu uns willst, geh mit ihnen zu deinen Tanten", geht das Ringen weiter. Maria muss sich entscheiden, entweder „wir oder sie". Der Anwalt sei bereits bezahlt und warte nur auf Maria. Die einzigen Menschen, denen sich Maria anvertraut, sind Pasquale und ihre Freundin Emanuela. Beide setzt sie über das Drängen der Eltern in Kenntnis. Sie weiß, dass sie ihren Geliebten verlieren wird, falls sie nach Rosarno zurückkehrt. Ich werde dich lieben, solange ich lebe, schreibt Maria per SMS an Pasquale. Emanuela wiederum ist äußerst skeptisch. Sie warnt ihre Freundin Maria eindringlich, nicht nachzugeben. Emanuela erzählt ihr auch, dass Anna Rosalba nach Marias Untertauchen sofort Trauerkleidung getragen habe. Für die Familie sei sie von Anfang an tot, insistiert die Freundin.

Doch der Druck der Familie ist enorm. Inzwischen ist es Vater und Bruder auch gelungen, die Identität von Marias Geliebtem ausfindig zu machen. Sie haben sich eine detaillierte Liste von Marias Telefonkontakten besorgt.

CHANCENLOS

Am Morgen des 9. August finden die Sicherheitskräfte Marias Unterkunft in Genua leer vor. Am Tag zuvor hat sie ihnen mitgeteilt, sich telefonisch nach ihren Kindern erkundigt zu haben. Jetzt ist sie bereits wieder auf dem Weg nach Rosarno. Ihre Mutter hat sie mit ihrer kleinsten Tochter unter Druck gesetzt. Maria sucht verzweifelt nach einem Ausweg.

Am 12. August willigt sie ein, mit den Eltern den Termin beim Anwalt der Familie wahrzunehmen. Im Büro des Strafverteidigers wird Maria gezwungen, alle ihre gegenüber der Justiz gemachten Aussagen mündlich zu widerrufen. „Ich hatte große Probleme mit der Familie", ist Maria auf der Audiokassette zu hören. „Sie haben mich eingesperrt und ich hatte keine Freunde. Als dann die anonymen Briefe gekommen sind, war es nicht mehr auszuhalten. Ich war so zornig und wollte es den Meinen heimzahlen." Das sei der Grund gewesen, warum sie sich an die Polizei gewandt hatte. Sie wollte sich an der Familie rächen. Alles, was sie seither den Behörden erzählt habe, sei daher frei erfunden. Bereits in Bozen wollte sie die Zusammenarbeit mit der Justiz abbrechen, „denn ich sah, was ich alles angerichtet habe. Im Zorn sagt man vieles. Ich habe Menschen in diese Geschichte hineingezogen, die nichts damit zu tun haben." Schritt für Schritt lässt Maria die vergangenen Monate Revue passieren, bis zu ihrer Rückkehr nach Rosarno. „Hier habe ich den Frieden gefunden, den ich gesucht habe. Ich möchte betonen, dass ich ab nun in Ruhe gelassen werden will. Ich will von niemandem mehr angerufen werden." Die Audiokassette bleibt vorerst unter Verschluss. Im Hintergrund sind Stimmen zu hören, die Maria die Sätze suggerieren.

Der Inhalt der Botschaften, die Maria an Pasquale und Emanuela schickt, zeigt jedoch ein anderes Bild. Statt Harmonie und Idylle gibt es psychischen Terror und totale Kontrolle. Maria ist ihrer Familie völlig ausgeliefert. Sie bittet Pasquale daher, sich mit ihrem Mittelsmann bei der Polizei in Verbindung zu setzen. Am 17. und 18. August ruft sie selbst mehrmals an und spricht mit dem Beamten. Maria möchte wieder in das Programm für die Justizzeugen aufgenommen werden. Gemeinsam überlegen der Polizist und Maria, wie sie das elterliche Haus verlassen könnte. Nach Abwägung aller Risiken schlägt er ihr vor, sie in einer verdeckten Aktion zu holen. Alles müsse streng geheim bleiben. Jetzt geht es nur mehr um den Zeitpunkt. Allerdings soll die Aktion so schnell wie möglich durchgeführt werden. Wieder können die Kinder nicht sofort mit und wieder weiht

Maria ihre Mutter mit ein. Sie fleht erneut um ihren Beistand. Doch die Mutter weist sie brüsk zurück. Sie wird ihr bei keiner wie immer gearteten Flucht helfen.

Am Nachmittag des 18. August teilt Maria dem Polizisten mit, dass die Flucht verschoben werden müsse. Ihre kleine Tochter sei krank. Das ist das letzte Mal, dass der Beamte sie hört. Der Kontakt zur Polizei reißt ab. Zwei Tage später ist Maria Concetta Cacciola tot.

Ihre Eltern finden Maria am späten Nachmittag des 20. August leblos auf dem Fußboden im Badezimmer liegend. Neben der jungen Frau steht eine rote Flasche mit der Aufschrift „Salzsäure". Michele und Anna Rosalba rufen die Rettung, die kurze Zeit später ihre Tochter ins Krankenhaus bringt. Doch die Ärzte sind machtlos. Jede Hilfe kommt zu spät. Bald darauf trifft die Polizei ein. Der Tod ist durch die Einnahme der Salzsäure verursacht worden.

Während die Polizei weiterermittelt, deponiert die Familie Cacciola bei der Staatsanwaltschaft von Palmi die Audiokassette und ein von ihr verfasstes Exposé. Darin bekräftigt sie, dass es sich bei dem Tod Marias um Selbstmord handle, und begründet deren Aussage mit der psychischen Verfassung der 30-Jährigen. Maria habe an einer schweren „Depression" gelitten, die von den Carabinieri für ihre Zwecke ausgenützt worden sei. Die Polizei habe sie, ihre Schwäche kennend, unter Druck gesetzt. Die Carabinieri, schreiben die Eltern, versprachen ihr viele Vorteile, „vielleicht sogar wirtschaftlicher Natur", sowie „ein besseres Leben fernab von familiären oder persönlichen Schwierigkeiten". Das Angebot zur Zusammenarbeit sei aber sinnlos gewesen, kommen die Eltern zum Schluss, denn „ihre Tochter lebte weit weg von jeglichen kriminellen Machenschaften". Was hätte Maria also erzählen können, da sie nichts gesehen, nichts gehört hatte und auch nichts wusste? Die Schlussfolgerung kann laut Eltern daher nur eine sein: Maria hat sich umgebracht, weil die Polizei sie zur Zusammenarbeit gezwungen hat.

Im Spätherbst 2012 beginnt der Prozess am Schwurgericht in Palmi. Auf der Anklagebank sitzt Marias Familie: Vater, Mutter und Bruder. Ihnen wird vorgeworfen, Maria durch psychische und körperliche Gewalt bis zum Selbstmord getrieben zu haben. 2014 werden alle drei zu mehrjährigen Haftstrafen verurteilt. Vater Michele erhält sechs Jahre und sechs Monate, Mutter Anna Rosalba vier Jahre und zehn Monate, Bruder Giuseppe fünf Jahre und acht Monate. Ebenfalls mit einer Haftstrafe wurde der Anwalt der Familie bedacht: vier Jahre und sechs Monate, so lautete das Urteil für den Juristen.

In der Urteilsbegründung im Juli 2014 schreibt der zuständige Richter, Davide Lauro, dass es sich „um ein gemeinsames Projekt" der Familie und des Anwalts gehandelt habe. Bei diesem kriminellen Projekt ging es in erster Linie darum, die „Interessen der Familie Bellocco zu schützen". Maria Concetta Cacciola hat mit ihren Aussagen mehrere 'Ndrangheta-Gruppierungen belastet, aber „die schwersten Anschuldigungen betreffen die Familie Bellocco (Mordfälle, Wucher, Erpressungen)". Ein dramatischer Fall, so der Richter, der sich im Hause einer Familie, die den Belloccos untergeben ist, abgespielt hat. In diesem Haus und in dieser Familie hat Maria Concetta Cacciola „schmerzhafte Demütigungen und Einschränkungen selbst der elementarsten Freiheiten erleben müssen". All das sei im Namen „der eisernen Regeln des Scheins" geschehen, in denen „das Konzept der Ehre durch eine steinzeitliche Denkweise gebeugt wird".

Maria hat es gewagt, die 'Ndrangheta von Rosarno und damit auch die eigene Familie anzuzeigen. Sie gehört damit – so wie

Giusy Pesce – zu den ganz wenigen Menschen, die bisher den Mut dazu hatten. Denn die 'Ndrangheta weist im Gegensatz zu den anderen Mafien nach wie vor fast keine *pentiti* auf. „In diesem Kontext", schreibt Davide Lauro, „in diesen Familien, in diesen Landstrichen ist eine *pentita* ein Unglücksfall, den man nicht auf sich beruhen lassen kann."

Ein Selbstmord, der alle Charakteristika eines Mordes aufweist.

RÄNGE DER 'NDRANGHETA

Die *doti* (Ränge) kennzeichnen den Status eines 'Ndranghetista. Sie werden auch *fiori* (Blumen) genannt.

Padrino (Pate)	Höchste Ränge
Quartino	
Trequartino	
Vangelista (Evangelist)	Obere Gesellschaft
Santista	
Camorrista di sgarro (rauflustiger Camorrista)	Untere Gesellschaft
Camorrista	
Picciotto	
Giovane d'onore	Vorbereitung auf die Aufnahme

COSA NOSTRA

Cinisi

PALERMO

Partinico

Cerda

Marsala

Corleone

S I

Caltanisset

Agrigento

Rosarno

Palmi

Messina

Reggio
Calabria

angi

L I E N

Catania

Siracusa

Ragusa

SOLA CONTRO TUTTI -
ALLEIN GEGEN ALLE

GIOVANNA GALATOLO

Es ist ein heißer Herbsttag im September 2013. Eine Frau betritt das Haus Nummer 7 an der Piazza della Vittoria in Palermo. Das ist der Sitz der Kriminalpolizei.

Die 48-jährige Frau heißt Giovanna Galatolo. Als sie bittet, mit einem Staatsanwalt sprechen zu können, ist allen sofort klar: Es handelt sich um etwas ganz Wichtiges. Und tatsächlich sind ihre ersten Worte so schwerwiegend, dass die Entscheidung der Frau, auszusagen, sogar innerhalb der Staatsanwaltschaft für Tage geheim gehalten wird. Nur wenig dringt in den kommenden Monaten an die Öffentlichkeit.

Giovanna trägt einen berühmt-berüchtigten Nachnamen. Ihr Vater, Vincenzo Galatolo, ist ein mächtiger *capomafia*, auf dessen Konto viele Verbrechen gehen. Dazu gehört auch die Ermordung von General Alberto Dalla Chiesa. Der Präfekt von Palermo fiel am 3. September 1982 mitten in der Stadt einem Mafia-Attentat zum Opfer. Mit ihm starben im Kugelhagel der Kalaschnikows seine Frau Emanuela Setti Carraro und der Polizeibeamte Domenico Russo. Der Boss bekam für diese Gräueltat eine lebenslange Gefängnisstrafe, die er seit vielen Jahren im Mailänder Hochsicherheitstrakt „Opera" absitzt.

Mordanschlag auf General Carlo Alberto Dalla Chiesa

Doch dies ist nicht der einzige Freiheitsentzug, der über Vincenzo Galatolo verhängt worden ist. Der Boss gehört zum Kreis der Corleoneser rund um Totò Riina und steht an der Spitze des Acquasanta-Clans, einer der wichtigsten Mafia-Familien Palermos, die in zahlreiche Gewaltverbrechen verwickelt ist.

Vincenzo wurde Ende der 1980er-Jahre, als die palermitanische Mafia ihre Zusammenarbeit mit den kolumbianischen Drogenkartellen begann, einer der wichtigsten Drahtzieher im internationalen Drogenhandel. 600 Kilo Kokain kamen im Jänner 1998 an Bord eines in Aruba ausgelaufenen Frachtschiffes in Palermo an. Offiziell handelte es sich um Material für den Ausbau der Schiffswerften von l'Acquasanta, tatsächlich war es der Beginn der neuen Rauschgift-Allianz.

Der Erste, der die Spuren des neuen Kartells verfolgte, war Mafia-Jäger Giovanni Falcone. Ihm gelang es, die Verbindung zwischen den beiden kriminellen Welten aufzudecken und große Geldflüsse sichtbar zu machen.

Die Ermittlungen des Richters und seiner Mannschaft zeigten gleichzeitig die innersizilianischen Strukturen auf, die es Vincenzo Galatolo erlaubten, ungestört seinen Geschäften nachzugehen. Joe Cuffaro – ein in Miami tätiger Mafioso, der später mit dem FBI zusammenarbeitete – erzählte Giovanni Falcone, wie Vincenzo Galatolo mit der Polizei in Palermo umging. Als der Boss eines Tages in der Nähe seines Hauses eine Polizeisperre sah, verjagte er die Sicherheitskräfte einfach laut fluchend, wunderte sich sogar der italo-amerikanische Mafioso.

Um die Bedeutung Vincenzo Galatolos zu verstehen, muss man die von Giovanni Falcone aufgenommenen Aussagen Joe Cuffaros lesen. Darin, schreibt der sizilianische Journalist Salvo Palazzolo, heißt es: „Ich war mit John Galatolo in Palermo, um eine Lieferung Kokain aus den USA zu organisieren, als uns eines Abends Johns Cousin Vincenzo in ein Restaurant einlud. Es gab keinen freien Platz mehr, so mussten einige Gäste aufstehen und uns ihren Tisch überlassen. An einem anderen Tisch saß rund ein Dutzend Personen, sehr wichtige Menschen, wie man mir sagte: Anwälte, ein Richter und Politiker. Sie sind alle sofort aufgesprungen, sind auf Vincenzo Galatolo zugelaufen und haben ihm die Hand zum Gruß gereicht. Er hat ihnen dann Champagnerflaschen an den Tisch bringen lassen." Die Spitzen der Gesellschaft lagen ihm zu Füßen.

Das war 1987. Giovanna Galatolo war eine junge Frau und lebte im Schatten des Paten.

Als Giovanna 26 Jahre später das Polizeigebäude betritt, wird sie nur von ihrer minderjährigen Tochter begleitet. Weder die beiden Söhne noch die ältere Tochter sind bei ihrer Mutter.

Giovanna hat mit ihrer Familie viele Jahre im historischen Hafenviertel l'Acquasanta gelebt. Hier, in einer der Gassen, im Vicolo Pipitone, liegt das Hauptquartier der Familie. Die Piazza della Vittorìa ist nur wenige Kilometer weit weg und für Giovanna doch Galaxien entfernt. Jetzt betritt sie hier eine Welt, aus der es keine Rückkehr gibt. Giovanna will mit ihrer Vergangenheit brechen.

TOCHTER AUS ALTEM MAFIA-ADEL

Der Küstenstreifen, an dem sich das palermitanische Hafenviertel entwickelt hat, ist berühmt für seine Grotten und Höhlen, in denen mineralhaltige Quellen entspringen. Eine dieser Quellen wird seit Jahrhunderten verehrt. An ihrer Stelle wurde eine Kirche, die Chiesa della Madonna dell'Acquasanta, errichtet. Die wunderschöne Lage mit herrlichem Ausblick auf den Golf von Palermo zog im siebzehnten Jahrhundert die Adeligen der Stadt an, die neben den Fischerhäusern ihre Sommerresidenzen und Jagdschlösser bauen ließen. Ende des neunzehnten Jahrhunderts begann man die heilenden Kräfte des Wassers zu vermarkten. Ein Thermalbad samt eigenem Lido entstand. Bald darauf folgten luxuriöse Villen. Einer dieser prachtvollen Bauten ist die im damals sehr beliebten Liberty-Stil errichtete Villa Igiea der Industriellenfamilie Florio. Die Jugendstilresidenz wird zum Symbol der palermitanischen Belle Époque und gern besuchte Destination des internationalen Jetsets. Reich und Schön gingen in den Salons der Villa ein und aus sowie jede Menge gekrönter Häupter: Eduard VII. von England, der deutsche Kaiser Wilhelm II., Zar Nikolaus II. und der König von Thailand Chulalongkorn. Bis zum Zweiten Weltkrieg bleibt die Villa für den Adel attraktiv.

Nicht weit von der Villa entfernt entstehen zur gleichen Zeit die Schiffswerften, „i Cantieri Navali", in denen fast 1700 Menschen einen Arbeitsplatz finden.

Die prachtvolle Natur, eine großzügige Architektur und ein reger Unternehmergeist prägen das Viertel, das um die Jahrhundertwende mit einer elektrischen Straßenbahn an die Stadt angebunden wird.

All dies gerät nach dem Zweiten Weltkrieg unter den Einfluss einer Mafia-Dynastie, die von zwei Brüdern dominiert wird: von Gaetano Galatolo, von allen „Tanu alati" genannt, und von Angelo, dem Großvater von Giovanna.

Tanu alati, der „geflügelte Tanu", versorgt in den 1950ern die Schiffswerften mit Arbeitskräften. Von jedem vermittelten Arbeiter verlangt der Boss eine Art Zehent, eine Zwangsabgabe, die die Löhne der Arbeiter reduziert. Ähnlich wie die Preispräsidenten der Großmärkte in Neapel und Palermo entwickelt er ein parasitäres System, das später auch die Errichtung öffentlicher Bauten und Straßen erfassen wird. Diese Geschäfte bringen der Mafia von l'Acquasanta für Jahrzehnte fette Gewinne, aber auch viele Rivalen ein.

Schon als Kind hört Giovanna immer wieder von den blutigen Ereignissen Mitte der 1950er-Jahre, die ihre Familie und den Clan dezimiert haben.

1955, zehn Jahre vor Giovannas Geburt, wird Tanu alati ermordet. Kurz vor dem Attentat ist der Großmarkt Palermos in das Hafenviertel verlegt worden. Damit war das jahrzehntelange mafiöse Gleichgewicht zwischen Markt und Hafen zerstört. Die *mafia dei giardini*, die Obst-und-Gemüse-Mafia, und die Mafia in l'Acquasanta kommen einander in die Quere. Ein regelrechter Krieg bricht aus. Dutzende Tote sind die Folge.

Am 23. Februar 1955 befindet sich Tanu alati vor dem Ausgang eines Kinos, als plötzlich ein schwarzer Fiat 1100 auf den Gehsteig rast. Gleichzeitig eröffnen die Männer im Fahrzeug das Feuer. Tanu rettet sich nur durch einen geistesgegenwärtigen Sprung zur Seite. Das Auto reißt aber seinen Cousin Angelo nieder, dem im Spital beide Beine amputiert werden müssen.

Knapp einen Monat später ist Tanus Geburtstag, die Feiern dazu werden aber nicht mehr stattfinden. An einem Morgen besucht der gefürchtete Boss den Obst- und Gemüsemarkt, den er bald wieder verlässt. Sein Weg soll nach Hause führen. Er ist zu Fuß unterwegs, in der Hand hält er einen soeben gekauften Käfig mit einem Stieglitz. Schüsse aus einer Maschinenpistole zerreißen dieses friedliche Bild. Tanu bricht tot zusammen. Die beiden Mörder sind aus einem schwarzen Fiat 1100 ausgestiegen.

Jetzt ist Tanus Bruder Angelo allein an der Spitze des Galatolo-Clans. Doch auch seine Tage sind gezählt. Der Tod lauert Giovannas Großvater am 22. August 1956 auf einem staubigen Feldweg auf. Angelo lenkt sein Maultier auf einem Karren sitzend durch die brütend heiße Landschaft. Kurz vor Mittag fallen Schüsse aus nächster Nähe.

Der Todesschütze hat ihn, versteckt hinter einer der kleinen Mauern, die die Wege von den Feldern und Zitronenhainen abtrennen, erwartet. Angelo wird von mehreren Kugeln getroffen, setzt seinen Weg aber bis zum nächstgelegenen Haus fort. Dort sackt der Mafia-Boss, der in viele Mordfälle und Überfälle verwickelt war, aber nie verurteilt worden ist, tot auf den Boden. Das Maultier läuft alleine weiter.

Die Ermordung von Angelo Galatolo mutet wie eine Szene aus Francis Ford Coppolas Hollywoodfilm „Der Pate" an und sie ruft eine Landschaft in Erinnerung, die heute nicht mehr existiert. Dort, wo einst Zitrushaine blühten und edle Villen standen, wurden während des *sacco di Palermo* – während der Zeit der Bauspekulation – ganze Viertel zerstört und neue aus Beton hochgezogen.

Die Nachfahren der Brüder Galatolo geben sich trotz des doppelten Mordes nicht geschlagen. Sie beschließen, die Profite mit der *mafia dei giardini* zu teilen. Die Geschäfte verändern sich jedoch bald. Der sich am Horizont abzeichnende Heroinhandel verspricht riesige Gewinne und ist für alle verlockend. Diese wirtschaftliche Überlegung führt zur *pax mafiosa*, zum vorübergehenden Frieden zwischen den Clans.

Die Familie Galatolo wird dank geschickter Allianzen stärker denn je. Das Viertel l'Acquasanta dient als strategisches Bollwerk. Hier befinden sich nicht nur die Schiffswerften – einst im Besitz der Familie Florio und heute im Besitz der Fincantieri, des größten italienischen Schiffsbauunternehmens –, hier befindet sich auch der Tourismushafen mit seinen vielen Geschäften und einem großen Hotel. Das ist das Reich der Galatolos, und hier hebt der Clan flächendeckend Schutzgelder ein. Auch die berühmte Villa Igiea kommt unter die *guardiania*, den Schutz oder besser: die absolute Kontrolle der Familie. Giovannas Vater liebt es, sich in der noch immer prachtvoll geschmückten Residenz mit seinen *piccioti* aufzuhalten. Die Villa bringt nicht nur Geld, sie dient auch dem Prestige.

Der Clan passt sich geschickt den sich verändernden gesellschaftlichen und wirtschaftlichen Bedingungen an. Mit Hilfe von Strohmännern dringt er italienweit in Betriebe und Unternehmen ein. Vor allem im Bereich des Schiffbaus ist die Familie Galatolo aktiv.

Eine Verfügung der *Direzione Investigativa Antimafia* (DIA), der ermittelnden Anti-Mafia-Behörde, gibt Einblick in die Welt der „modernen" Mafia. Die Behörde lässt im Februar 2014 20 Immobilien, 13 Unternehmen, Autos und Aktien beschlagnahmen. Der Wert der Güter, die auf die Familie Galatolo zurückführbar sind, beläuft sich auf rund 250 Millionen Euro.

Als Giovanna Galatolo die Schwelle des Polizeigebäudes überschreitet, bringt sie all dieses Wissen mit sich. Giovanna kennt aber nicht nur die wirtschaftlichen Machenschaften ihrer Familie, sie kennt viel größere und dunklere Geheimnisse. Und vor allem ist sie sich bewusst, dass sie das allererste Mitglied ihrer Familie ist, das das Schweigen bricht. Die Galatolos sind immer stolz darauf gewesen, keine *pentiti* in ihren Reihen zu haben.

Im Februar 2014 tritt Giovanna erstmals bei einer Gerichtsverhandlung in Palermo auf. Ihr Cousin Angelo Galatolo und ein ehemaliges Mitglied des Regionalparlaments, Franco Mineo, sind angeklagt, durch Scheingeschäfte die Cosa Nostra begünstigt zu haben. Giovanna, die inzwischen an einem geschützten Ort lebt, wird über Video zugeschaltet. Mit leiser Stimme beginnt sie zu sprechen. Sie erklärt jedoch mit Nachdruck, warum sie sich entschlossen hat, mit der Justiz zusammenzuarbeiten, denn sie selbst war unbescholten und auf freiem Fuß. „Ich will nicht mehr in der Mafia bleiben. Warum sollte ich das tun? Weil mein Vater ein Mafioso ist?", hören sie die Anwesenden im Gerichtssaal. „Ich mache da nicht mehr länger mit. Ich will nicht mehr in einem kriminellen Umfeld leben. Ich will mich nur mehr meiner Tochter widmen. Jetzt, da ich kollaboriere, verleumdet mich meine Familie. Sie sagen, ich sei eine Prostituierte."

Giovanna weiß, dass der Bruch mit ihrer Vergangenheit spätestens jetzt endgültig ist, und setzt ihre Aussage fort. Sie erzählt, wie ihr Vater trotz der erschwerten Haftbedingungen nach *articolo 41bis* seine Funktion als *capomafia* weiter ungehindert ausübt. Keine Handlung, keine Geste, kein Wort sei zufällig, sagt Giovanna über die Besuchstermine im Hochsicherheitstrakt. Alles habe eine tiefere, geheime Bedeutung. Vincenzo Galatolo genieße auch verbotene Freiheiten. „Mein Vater erteilte seine Befehle während der Gesprächstermine. Er konnte sogar aus dem Gefängnis mit uns, mit der Familie, telefonieren. Da wir alle im selben Gebäude wohnen, reichte es, dass er mit einem sprach, der die Nachricht dann allen anderen weitergab."

Das Haus der Familie im engen Vicolo Pipitone trägt denselben Namen wie die Gasse: Fondo Pipitone. Hier sind viele Jahre die

Justizpalast von Palermo

bedeutendsten Bosse der Cosa Nostra ein und aus gegangen, die Totò Riina als ihren obersten Chef anerkannten. Unter dem Dach der Familie Galatolo beratschlagten sie über ihre todbringenden Strategien und hier wählten sie ihre Ziele aus.

Vom Fondo Pipitone aus wurden Killerkommandos losgeschickt, die nicht nur Mafia-Rivalen beseitigten, sondern vor allem auch Mafia-Jäger. Der Richter Rocco Chinnici, General Dalla Chiesa, der Sekretär der kommunistischen Partei Italiens Pio La Torre und Ninni Cassarà, ein enger Mitarbeiter von Giovanni Falcone, alle wurden von ihnen ermordet.

Giovanni Falcones Mördern auf der Spur

Hier im Hauptquartier der Familie Galatolo wurde 1989 auch der Sprengstoff für das erste Attentat auf Giovanni Falcone vorbereitet. Ort des Anschlages waren die Klippen von Addaura, einem Badeort nicht weit von l'Acquasanta entfernt, in dem der Richter den Sommer verbrachte. 58 Sprengstoffstäbe des Typs Brixia B5 wurden in einer Sporttasche versteckt und am Strand platziert. Mittels Fernzündung sollte der Sprengstoff zur Explosion gebracht werden. Die tödliche Falle wurde jedoch am 21. Juni entdeckt.

Erst Jahre nach dem vereitelten Attentat wurde bekannt, dass ein junges Mitglied der Familie, Angelo Galatolo, am Strand bei Falcones Haus Stellung bezogen hatte. Seine Aufgabe war es, die Zündung zu betätigen. Angelo hatte jedoch den Verdacht, von der Polizei entdeckt worden zu sein, und sprang mit der Fernbedienung ins Meer.

Wer hat den jungen Angelo Galatolo zur Flucht getrieben?, fragten sich Ermittler und Medien.

Laut späterer Aussagen von Kronzeugen haben zwei Taucher das Attentat vereitelt. Einer sei der Polizeibeamte Antonino Agostino gewesen, den anderen glaubten die *pentiti* in Emanuele Piazza zu erkennen – ein Ex-Polizist, Kopfgeldjäger und externer Mitarbeiter des Geheimdienstes.

Beide Männer sind in den Monaten nach dem versuchten Attentat auf Falcone ermordet worden. Antonino Agostino wird im Juli 1989 gemeinsam mit seiner schwangeren Frau getötet. Ein für Mafia-Regeln unüblicher Vorgang. Emanuele Piazza verschwindet hingegen für immer von der Bildfläche. Ab März 1990 fehlt von ihm jede Spur. Die Ermittler vermuten, er sei erwürgt und sein Leichnam in Säure aufgelöst worden.

Der Vater von Antonino Agostino berichtete der Polizei, dass sein Sohn zuletzt sehr angespannt war, denn einige Tage vor der Bluttat hätten ihn zwei unbekannte Männer aufgesucht. Einer der beiden hatte eine stark entstellte Gesichtshälfte. Entstellungen, die von einer Krankheit herrühren könnten. Eine hochbrisante Spur tut sich auf, die bis heute verfolgt wird.

Die Untersuchungen zu den Vorkommnissen in Addaura konzentrieren sich von Anbeginn an auf die Familie Galatolo. In den darauffolgenden Jahren kommt es auch zu einigen Verurteilungen von Clanmitgliedern, das Motiv für das Attentat bleibt jedoch unklar. Die sofort aufgetauchte Frage, ob nicht auch andere Kräfte als die Mafia dabei am Werk waren, verliert sich aber.

21 Jahre später gelingt es der Polizei, Angelo Galatolo, der bereits im ersten Prozess zu 13 Jahren verurteilt worden war, zu überführen. Ausschlaggebend ist eine DNA-Untersuchung. Ein T-Shirt, das nach dem Attentat in den Klippen gefunden worden ist, konnte ihm nun zugeordnet werden. Neue, alte Fragen tauchen wieder auf.

Giovanni Falcone hatte in einem Zeitungsinterview mit dem

Journalisten Saverio Lodato einmal kurz nach dem Attentat in Addaura, dem er entkommen war, gesagt: „Wir haben es hier mit ausgesprochen raffinierten Gehirnen zu tun, die versuchen, die Aktionen der Mafia zu lenken. Es existieren vielleicht Verbindungen zwischen den Spitzen der Cosa Nostra und geheimen Machtzentren, die andere Interessen haben. Ich glaube, das ist das Szenario, das uns erwartet, wenn wir die tatsächlichen Gründe verstehen wollen, warum mich jemand umbringen wollte."

Falls Falcone die Lage richtig eingeschätzt hat – und davon sind viele Experten in Italien überzeugt –, dann hat dieses Attentat Einblick in ein kriminelles System gegeben, das noch gefährlicher als die Cosa Nostra ist. Dann hätten wir es mit einem Mix aus umstürzlerischen Gruppierungen, Geheimbünden und Geheimdiensten zu tun.

Giovanna hat an der Seite ihres Vaters all das miterlebt. Jahrelang hat sie die Verstecke flüchtiger Mafiosi aufgeräumt. Jedes Mal, wenn die Mördertruppen zurück ins Hauptquartier kamen, hat sie ihre mit dem Blut der Opfer beschmutzten Kleidungsstücke gewaschen. Giovanna wusste, was passierte. Doch getreu der „Cosa-Nostra-Regeln" war sie nie bei der Aufnahme eines *uomo d'onore*, eines Ehrenmannes, anwesend. „Eine Frau darf beim Schwur nicht dabei sein", bestätigt sie vor Gericht. „Das ist absurd, aber es ist so."

Nun, weit weg von der Mafia, leitet Giovanna die Fahnder couragiert durch die dunklen Geheimnisse der Cosa Nostra, die von den Ermittlungen der vergangenen Jahre bloß gestreift worden sind.

Die Aussagen Giovanna Galatolos führen nun zur Wiederaufnahme scheinbar abgeschlossener Fälle. Sie führen in eine Welt, in der neben Mafiosi und Agenten auch hohe Politiker verwickelt sein könnten, gemeinsam verantwortlich für die sogenannten *omicidi eccellenti.*

Einer dieser Mordfälle, über den Giovanna mit den Richtern spricht, ist der von Giovanni Falcone. Der Anti-Mafia-Jäger wurde vier Jahre nach dem missglückten Attentat von Addaura mit nie dagewesener Brutalität ermordet. Eine Bombe riss einen Teil der Autobahn bei Palermo weg. Bei der riesigen Explosion, die wie ein Erdbeben registriert worden ist, kamen auch seine Frau Francesca Morvillo und seine drei Leibwächter – Vito Schifano, Rocco Dicillo und Antonio Montinaro – ums Leben.

Als die Staatsanwälte Giovanna ein Fotoalbum zeigen, legt sie ohne zu zögern den Finger auf eine bestimmte Aufnahme. „Das ist der *sicario*, der Auftragskiller", sagt sie und deutet nochmals auf das abgebildete Gesicht. Der Auftragskiller sei aber kein Cosa-Nostra-Mitglied, keiner, der im Dienst des Clans steht.

Die Ermittler, die jedes Detail festhalten, vermerken auch, dass allein der Gebrauch des Wortes „sicario" untypisch für die Sprache der Mafia sei. Damit zeige sich eine andere Herkunft.

Das Foto zeigt das Gesicht eines Mannes, dessen eine Wange von einer tiefen Narbe gezeichnet ist.

Giovannas Aussage verweist auf andere Quellen. Seit Jahren sprechen verschiedene Ermittler immer von einer Schlüsselfigur, die an vielen ungeklärten Kapitalverbrechen und den Anschlägen im Jahr 1992, bei denen die Richter Giovanni Falcone und Paolo Borsellino getötet wurden, beteiligt war. Der Mann erhielt den Namen „faccia da mostro", „Monster-Gesicht". Seit Jahren steht diese Spur im Zentrum kontroverser Ermittlungen, die noch keine greifbaren Ergebnisse gebracht haben.

Giovanna hat angesichts des Fotos jedoch keine Zweifel. Sie erzählt, dass dieser gefürchtete Killer in ihrer Familie wegen seines Aussehens „lo sfregiato", „der Entstellte", genannt wurde.

Angesichts dieser aufsehenerregenden Aussagen beschließen die Staatsanwälte in Palermo, der Sache auf den Grund zu gehen. Sie ermitteln über mögliche Verwicklungen zwischen staatlichen Autoritäten und der Mafia.

Die DIA, die ermittelnde Anti-Mafia-Behörde, organisiert unter größter Geheimhaltung eine Gegenüberstellung. Die Täter-Identifizierung nach FBI-Vorbild findet in einer Kaserne in Norditalien statt. Während Giovanna versteckt hinter einer Glaswand sitzt, werden einige Männer vorgeführt. Zwischen den eigens präparierten Schauspielern befindet sich ein Mann, gegen den ermittelt wird: ein ehemaliger Polizist des Raubdezernats, der seit mehr als zwanzig Jahren in Pension ist.

Sein Name ist Giovanni Aiello. Erstmals taucht der Name im September 2013 in den Medien auf. Geheime Informationen sickern durch, und so wird bekannt, dass die *Procura nazionale antimafia*, die Nationale Anti-Mafia-Behörde, seit Jahren gegen ihn ermittelt. Ist er der mysteriöse Killer, genannt „faccia da mostro", der als Bindeglied zwischen der Cosa Nostra und den Geheimdiensten angesehen wird? Ist er der Mann, den der Vater des ermordeten Polizeibeamten Antonio Agostino beschrieben hat?

Als Giovanna den Mann mit dem Narbengesicht sieht, erkennt sie ihn ohne Zögern wieder. Die Nachricht davon gelangt in die Medien und ruft großes Erstaunen und hohe Erwartungen hervor.

Stehen die neuen Ermittlungen zur Ermordung der Richter Falcone und Borsellino und zu anderen nie geklärten Mordfällen also vor einer definitiven Wende?

Noch ist es zu früh, um eine konkrete Antwort auf diese Fragen zu geben. Sicher ist jedoch, dass Giovanna durch ihre Aussagen den verdächtigen Ex-Polizisten mit einer Reihe mysteriöser Treffen und krimineller Projekte in Verbindung bringt.

Sicher ist auch, dass Giovanna damit die undurchdringliche Mauer, hinter der die Cosa Nostra ihre schrecklichen Geheimnisse versteckt, durchlässig gemacht hat.

Giovanna Galatolo scheint fest entschlossen, aus dieser Hölle auszusteigen, um ihrer jüngsten Tochter ein anderes Leben bieten zu können.

Giovanna Galatolo weiß aber auch, dass der „Ehrenkodex der Mafia" kein Erbarmen kennt. Sie hat erlebt, wie Antonino Pipitone, der alte Boss des angrenzenden Viertels Arenella, die eigene Tochter ermorden ließ. Lia Pipitone war in seinen Augen schuldig, ihren Mann betrogen zu haben. Das war ihr Todesurteil. Ihr Vater ließ am 3. September 1983 einen Raubüberfall organisieren, bei dem Lia ums Leben kam. So wurde der Schein gewahrt. Noch am selben Tag traf das gleiche Schicksal auch ihren besten Freund, Simone di Trapani. Die Mörder warfen ihn aus dem vierten Stock seines Wohnhauses. Vorher zwangen sie ihn, ein Abschiedsschreiben zu verfassen. „Ich bringe mich aus Liebe um", war auf dem Zettel zu lesen.

Giovannas „Verrat" ist in den Augen der Cosa Nostra noch viel schwerwiegender und gefährlicher. Denn sie könnte die Person sein, die endlich Licht in eines der dunkelsten Kapitel der jüngsten italienischen Geschichte bringt. Sie könnte den bisher unbekannten Drahtziehern hinter all diesen Verbrechen Gesicht und Namen geben. Und ein gewaltiges politisches Erdbeben auslösen.

Giovanna Galatolo wird schwer bewacht. Nur wenig dringt über ihr Leben nach außen. Das, was man bisher weiß, ist vielleicht nur das erste Kapitel in der Geschichte einer mutigen Frau, die allein gegen ihre Familie, gegen einen Clan und gegen ein Stück Geschichte kämpft. Eine Frau, die hört, sieht und spricht. Im Namen der Anti-Mafia.

Mahnmal im Gedenken an die von der Mafia ermordeten Richter Paolo Borsellino, Giovanni Falcone und dessen Ehefrau Francesca Morvillo

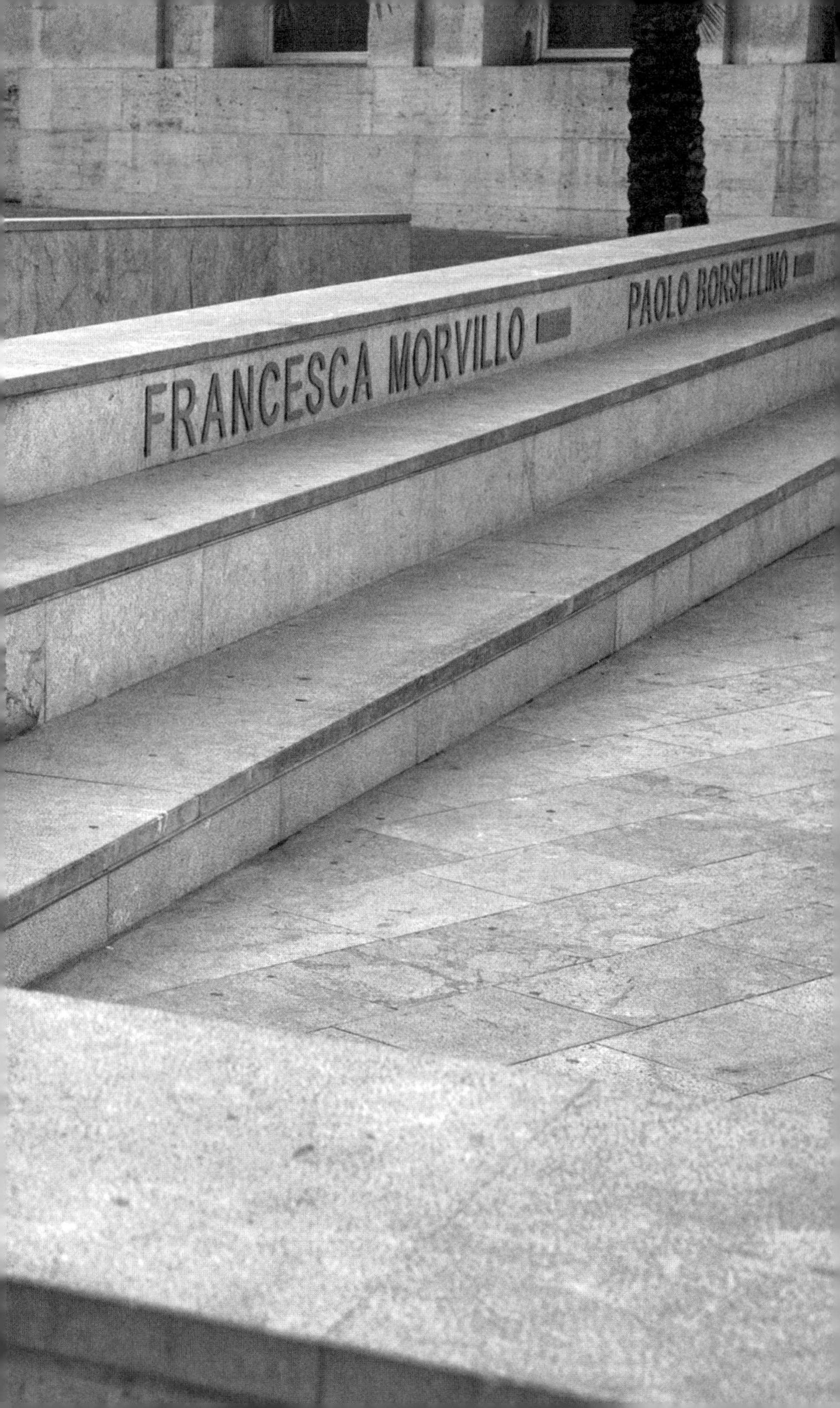
FRANCESCA MORVILLO
PAOLO BORSELLINO

GLOSSAR

affiliato/affiliati	Mitglied/Mitglieder einer Mafia-Organisation
Alleanza di Secondigliano	Bündnis der neapolitanischen Camorra
articolo 41bis	Paragraf, der sich auf erschwerte Haftbedingungen für Mafiosi bezieht
articolo 416bis	Paragraf, der sich auf die Definition einer kriminellen Vereinigung mafiösen Typs bezieht
Bella Società Riformata	Vorläufer der Camorra
Camorra	organisiertes Verbrechen in Kampanien
capicamorra	Camorra-Bosse
capo dei capi	Boss der Bosse
capobastone	Boss der 'Ndrangheta
capomafia	Mafia-Boss
capomandamento	Boss einer größeren Einheit
capozona	Gebietsleiter
collaboratore/collaboratrice di giustizia	Justiz-Kollaborateurin/in
colletto bianco	aus dem englischen white-collar-crime; Terminus, der auf den Kriminologen Edwin Sutherland zurückgeht; der bezeichnete 1939 damit Verbrechen, die von Bürgerlichen, Politikern und Wirtschaftstreibenden verübt werden
coppola	typisch sizilianische Mütze
cosca	sizilianische Bezeichnung für einen Mafia-Clan
Cosa Nostra	organisiertes Verbrechen in Sizilien
cupola	Mafia-Kommission, höchstes Gremium der Cosa Nostra
Direzione Investigativa Antimafia (DIA)	ermittelnde Anti-Mafia-Behörde
donna di mafia	Mafia-Frau
fuitina	Liebesflucht
gabellotti	von den Feudalherren eingesetzte Verwalter ihrer Ländereien
guappo	Figur aus dem neapolitanischen Kulturbereich, später auch Camorra
guardiania	auferzwungener „Schutz"
libro mastro del pizzo	Hauptbuch der Schutzgelderpressungen
locali	kleinere Einheiten der 'Ndrangheta

lupara	abgesägte Flinte
magliari	hausierende Kleiderverkäufer, meist illegal
Mani pulite	Aktion „Saubere Hände" – Ermittlungen gegen Korruptionsskandale, Amtsmissbrauch und Parteienfinanzierung, die Italien Anfang der 1990er-Jahre erschütterten; führte zum Ende der Ersten Republik in Italien
mattanza	Zweiter Mafia-Krieg
'Ndrangheta	organisiertes Verbrechen in Kalabrien
'Ndrina	die kleinste Zelle des organisierten Verbrechens in Kalabrien
Nuova Camorra Organizzata (NCO)	Camorra-Organisation, gegründet von Raffaele Cutolo
Nuova Famiglia (NF)	Camorra-Organisation, entstanden, um die NCO zu verdrängen
Omertà	Schweigegebot der Mafia
omicidi eccellenti	„berühmte Leichen"
padre-padrone	allmächtige Vaterfigur
pax mafiosa	„Stillhalteabkommen"
pentito/pentita	ehemalige/r Mafia-Angehörige/r, der/die mit der Justiz zusammenarbeitet
piciotto/i	einfaches Mafia-Mitglied, einfache Mafia-Mitglieder
Pizza Connection	Rauschgiftring
pizzini	kleine Zettelchen
presidente dei prezzi	Preispräsident
Procura nazionale antimafia	Nationale Anti-Mafia-Staatsanwaltschaft
punciuta	Initiationsritus der Cosa Nostra
sacco di Palermo	Zeit der Bauspekulation in Palermo
Sacra Corona Unita	organisiertes Verbrechen in Apulien
strategia delle tensione	Strategie der Spannung, Destabilisierung des Staates durch umstürzlerische, terroristische Anschläge/Aktionen
uomo d'onore	Mitglied der „Ehrenwerten Gesellschaft"
vangelo	sehr hoher Grad innerhalb der 'Ndrangheta, nur für „besondere kriminelle Verdienste"

QUELLEN- UND LITERATURVERZEICHNIS

Lirio Abbate, Fimmine Ribelli, BUR, rizzoli, 2014
Francesco Barbagallo, Storia della Camorra, Editori Laterza, 2010
Rosaria Capacchione, L'oro della Camorra, BUR, rizzoli, 2008
Carla Cerati, Storia vera die Carmela Iuculano, Marsilio Editore, 2009
Enzo Ciconte, 'Ndrangheta, Rubbettino Editore, 2008
Marika Demaria, La scelta di Lea, Melampo Editore, 2013
John Dickie, Cosa Nostra, S. Fischer, Frankfurt am Main, 2006
Giovanni Falcone, Interventi e proposte (1982-1992), Fondazione Giovanni Falcone, Sansoni Editore, Milano, 1994
Francesco Forgione, Mafia Export, Baldini Castoldi Dalai editore, 2009
Pietro Grasso, Alberto La Volpe; Per non morire di mafia, Sperling Paperback, 2012
Pietro Grasso, Lezioni di Mafia, Sperling & Kupfer Editori, 2014
Angela Iantosca, Onora la madre, Rubbettino Editore, 2013
Ombretta Ingrascì, Donne d'onore, Bruno Mondadori Editori, 2007
Carlo Lucarelli, Storie di bande criminali, di mafie e di persone oneste, Giulio Einaudi Editore, 2008
Leoluca Orlando, Leoluca Orlando racconta la mafia, a cura di Pippo Battaglia, UTET Libreria, 2007
Giacomo Pilati, Felicia Impastato; I „pizzini della legalità, coppola editore, 2011
Antonella Colonna Vilasi, Mafie: Originie sviluppo del fenomeno mafioso, Dissensi, 2011
Giusy Vitale con Camilla Costanzo, Ero cosa loro, Mondadori, 2009

AKTEN

Sentenza contro Vitale Giuseppa ed altri, 13/07/2006, Corte di Assise di Palermo
Verbale di Udienza, 16/06/2010, Nania Francesco ed altri, Tribunale di Palermo
Udienza del 17/05/2005, esame dell'imputata Vitale Giuseppa, Corte di Assise di Palermo
Giudice per le Indagini Preliminari, Tribunale di Palermo, Ordinanza di Custodia Cautelare in Carcere, del 03/03/2003, contro Vitale Giuseppa ed altri
Giudice per le Indagini Preliminari, Tribunale di Palermo, Ordinanza Applicativa di Custodia Cautelare in Carcere, del 22/02/2007
Giudice per le Indagini Preliminari, Tribunale di Palermo, Ordinanza Custodia Cautelare in Carcere, del 19/027/1999 contro Filippo Graviano ad altri
Sentenza contro Graviano Giuseppe ed altri, 13/02/2001, Corte di Assise di Palermo
Udienza, Proc. N. 10/03 RG contro: Baratta Pietro + 5, 14/04/2005, Fasc. N.1 Corte di Assise, Tribunale di Palermo
Udienza, Proc. N. 10/03 RG contro: Baratta Pietro + 5, 14/04/2005, Fasc. N.2 Corte di Assise, Tribunale di Palermo
Udienza, Proc. N. 10/03 RG contro: Baratta Pietro + 5, 14/04/2005, Fasc. N.3 Corte di Assise, Tribunale di Palermo
Richiesta di Emissione di Ordinanza Applicativa di Custodia Cautelare, 04/06/2003, contro Vincenzo Licciardi ed altri, Giudice per le Indagini Preliminari, Procura della Repubblica presso il Tribunale di Napoli
Ordinanza Applicativa della Misura Cautelare della Custodia in Carcere, n. 737 /2012, contro Ciro Dantese ed altri, Giudice per le Indagini Preliminari, Tribunale di Napoli
Interrogatorio Pesce Giuseppina 14/10/10, Procura della Repubblica, Reggio Calabria
Interrogatorio Pesce Giuseppina 19/10/10, Procura della Repubblica, Reggio Calabria
Interrogatorio Pesce Giuseppina 20/10/10, Procura della Repubblica, Reggio Calabria
Interrogatorio Pesce Giuseppina 27/10/10, Procura della Repubblica, Reggio Calabria
Interrogatorio Pesce Giuseppina 28/10/10, Procura della Repubblica, Reggio Calabria
Interrogatorio Pesce Giuseppina 09/11/10, Procura della Repubblica, Reggio Calabria
Interrogatorio Pesce Giuseppina 16/11/10, Procura della Repubblica, Reggio Calabria
Lettere Pesce Giuseppina, 24/06/11, 23/08/11, 24/08/11,02/04/11, Ministero della Giustizia
Lettere Palaia Rocco, 07/10/10, 24/06/11, 18/07/2011, 20/09/2011, Ministero della Giustizia
Lettera Palaia Angela Rita, 24/07/11

Artikel

Teresa Pincipato, L'altra metà della Cupola, in narcomafie, ottobre 2005
Anna Puglisi – Umberto Santini, Appunti sulla ricerca si „Donne e mafia"; Centro Siciliano
die Documentazione „Giuseppe Impastato", 2007
Mario Francese, Ninetta in casa respinge i giornalisti, Giornale di Sicilia, 06/08/71
Beppe del Colle, Gli sparai, lui sorrise, Famiglia Cristiana, n.36, 12/09/99
Alessandra Dino, Frauen in den italienischen Mafias, http://www.bpb.de/

Internetquellen

www.ilmattino.it
http://cinquantamila.corriere.it/
http://archiviostorico.corriere.it/#
www.lastampa.it/archivio-storico/
http://ricerca.repubblica.it/
http://espresso.repubblica.it/
www.ilfattoquotidiano.it/
www.giornaledisicilia.it
www.ansa.it/
http://simonedimeo.blogspot.it/
www.bibliocamorra.altervista.org/
www.dasud.it/sdisonorata

DANKSAGUNG

Mein Dank geht in erster Linie an die Anti-Mafia-Staatsanwälte Lia
Sava, Filippo Beatrice und Michele Prestipino. Ohne sie wäre dieses
Buch nicht zustande gekommen. Sie haben mir nicht nur Einblick
in wichtige Dokumente gegeben und mich an ihrer langjährigen
Erfahrung im Kampf gegen das organisierte Verbrechen teilhaben
lassen, sie haben mich auch ermutigt, mein Projekt umzusetzen.

Ich möchte auch den vielen Interviewpartnern und Interviewpartne-
rinnen danken, deren Zeugnisse unverzichtbar für mich waren und
die in vielen Fällen aber nicht genannt werden möchten. Mein ganz
besonderer Dank geht an Carmela Iuculano, die mich durch ihre
mutige und offene Art sehr beeindruckt hat.

Bildnachweis: www.ntacalabria.it: Umschlagbild; Photo Sud: 4; Franco Lannino-Michele Naccari/EPA/picturedesk.com: 9; EPA/picturedesk.com: 26, 43; Files/EPA/picturedesk.com: 29; casarrubea.wordpress.com: 79 (Foto: Pietro Germi); 91050/United Archives/picturedesk.com: 85; Mike Palazzotto/EPA/picturedesk.com: 98/99; Gerard Fouet/AFP/picturedesk.com: 100; EPA/EPA/picturedesk.com: 101 (unten); Fabrizio Villa/AFP/picturedesk.com: 102/103; www.lagazzettadel mezzogiorno.it: 111; Franco Lannino/EPA/picturedesk.com: 104, 117; Ansa/EPA/picturedesk.com: 97, 130; Ciro Fusco/EPA/picturedesk.com: 143, 159, 162/163, 166; Franco Cufari/EPA/picturedesk.com: 164/165, 167 (oben); Francesco Arena/EPA/picturedesk.com: 167 (unten); Guglielmo Mangiapane/Rex Features/picturedesk.com: 168; www.cronaca.nanopress.it: 171, 199; www.malitalia.it: 178; AFP/picture desk.com: 185, 193; www.scabec.it: 186; POLICE HANDOUT/EPA/picturedesk.com: 211, 218; www.italia.panorama.it: 233; Caro/Caro/picturedesk.com: 266/267; Wikimedia Commons: 40, 53, 86, 101 (oben), 112, 129, 161, 176, 188, 251, 252; Mathilde Schwabeneder: 259

Die Grafiken „Struktur der Cosa Nostra", „Struktur der 'Ndrangheta" und „Ränge der 'Ndrangheta" basieren auf: John Dickie: Omertà. Die ganze Geschichte der Mafia. Aus dem Englischen von Irmengard Gabler. Frankfurt am Main 2013. Abdruck mit freundlicher Genehmigung der S. Fischer Verlag GmbH, Frankfurt am Main. Vor- und Nachsatz: Die italienische Originalfassung der „10 Gebote der Mafia"

ISBN 9783-222-13461-6

© 2014 by Styria premium in der
Verlagsgruppe Styria GmbH & Co KG
Wien · Graz · Klagenfurt
Alle Rechte vorbehalten.

Bücher aus der Verlagsgruppe Styria gibt es
in jeder Buchhandlung und im Online-Shop
styriabooks.at

Lektorat: Josef Weilguni
Covergestaltung: Bruno Wegscheider
Buchgestaltung, Layout, Kartographie: Clemens Toscani
Reproduktion: Pixelstorm, Wien

Druck und Bindung:
Druckerei Theiss GmbH, St. Stefan im Lavanttal
7 6 5 4 3 2 1
Printed in Austria

GIURO DI ESSERE FEDELE "A COSA NOSTRA" SE DOVESSI
CARNI DEVONO BRUCIARE - COME BRUCIA QUESTA IMMAGI

DIVIETI E DOVERI.

NON CI SI PUO' PRESENTARE DA SOLI AD UN'ALTRO   AM
E' UN   TERZO A FARLO.

NON SI GUARDANO MOGLI DI AMICI NOSTRI.

NON SI FANNO COMPARATI CON GLI SBIRRI.

NON SI FREQUENTANO NE'TAVERNE E NE'CIRCOLI.

SI E' IL DOVERE IN QUALSIASI MOMENTO DI ESSERE DI
NOSTRA.ANCHE SE CE LA MOGLIE CHE STA PER PARTORIR

SI RISPETTANO IN MANIERA CATEGORICA GLI APPUNTAME
SI CI DEVE PORTARE RISPETTO ALLA MOGLIE.
QUANDO SI E' CHIAMATI A SAPERE QUALCOSA SI DOVRA'
NON CI SI PUO' APPROPRIARE DI SOLDI CHE SONO DI A
FAMIGLIE.

CHI NON PUO' ENTRARE A FAR PARTE DI COSA

CHI HA UN PARENTE STRETTO NELLE VARIE FORZE DELL'

CHI HA TRADIMENTI SENTIMENTALI IN FAMIGLIA.

CHI HA UN COMPORTAMENTO PESSIMO - E CHE NON TIENE